SERBEST TİCARET DÖNEMİ ROMANSLARI

BRİTANYA EDEBİYATI, BIRAKINIZ YAPSINLAR DÜZENİ VE

KÜRESEL ON DOKUZUNCU YÜZYIL

Koç Üniversitesi Yayınları: 25

Serbest Ticaret Dönemi Romansları:
Britanya Edebiyatı, Bırakınız Yapsınlar Düzeni ve Küresel On Dokuzuncu Yüzyıl
AYŞE ÇELİKKOL
EDEBİYAT ELEŞTİRİSİ

Çeviri: Barış Özkul
Redaksiyon: Göksun Yazıcı
Düzelti: Gizem Ülker
Yayıma hazırlayan: Çiçek Öztek
Sayfa tasarımı ve uygulama: Sinan Kılıç
Kapak tasarımı: Cüneyt Aksay
Kapak görseli: John Wilson Carmichael, Squadron of Frigates and Fishing Vessels in a Choppy Sea off Holy Island, on dokuzuncu yüzyıl.
© Bridgeman Art Library Özel Koleksiyonu, Fotoğraf © Christie's Images

Baskı: Colorist Akademi Matbaacılık
Yeşilce Mahallesi Yılmaz Sokak No: 3 4.Levent/İstanbul • Tlf. (212) 270 78 78
Matbaa sertifika no: 18977

Romances of Free Trade: British Literature, Laissez-Faire, and the Global Nineteenth Century
© Oxford University Press, Inc, 2011
© Türkçe yayın hakları: Koç Üniversitesi Yayınları, 2012

1. baskı: İstanbul, Mayıs 2013
ISBN 978-605-5250-09-6 • Sertifika no: 18318

Bu kitap geri dönüşümlü kâğıda basılmıştır.

Koç Üniversitesi Yayınları
Rumeli Feneri Yolu, 34450 Sarıyer-İstanbul
Tlf. +90 212 338 17 97
kup@ku.edu.tr • www.kocuniversitypress.com • www.kocuniversitesiyayinlari.com

Serbest Ticaret Dönemi Romansları

Britanya Edebiyatı, Bırakınız Yapsınlar Düzeni ve Küresel On Dokuzuncu Yüzyıl

AYŞE ÇELİKKOL

İNGİLİZCEDEN ÇEVİREN:
BARIŞ ÖZKUL

KOÇ
ÜNİVERSİTESİ
YAYINLARI

İçindekiler

Teşekkür	7
BİRİNCİ BÖLÜM: GİRİŞ Küresel Kapitalizmi Romans Tarzında Anlatmak	9
İKİNCİ BÖLÜM Walter Scott'ın Sadakatsiz Kaçakçıları	33
ÜÇÜNCÜ BÖLÜM Kaptan Marryat'ın Denizci Romanlarında Yoldan Çıkan Tüccarlar ve Anlatıcılar	57
DÖRDÜNCÜ BÖLÜM Harriet Martineau ve Mübadelenin Bereketliliği	81
BEŞİNCİ BÖLÜM Viktorya Çağı Başında Yazılan Oyunlarda Çokeşlilik ve Ticaret	105
ALTINCI BÖLÜM Müştereklik, Evlilik ve Charlotte Brontë'nin Serbest Ticaret Erbabı	129
YEDİNCİ BÖLÜM Charles Dickens'ın *Little Dorrit*'inde Mekânın Sıkışması	155
SONSÖZ Kapitalist Genişleme Döngüleri	179
Notlar	187
Dizin	227

Teşekkür

Bu kitabı şekillendiren fikirlerin ilk taslaklarından itibaren beni esinleyen, teşvik eden ve bana yol gösteren sıra dışı insanlarla çalışmak gibi büyük bir şansım oldu. Rice Üniversitesi İngilizce Bölümündeki tez danışmanlarım Helena Michie ve Robert L. Patten, Rice Üniversitesinde geçirdiğim yıllarda ve sonraları cömert eleştiri ve önerilerini esirgemediler. Hiç bitmeyen destekleri ve yol göstericilikleri için teşekkür ederim.

Bu kitap üzerinde çalıştığım yıllarda pek çok araştırmacı ve düşünce topluluğu bana destek ve ilham verdi. Betty Joseph daima zor sorular sorduğu gibi beni bu zorluklarla hesaplaşmaya teşvik etti; Peter C. Caldwell ekonomi politik tarihini çalışmama yardımcı oldu; Ed Snow dil üzerine daha önce hiç akıl edemediğim bir biçimde düşünmemi sağladı. Dickens Universe benim için bir düşünsel merak ve haz kaynağı oldu, bu kuruluşu var eden John Jordan ve diğer kişilere çok teşekkür ederim. Macalester Üniversitesindeki meslektaşlarım 2005'ten 2009'a dek beni sıcak gülümsemeleri ve bundan çok daha fazlasıyla mutlu ettiler. Theresa Krier yazdıklarımla ilgili faydalı geri dönüşlerde bulunduğu gibi kendi yazdıklarıyla bir esin kaynağı oldu. Bölüm başkanı Daylanne English, kitapla ilgili çalışmalarımı yoğunlaştırdığım yıllarda araştırma yapmam ve alanın uzmanlarından geri bildirim almam için pek çok fırsat sundu. Macalester'deki ofisimde kitabın bölümlerini gece yarılarına kadar tasarlama işi yan ofiste Maura Tarnoff çalışmasaydı o kadar eğlenceli olmazdı. Macalester Üniversitesinin Wallace Bursu, British Library'de önemli bir arşiv araştırması yapmam için gerekli maddi kaynağı sağladı. Tony Ro kitabın bölümleri üzerinde çalıştığım sırada kendime daha çok güvenerek yeni sorularla hesaplaşmam için beni teşvik etti. Liz Fenton kitabın taslaklarını okudu, yorumladı, beni güldürdü ve düşündürdü. Minneapolis'te geçirdiğim zamanda Minnesota Üniversitesi İngilizce Bölümünün on dokuzuncu yüzyıl alanında sürdürülen çalışmaların tartışıldığı toplantılarından yararlandım, Andrew Elfenbein ve Michael Hancher'a bu gruba beni de kabul ettikleri için minnettarım. Lauren Goodlad ve Ian Duncan giriş bölümünün taslağıyla ilgili etkileyici eleştirilerini sundular. Forest Pyle, Tamara Ketabgian, Anna Kornbluh, Michael Meeuwis ve Amanda Claybough bu projenin çeşitli aşamalarında değerli geri bildirimlerde bulundular. William Coker kitabın son taslakları üzerinde çalıştığım sırada sabırla geri bildirimde bulundu.

Kitabın taslağını edebi ve kültürel analizin hazlarını ilk keşfettiğim kurumda sonlandırdım: Lisansımı tamamladığım Bilkent Üniversitesi. Dekan Talât Halman'ın yanı sıra Bilkent Üniversitesi İngiliz Edebiyatı ve Amerikan Kültürü ve Edebiyatı bölümlerindeki meslektaşlarıma bu projeyi içtenlikle destekledikleri için minnettarım. Son olarak değerli eleştirileri için isimsiz okurlarıma ve bu kitabın hazırlanmasındaki yardımları için Oxford University Press çalışanlarına teşekkür ederim.

BİRİNCİ BÖLÜM: GİRİŞ

Küresel Kapitalizmi Romans Tarzında Anlatmak

İnsanın kendi halkını suçlu göstermesi oldukça cesur bir tutumdur ve popüler Britanyalı romancı G.P.R. James, 1845'te yayımlanan *The Smuggler* başlıklı romanıyla tam da bunu yapmıştır. Bir tarihsel roman olan *The Smuggler*'da halk, kaçak malları açgözlüce tüketir. James on sekizinci yüzyılın sonlarında "toplumun halinin doğru bir resmini" sunmayı amaçlamıştır:

> O zamanlar denizci ülkelerin hemen hepsinde kaçakçılık çeteleri kol geziyordu; ne Fransa bunun dışındaydı ne Hollanda; kaçakçılığı yapılan maddeler brandy, ipek veya şarap değildi... Britanya halkı daha çok çay, tarçın ve Hollanda cinine rağbet ediyordu, özellikle de bunları gümrük vergisi ödemeden edinmesi mümkün olduğunda.[1]

Bu resim ilk bakışta mazide kalmış günlerle ilgili incelikten yoksun bir düşünce gibi görünebilir ama aslında James'in döneminde gerçekleşen iktisadi dönüşümle ilgilidir. Taraflı anlatıcının roman boyunca kınadığı şey—yabancı malları gümrük vergisi ödemeden edinmek—James romanı yazdığında yasallaşıyordu. Britanya'daki liberal iktisatçılar on dokuzuncu yüzyılın ilk yarısında ithal malların yüksek vergiler veya tarifelere tabi olmaması gerektiğini ileri sürmüştür. Önerdikleri iktisadi sistem, devletin uluslararası meta ticaretini denetleme yetkisini sınırlandırmış ve bu nedenle ulusal egemenliği tehdit etmiştir.

James'in *The Smuggler*'da epey başarılı bir biçimde yansıttığı metaların denetlenmesi olanaksız görünen dolaşımı ve devlet otoritesinin bertaraf edilmesi konusundaki endişeler, Britanyalıların kendi ülkelerinin iktisadi ve siyasal gücüne duydukları güvenle bir arada var olmuştur. Serbest ticaret ihtimali—ithalat veya ihracatın herhangi bir kanuni kısıtlamaya tabi olmadığı bir iktisadi sistem—ülkenin daha zengin ve güçlü olacağına ilişkin bir ümit aşılamıştır. Bununla eşzamanlı olarak vergiler ve tarifelerin kaldırılmasına dönük öneri, yerli ile yabancı arasındaki ayrımın ortadan kalkacağı korkusunu tetiklemiştir; sanki metaların dolaşımı ulusal sınırları eritebilirmiş gibi. Siyasetçiler ve halk, yabancı malların tüketimi üzerindeki kısıtlamaları kaldırmayı düşündükleri için bireylerin anavatana duydukları bağlılık tehlikede görünmüştür. Kabaca 1820'lerden 1860'lara dek, pek çok Britanyalı yeni ortaya çıkan serbest ticaret sisteminin kendi egemenliklerini zayıflatacağını düşünmüştür; tıpkı günümüzde Thomas Friedman gibi düşünürlerin Amerikalıları Batı'nın artık bir adım önde olmadığı, yatay bir dünya hakkında uyarması gibi. Britanya'da on dokuzuncu yüzyıl başlarıyla ortalarında yurtseverlik ve ulus-devletin yazgısıyla ilgili kaygıların bunca yaygın olması, bu dönemi şaşırtıcı olduğu kadar küreselleşmenin tarihselleştirilmesi için önemli bir geçiş dönemi haline getirir.

Serbest ticaret tartışmaları sürerken edebiyat da sınırlar ve egemenliğin çöküşüne işaret eden karmaşık topluluk ve öznellik modelleri icat etmek gibi kültürel bir görev üstlenmiştir. Edebi tahayyülde sözgelimi azılı kaçakçılar, istedikleri gibi ticaret yapabilmek için yöresel topluluklarla bağını keser; tüccar denizciler, ayırt edici özelliği hazcılık olan çokuluslu topluluklar kurar; saygın tüccarlar, spekülasyon arzusunu bulaşıcı bir hastalık gibi yayar. Bu kaotik dolaşıma dair tasvirler Britanya'da on dokuzuncu yüzyıldaki yaşamın maddi gerçekliğini anlattıkları için değil, on dokuzuncu yüzyıl Britanya edebiyatında kapitalizm ile ulus-devlet arasındaki yapısal gerilimin eklemlenişini sergiledikleri için önemlidir: Kapitalizm sınır tanımaksızın harekete geçmek için sermayeye gerek duyarken ulus-devlet kendini istikrarlı ve kapalı bir topluluk olarak sunmak ister. Bu kitapta, iktisadi ilkeleri öznel topluluk ve mekân deneyimlerine aktaran pek çok romancı oyun yazarı ve şair -Walter Scott, Charlotte Bronte ve Charles Dickens gibi kanoniçi yazarların yanı sıra John Lettsom Elliot, Thomas Serle ve Ebenezer Elliott gibi kanon dışı yazarlar- aracılığıyla edebiyat yapıtlarının serbest ticaretin yükseldiği dönemde meta dolaşımı ile edebi kapanım arasındaki gerilimi irdeleyerek özel bir rol oynadıkları ileri sürülüyor.

Giriş Bölümü ilkin kısaca Britanya'nın ithalat ve ihracata konan kısıtlayıcı vergileri kısmen kaldırmasına yol açan iktisadi gelişmeleri inceliyor. Sonra, serbest ticaretin yükselişe geçtiği dönemde ulusal egemenliğe yönelik olarak algılanan tehdidi edebi ve iktisadi yazının birlikte incelediklerini ileri sürüyor. Edebiyat yapıtları, sınır tanımaz ticaret ile bireylerin kendi topluluklarından özgürleşme veya bu topluluklarla uyum içinde var olma hissiyatı arasında ilişki kurarak serbest ticaretin öznel sonuçları üzerinde durmuştur. Bu yapıtlarda küresel kapitalizmin nasıl bu kadar zengin bir biçimde yansıtabildiği sorusunu soran Giriş Bölümü kitabın genel argümanını ortaya koyuyor: On dokuzuncu yüzyıl başıyla ortalarında Britanya edebiyatı, küreselleşme—ulusal sınırların geçirgenliğine ilişkin artmış bir farkındalık ve mekânsal bir altüst olma duyusu—adını verebileceğimiz şeyin temel unsurlarını romans aracılığıyla dile getirmiştir.

Britanya İktisat Tarihinde Korumacılıktan Serbest Ticarete

On dokuzuncu yüzyılın ilk yarısında Britanya'da uluslararası ticaret tartışmalı bir konu haline gelmiştir—ve sık sık tartışılmıştır—zira ülke, korumacılıktan serbest ticarete geçmiştir. On sekizinci yüzyılın korumacı sisteminde devlet, yerli metaları Kıta Avrupa'sındaki muadillerinden daha cazip hale getirmek için ithal mallara fahiş vergiler koyarak Britanyalı üreticilerle tüccarları kollamıştır. Korumacı politikalar servetin bir devletin rezervlerindeki altın ve gümüş miktarına göre ölçüldüğü, merkantilist addedilen ilkelerin sonuçlarıydı. Merkantilistler, ithalat hacmi ihracat hacmini aştığında ulusal ekonominin zarar göreceğini ve insanların yoksullaşacağını öne sürmüştür. 1776'da yayımlanan *Wealth of Nations** adlı yapıtında Adam Smith, korumacılığın ne devlete ne de insanlara fayda sağladığını provokatif biçimde ileri sürse de yüksek vergiler yürürlükte

---

* Bkz. *Milletlerin Zenginliği*, çev. Haldun Derin, 7. basım, 2012. İstanbul: İş Bankası Kültür Yayınları.

kalmıştır. 1815'te hükümetin tahıl ithalatını fiilen yasaklayan yeni Tahıl Yasaları'nı dayatmasıyla birlikte korumacı önlemler bir kez daha tavan yapmıştır. Buna karşılık David Ricardo gibi liberal ekonomi politikçiler, ithal mallar üzerindeki yasaklarla yüksek vergilerin kaldırılması için çağrıda bulunarak vatansever bir tepkiye vesile olmuşlardır. Öfkeli bir eleştirmen şöyle demiştir: "Yeni sistem, ticareti özgür bırakmayı, yabancı malların tümüne izin vermeyi, İngiliz piyasasında yabancı üreticiyle İngiliz üreticiyi eşit hale getirmeyi vaat ediyor."[2] Korumacı perspektiften bakıldığında, devletin meta trafiğini ulusal sınırları aşacak şekilde düzenlemesi anavatana duyulan vatansever bağlılığı bitirecek gibi görünüyordu.

Geçmişe baktığımızda, serbest ticaretin ne ithalat vergilerini ortadan kaldırdığını ne de Britanyalı üretici ve tüketiciye zarar verdiğini görüyoruz. Korumacı yasalar 1840'lardan 1860'lara tedricen feshedilirken, ne çelişkidir ki serbest ticaret önlemleri devletin küresel ekonomiye müdahaleleriyle el ele giderek Britanya'nın dünyadaki iktisadi tahakkümünü sağlamlaştırmıştır.[3] Serbest ticaret ihtimali başlarda egemenliğe ilişkin kaygılara yol açmış olabilir, ama serbest ticaret pratiği dünyanın pek çok uzak diyarını Britanya denetimine sokmuş, resmi muadiliyle bir arada var olan "gayri resmi bir imparatorluk" yaratmıştır.[4] John Gallagher ve Ronald Robinson'ın ortaya koyduğu gibi "Viktorya Çağı ortalarında Hindistan'ı kalkındırmak için resmi imparatorluğun resmi teknikleri kullanılırken eşzamanlı olarak aynı amaçla Latin Amerika'da serbest ticaretin gayri resmi teknikleri kullanılmıştır."[5] Dolayısıyla serbest ticareti vatanseverlikten uzak bir uğraş olarak gören Britanyalılar, düşük gümrük vergileri ve tarifelerin ülkeye fayda sağlayacağını öngörememiştir. Ama korumacılar, serbest ticaretin hegemonik niteliklerini öngörememeleri açısından naif olsalar da meta dolaşımından duydukları kaygılarla kapitalizmin sınırlara meydan okuyan doğasını doğru tespit etmişlerdir. Karl Marx'ın belirttiği gibi sermaye "mübadelenin önündeki her türlü mekânsal engeli yerle bir etmeye"[6] çalışır. Kapitalist sistemde parasal yatırımların sürekli kâr edebilmesi için piyasaların genişlemeye devam etmesi gerekir; dolayısıyla meta dolaşımı kendi akışını sınırlandırmayı amaçlayan yasal önlemlere karşı koyar. Britanya'da on dokuzuncu yüzyılda önerilen serbest ticaret politikalarına yönelik tepkiler çoğu zaman bu dinamikle ilgili örtük bir farkındalığı sergilemiştir.

Britanya, serbest ticaret politikaları benimseyip denizaşırı sömürgelere sahip olarak dünya ekonomisinde tahakküm kurmuştur. Gelgelelim Britanyalılar on dokuzuncu yüzyıl başlarında serbest ticareti sömürgeci ticaretten ayrıştırmıştır, çünkü sömürgeci ticaret geçmişte merkantilist ilkeler uyarınca işlemiştir. Sömürgeci sistemin merkantilist versiyonunda devlet, Kıta Avrupası'ndan ve Birleşik Devletler'den ithal mallara yüksek vergiler koyarken sömürgelerden gelen metaların da aralarında bulunduğu yerli malları desteklemiştir. Korumacı sömürgeciliğin en iyi örneği Napoléon Savaşları sırasında kerestenin durumudur. Hükümet, Baltık ülkelerinden gelen keresteye bağımlı kalmak istemediği için Kanada kerestesini Kıta Avrupası'ndaki muadilinden çok daha ucuz hale getiren vergiler koymuştur. 1848'de yayımlanmış serbest ticaret karşıtı bir broşürün yazarı, bırakınız yapsınlar mantığının imparatorluğu istikrarsızlaştıracağını öne sürerken, serbest ticaret ve korumacılığın birbirine rakip söz dağarcıkları açığa çıkar:

> Sömürgeci sistemi kaldırın, yerine serbest ticaret ilkesini koyun, mutlaka büyük bir değişim gerçekleşir. İngiltere tahılı ve keresteyi Amerika'ya kıyasla Baltık ülkelerinden daha ucuza mal edebildiğini görüyor, buna karşılık Kanada'daki eyaletler de kendi mamullerini Manchester'a kıyasla Virginia'dan daha ucuza satın alabileceklerini görebilir. Böyle bir durumda eğer serbest ticaret ilkesi büsbütün işlerse, sömürge devlet ile korumacı devlet arasındaki ithalat eksenli ticaret büyük ölçüde azalacaktır.[7]

Serbest ticaret ile korumacı sömürgeci pratikler arasındaki rekabet, serbest ticaretin ulus-devleti tehdit ettiği fikrine yol açmıştır, zira böyle bir ulus-devlet kendi kimlik ve birlik hissini biraz da sömürgeleri üzerindeki denetiminden türetmiştir.

On dokuzuncu yüzyılın sonraki evrelerinde merkantilist sömürgecilik tarzı nispeten köhneleşmiştir. Thomas Babington Macaulay'dan Harriet Martineau'ya sömürgecilik yanlılarının korumacılıktan çok serbest ticareti desteklemesiyle birlikte metropolün iktisadi müdahaleleri gözden düşmüştür. Metropol bir yandan da sömürgelerdeki iktisadi üretim ve bölüşümü denetlemeyi sürdürmüştür. On dokuzuncu yüzyılda iktisadi müdahalenin sürekliliğine ilişkin manidar bir örnek Seylan vakasıdır. Anaakım ekonomi politik kendini yöneten piyasaları ilahlaştırırken dahi Britanya, Seylan'ı kahve çekirdeği ve tarçın ihraç eden bir plantasyon ekonomisi olarak düzenlemiş ve plantasyonlardan elde ettiği tarımsal kazancı büyük ölçüde metropole aktarmıştır. Siyasal kanunlar bu tür korumacı pratikler ile serbest ticaret arasında hassas bir denge kurmuştur. Şüphesiz, korumacılığın zayıflamasıyla birlikte kolonyal metaların cazibesi kısmen azalmıştır. Tarihçi P. J. Cain şöyle der: "1830'ların başlıca iki sömürge ürünü olan şeker ve kerestenin yanı sıra kahve gibi başka önemli metalar da Britanya piyasasındaki konumlarını ancak 1840'larda ciddi ciddi aşınmaya başlayan korumacı desteğe borçluydu."[8] Sömürgecilik daha eski merkantilist ilkelerde temellendiği için devlet otoritesini sınırlandırmamıştır; bu yüzden postkolonyal eleştirinin resmi imparatorluk vurgusu Britanyalı öznelerin ulusal egemenlikten ödün veren yeni bir dünyayı müjdeleyen ticaret tahayyülünü tam anlamıyla sergilemez. Ulus-devletin gittikçe küreselleşen piyasalar ve holdingler dünyasındaki rolüyle ilgili yirmi birinci yüzyıldaki düşünceleri tarihselleştirmek için devlet otoritesinin sınırları ve ticari ortaklıkların gelgeçliği üzerinde duran serbest ticaret paradigmalarına odaklanmalıyız.

Fazla basite indirgeyici iktisadi küreselleşme mefhumlarından kaçınmak için öncelikle ulus-devletin ortaya çıkışının kapitalizmin ortaya çıkışından ayrı düşünülemeyeceğini vurgulamak istiyorum. Kapitalizm, ulus-devletin sunduğu ve sürdürdüğü kültürel homojenlik, yasal güvenceler ve işgücüne gerek duyar.[9] Sermaye bir ulus-devlette aralıksız bir biçimde temerküz edemez. Büyük miktarlarda sermaye belirli aralıklarla açığa çıkar ve bunu sermayenin tek devlette temerküzü izler. Bunun için dünya sistemleri teorisine göre kapitalizmin ayırt edici özelliği sermayenin hızlı ve çok yönlü akışının yol açtığı, belirli aralıklarla tekrar eden bir kaos, "mutlak ve onulmaz görünen bir düzensizlik"tir.[10] Sözgelimi Hollanda, küresel iktidarını on sekizinci yüzyılda yitirdikten sonra sermaye on dokuzuncu yüzyıl ortalarında İngiltere'de temerküz edene dek kaos hüküm sürmüştür. Diğer yandan Britanya'nın genişleyen tahakkümüne rağmen sermayenin zapt edilemez hareketliliği endişe yaratmayı sürdürmüştür.

Korumacı coşku, Viktorya Çağı başında sönükleştiği halde serbest ticaret ölçütlerinin benimsenmesi yavaş yavaş ve kısmen gerçekleşmiştir. Tahıl ithalatını yasaklayan meşhur Tahıl Yasaları, İrlanda kıtlığı sırasında tahıl ihtiyacının fiziksel aciliyetinden dolayı 1846'da feshedilmiştir. 1840'lardan sonra tahıl ithalatı tartışmalı bir mesele olmasa da serbest ticaretle ilgili iki konu yoğun tartışmalara neden olmuştur: Çin'in dayattığı katı yasaklara rağmen gelişen Çin-Britanya ticareti (özellikle de afyon ticareti) ve yabancı gemilerin Britanya denizlerinde ticaret yapmasını yasaklayan Denizcilik Yasaları. Tıpkı Tahıl Yasaları gibi Denizcilik Yasaları'nın da 1849'da feshedilmesi genellikle serbest ticaretin zaferinin simgesi sayılır, ama aslında Britanya sınırlarının ne içinde ne de dışında serbest ticarete tam anlamıyla geçilmiştir. Günümüzde serbest piyasaları şiddetle savunan ülkeler arz ve talebi parasal yardımlar ve tarifeler aracılığıyla denetlemeyi sürdürüyor.[11]

Edebiyatta Köklerinden Kopmuş Özneler ve Sınırsız Coğrafyalar

On dokuzuncu yüzyılda Britanya'da serbest ticaret ilkelerinin tartışıldığı başlıca ortam, modern iktisat biliminin öncüsü olan ekonomi politiktik alanıydı. Ekonomi politikçiler yüksek hacimli ithalatın altın rezervlerini kurutup kurutmayacağını, küresel rekabetin Britanya imalatını nasıl etkileyeceğini ve düşük vergilerden en çok hangi sınıfın yararlanacağını tartışmıştır. Gelgelelim serbest ticaret konusu devletin işlevi, anavatanın sınırları ve vatanseverliğin yazgısı gibi meselelerde de belirleyici olmuştur. Devlet, yerli üretici ve tüccarı korumazsa vatanseverlik yaşayabilir miydi? Kaotik dolaşıma sahne olan bir dünyada bireyler bir ulusal aidiyet duyusuna sahip olabilir miydi? Aidiyet duyusunu incelemek için karmaşık söz dağarcıkları üreten edebi yapıtlar iktisadi yazında teğet geçilen bu soruları ele almıştır.

Ekonomi politik ile edebiyat arasındaki kesişim noktalarını formüllerken bu iki söylemin modernliğin koşullarını incelediğini gösteren, Martha Woodmansee ve Mark Osteen'in yeni iktisadi eleştiri adını verdikleri araştırmaların izinden gidiyorum. Bu araştırmaların gösterdiği gibi gerek edebiyat gerek ekonomi politik, değerin anlamından insana özgü duyumların önemine çok geniş bir yelpazeye yığılan meseleler üzerinde durmuştur.¹² Serbest ticaret mefhumunun edebiyatla ekonomi politiği özellikle birbirini yansıtacak şekilde örtüştürdüğünü düşünüyorum, zira iki söylem de ticari dolaşımın ulus-devletin güvenli iktisadi ve kültürel sınırlar idealine yönelik tehdidini dolayımlamaya çalışmıştır. İktisadi yazınla yaratıcı yazının kesiştiği noktaları incelerken bu ikisini ayrı söylemler olarak ele alıyorum, nitekim on dokuzuncu yüzyılda Mary Poovey'nin tabiriyle "değeri dolayımlayan yazının sürekliliğindeki kırılma" halihazırda gerçekleşmişti ve ekonomi politikçiler kendi uğraşlarının özerk bir bilimsel araştırma alanı olduğunu iddia etmekteydi.¹³ Bunun yanı sıra ekonomi politiğin ilkelerine ışık tutan Harriet Martineau'nun öyküleri gibi edebiyat ile iktisat arasındaki ayrımı belirsizleştiren metinleri çözümlüyorum. Ayrıca iktisadi yazındaki tür artışını hesaba katarak—süreli yayınlardaki popüler risalelerle denemelerin yanı sıra ekonomi politik alanında resmi incelemeler—Adam Smith, David Ricardo ve J.R. McCulloch'un kanonik yapıtlarıyla birlikte William Spence, David Robinson, Albert Williams, Edwards Edwards ve Colonel Thompson gibi yazarların unutulmuş metinleri üzerinde duruyorum.

Edebiyat, iktisadi söylemlerle birlikte yeni iktisadi sistemin işaret ettiği uluslarasırı durumu tahayyül etmiştir. Uluslararasırılık genellikle bölgesel sınırların iktisadi, siyasal veya sanatsal ilişkilerce tümüyle yok edilmese bile düzenli olarak ihlal edildiği bir durumu anlatır. On dokuzuncu yüzyıl, genellikle, ulus-devletin Avrupa'daki altın çağı olarak anımsansa da son zamanlarda pek çok araştırmacı bu yüzyılda Manş Denizi'nden Atlantik'e sanatsal ve edebi üretimi yönlendiren uluslararasırı ittifaklar saptamıştır. Ticaret ise bu anlamda uluslararasırı değildi: Serbest ticaret önlemlerinin 1840'lardan sonra tedricen benimsenmesinin ardından bile mülkiyet ve karşılıklı ilişkilerin teminatı için büyük ölçüde hukuk sistemi, ordu ve devlet aygıtlarına bel bağlanmıştı. Bu çalışmada *uluslararasırı* terimini ticaretin devletçi müdahaleyi fiilen bertaraf ettiğini göstermekten çok serbest ticaret retoriğinin daha vesayetçi terimlerle tasavvur edilmiş bir anavatana duyulan vatansever bağlılığı zayıflatmakla tehdit eden bir tür uluslararasırı ideal yarattığını vurgulamak için kullanıyorum. Serbest ticarette söz konusu olan ulus-devletin işlevindeki bir dönüşümdü: Vatandaşların iktisadi değişimler karşısında korunması gerektiği fikri, tarifeler ve vergilerle birlikte tarihe karışıyordu. En iyi hükümetin en az yöneten hükümet olduğu ilkesini benimseyen uluslararası ticaretteki bırakınız yapsınlar mantığı, bundan böyle kendi uyruklarının refahını sağlamakla yükümlü olmayan bir liberal devleti müjdelemekteydi. Görünen o ki yeni küresel düzen, yerini alacağı nispeten milliyetçi muadilini özletecek bir tasavvura sahip, yeni bir devlette karşılık bulacaktı.

Serbest ticaret karşıtlarının iddiasına göre kanuni yasaklar ya da düzenlemelerin ket vuramadığı meta ticareti, denetlenmesi olanaksız, süreksiz ve gelişigüzel bir hal alacaktır—serbest ticaret karşıtları bunu iddia etmiştir. Britanyalılar açıkları iktisadi tartışmalarda böyle bir ticaretin sonuçları üzerine düşünmüştür. Baş döndürücü dolaşım, komünal aidiyet ve mekânsal hareketliliğe dair bireysel deneyimleri nasıl yeniden yapılandıracaktır? Bu sorunun yanıtlanmasında edebiyat yapıtlarının ayrıcalıklı bir rolü olmuştur, çünkü ulus-devleti aşan muhayyel kimlikler ve mekânlar sunmasını bilmişlerdir. Kapitalizm karşısında vatanseverlik krizini ifade etmek için başvurulan başlıca mecazlardan biri kaçakçı olmuştur. Anavatana genellikle sadakatsizlik eden kaçakçı figürü yerliyle yabancı arasındaki ayrımın kayboluşunu temsil etmiştir. Kurgusal kaçakçılar bizzat tanıdıkları yöresel tedarikçilere sadık kalmaktansa metaları uzak memleketlerden satın almayı yeğlemişlerdir. Metaların ulusal sınırları aşacak şekilde dolaşmasını sağlayan bu karakterler kendilerini korumacılık çağında gizliden gizliye serbest ticaret yapan cesur kişiler olarak görmüştür. Çağdaş mizahçıların farkına vardığı gibi kaçakçılığın tahayyül edilen önemi ironikti: Kaçakçıların korumacılığı fiilen desteklediği ileri sürülebilirdi çünkü yüksek vergiler olmadan kaçak ticaretin de bir anlamı olmazdı. Kaçakçı figürünün dışında türlü türlü kurgusal tüccar da uluslarasırı kimlikleriyle övünmüştür. Edebi tahayyülün bazen her türlü ulusal topluluktan kopan bazen bir bütün olarak insanlıkla uyum içinde olan ticaret baronlarını, milletvekillerine, bürokratlara ve devlet iktidarının diğer temsilcilerine hükmedecek kadar güçlüdür.

Ticaretle ilgili yeni iktisat paradigmaları on dokuzuncu yüzyıl Britanya edebiyatında bazı topluluk ve mekân modellerine temel oluşturur. Metaların akışı ulusal izler taşımayan, anayurt mefhumunu sorgulayan sınırları olmayan mekânlar yaratır. Mübadele ağlarının geliştiği doğal ve kentsel ortamların her biri devlet otoritesinin belirgin bir biçimde zayıflamasını simgeler. Sözgelimi açık denizlerin yüce gücü tek tek ülkelerin gücünün sınırlarına işaret eder; doğal bitki örtüsünün egemen olduğu vadilerdeki kırsal mübadele ulus-devletin toprağı şekillendirme rolünü olabildiğince azaltır; her köşede peyda olan tüccarlara ev sahipliği yapan kaotik kentsel ortamlar ulusal toprakları denetlemenin olanaksızlığını gösterir. Tarihsel roman, denizci romanı, aile melodramı, birden fazla olay örgüsüne yer veren roman gibi değişik değişik türde boy gösteren bu mecazlar ulus-devletin toprağı vatana dönüştürme yetkisine karşı çıkan uluslaraşırı güçlerin tahayyül edilmesine yardımcı olmuştur.

Popüler romancı Captain Marryat'ın *Snarleyyow; or the Dog Fiend* (1837) adlı romanı serbest ticaretin yükseldiği dönemde edebiyatın uluslaraşırılığı, özellikle de köklerinden kopmuş özneler ve sınırsız coğrafyalar olarak tahayyül etme becerisini örnekler. Bir denizci romanı olan *Snarleyyow*, meta ticareti yaptıkları gibi ticari trafiği denetleme amacı taşıyan her türlü devlet aygıtını alt eden, farklı farklı ulusal aidiyetlere sahip asi denizcileri betimler. Açık denizlerde iş yapan bu çokuluslu topluluk ne kaptan ne devlet otoritesi tanır. *Snarleyyow*'un distopik dünyasındaki serbest ticaretçilerin küreselleşmiş hayatlarının ayırt edici özelliği anarşi değilse de kendiliğindenlik ve meydan okumadır. Marryat, betimlediği hazlar ile disiplin gereğine yaptığı yavan vurguları dengelemeye çalıştıkça bırakınız yapsınlar mantığının etkileyici cazibesini daha fazla dışa vurur. Anlatıdaki metalar ve tüccarlar sürekli hareket halinde oldukları için romanın yapısı bu düzensizliği yansıtır. Anlatının dağınıklığı ve döngüselliği, betimlediği kurgusal metaların yörüngelerine tekabül eder. Epizodik serüvenlere yönelik romantik eğilim, frenlenemez ticaret temasının biçimsel bir sonucu haline gelir.

On dokuzuncu yüzyıl Britanya edebiyatı merkezi otoritenin sona erişini betimlerken kapitalizm ile sınırları çizilmiş ulus-devlet ideali arasındaki yapısal ve güçlü gerilimleri yansıtmıştır. Bu dönemde edebiyatın serbest ticaret tartışmalarına temas etme becerisi, küresel ticaretle ilişkilendirilen merkezsizleşme tahayyülünün yapısal bir unsuruydu. *Merkezsizleşme* derken olabildiğince az müdahale eden küçük bir devletin sonuçlarından söz ediyorum; ama Britanya toplumunun yapısından çok muhayyel bir sınırsız dünya coğrafyası ve tek tek öznelerin kendilerini belirli bir anavatana fiziksel ve duygusal olarak konumlamayı reddetmesi üzerinde duruyorum.[14] Edebi yapıtların merkezsizleşmiş ağları temsil etme becerisi kapitalizmi özgün yollardan eleştirip benimsemelerine olanak sağladığı gibi yayılma deneyimleri veya yok olan sınırlar karşısında duyulan hayranlık gibi yirmi ve yirmi birinci yüzyıl küreselleşmesinin bazı temel özelliklerini öngörmelerini de sağlamıştır.

Eski Edebi Türler, Yeni İktisadi İlkeler

Ulus olma haline yönelik kapitalist meydan okumanın romans öykülerinden türetilmiş tekniklerle mecazlara dayandığı kanısındayım. Romans derken "mizansen ve olayların gündelik hayattan bir hayli uzak olduğu", "öykünün çoğu zaman uzun gezintiler ve konu dışı olaylarla dolduğu", "bir kahramanın serüvenlerini anlatan" bir kurmaca anlatıdan söz ediyorum.[15] Türün bilinen örnekleri *Odyssey* ve *Orlando Furioso*'dur.* Romansa özgü motifler ve karakter tipleri modern çağda çeşitli roman, şiir ve oyun türlerinde boy göstermeyi sürdürüyor. John Keats'in şiirlerinden Harlequin romanslarına zengin bir metin yelpazesi romans unsurları barındırıyor; o kadar ki edebiyat eleştirmenleri romansın çeşitli türlerin bünyesinde mutasyon geçiren bir tür olarak görülmesi gerektiğini savunuyor.[16] Sonuçta, özerk bir tür olarak romanstan çok on dokuzuncu yüzyıl Britanya edebiyatında dağınık bir biçimde beliren romans unsurlarına yoğunlaşacağım.

Romans unsurları devletin düzenleyici mekanizmaları gibi tekdüze modern özelliklerin askıya alındığı hayali dünyalar yarattıkları için serbest ticareti temsil ederler. Romans öykülerinde kahraman, merkezi bir düzeni (bir saray, bir Yuvarlak Masa) kanunsuz mekânlarda (büyülü ormanlar, engin okyanuslar) dolaşmak için terk eder. Barbara Fuchs "anlatıyı merkezcil bir güce dayandıran" saraya karşılık gezgin kahramanın serüvenlerinin böyle bir iktidarı/gücü aşan, bildik yasaların işlemediği mekânları ortaya koyduğunu belirtir: "Romansın gezintisi kraliyet iktidarı ve ayrıcalıklarıyla birlikte bireyin efendisine karşı vazifesinin de askıya alındığı sırada gerçekleşir... Böylece romans, epiğin siyasal mit

---

* Bkz. *Odysseia*, çev. A. Kadir, Azra Erhat, 8. basım 2009. İstanbul: Can Yayınları.

üretme pratiğinin yanı sıra esnemez yükümlülük ve aidiyet ağlarına da meydan okur." Romansın anlatı yapısı merkezcil ile merkezkaç arasındaki tematik gerilimi yansıtır. Olay örgüleri iki rakip hareketi ortaya koyar: Bir arayış anlatısı ve "bu arayıştan durmadan sapılması." Romans, bu dinamik yapı aracılığıyla "potansiyel olarak sonsuz sapmalarının ve barındırdığı çeşitliliğin ona anlatının sona ermesi ve yazarın denetimi karşısında direnme gücü verdiği izlenimi" yaratır.[17] Sonsuz sapmanın bu zaferi, romans öykülerinden arta kalan edebi mecazların on dokuzuncu yüzyılda ithalat tarifeleri ve vergilerinin azaldığı sürece ışık tutmasını sağlar. Merkezkaç biçimleri ve temaları, metaların bırakınız yapsınlar düzenindeki hareketini betimleyerek kapitalist modernlikteki şeyleşmenin temel unsurunu yansıtırlar: Metaların denetlenmesi olanaksız biçimlerde yayıldığı yönünde genel kanı.[18] İleride göreceğimiz gibi, on dokuzuncu yüzyıl Britanya edebiyatı, romans unsurları aracılığıyla, serbest ticareti disiplin ve düzenin yok oluşuyla bağlantılandırır; bu durum kimi zaman felaket belirtisiyken kimi zaman zevk vericidir.

Kapitalizm ile romansın doğaları gereği bağdaşır olduğunu ileri sürmüyorum. Bu ikisini bağdaştırmak ancak çoğu Britanyalının serbest ticareti değerlendirdiği belirli bir bakış açısından mümkündür. Bireyin devlet denetiminden özgürleşmesini savunan iktisatçılar devlet teşkilatının katılığı ve üst sınıfların üstünlüğü karşısında esnek görünen bir alternatif önermiştir. Devlet "her parçası bir diğeriyle resmen uyumlu hale getirilmiş" bir yapı olduğu gibi tüm siyasal faaliyetlerin "onda temellenmesi ya da ona atıfta bulunması"[19] bakımından merkezi iken serbest ticaret pek çok noktaya yayılmış faaliyetiyle çok yönlüdür. Tıpkı ulus-devlet gibi sömürgecilik de esnek olmayan bir yapıya sahiptir; metalar önceden belirlenmiş iki nokta arasında hareket eder: Metropol ve sömürge. Serbest ticaret ise fiyat dalgalanmalarının şekillendirdiği kendiliğinden ortaklıkların başlaması ve bitmesini gerektirir. Tek tek üreticilerle tüketicilerin serbest ticaret deneyiminin romans öykülerinin sağladığı neşeli özgürlükle pek ilgisi olmasa da romansın merkezsizleşme vurgusu kapitalizmin merkezkaç güçlerini doğru biçimde temsil edebilir.

On dokuzuncu yüzyıl Britanya edebiyatındaki serbest ticaret temsilini en yakından belirleyen romans unsuru Mihail Bahtin'in soyut mekân olarak adlandırdığı şeydir. Bahtin'in uzun uzadıya anlattığı gibi romans kahramanları, merkezi düzeni geride bırakıp keşfi zor ortamlara giderler. Bahtin romans serüvenlerinin genellikle belirli bir "kronotop"ta gerçekleştiğini belirtir, bu kavram aracılığıyla anlatıdaki zaman ve mekân temsiline işaret eder:

> Kaçırılma, kaçma, takip, arayış, esaret, bütün bunların Yunan romansında büyük bir rolü vardır. Yani Yunan romansı büyük mekânlara, topraklara ve denizlere, değişik ülkelere gerek duyar. Bu romansların dünyası büyük ve çeşitlidir. Ama büyüklük ve çeşitlilik büsbütün soyuttur. *Bir gemi enkazı için bir denize gerek vardır, ama hangi deniz olduğu (coğrafi ve tarihsel açıdan) önemli değildir* (vurgu yazara ait).

Soyut mekân, bir tür kahraman yaratır: "Yunan romansının dünyası yabancı bir dünyadır: onun içindeki her şey belirsiz, bilinmez ve yabancıdır. Kahramanları ilk defa oradadır; onunla organik bir bağları veya ilişkileri yoktur."[20] Dolayısıyla romanslar gerçekçiliğin nispeten düzenli perspektifi ve topluma içkin özneleri ile karşıtlık halindeki ortamlarla karakterleri ön plana çıkarır.

Soyutlama özellikle de Marx'ın "mekânın yok oluşu" adını verdiği şeyi tanımlamak için uygun bir terimdir. Kapitalizm bir yandan büyük mesafelere gerek duyar, çünkü piyasa genişlemelidir; bir yandan da "bir yerden diğerine giderken harcanan zamanı" asgariye indirmek gerektiğinden mekânın yok oluşu şarttır.[21] Malların hızlı aktarılması kârı maksimize eder, şu halde mekânda yayılmanın anahtarı paradoksal bir durum olarak mesafenin ortadan kalkmasıdır. Mekânın yok oluşu soyut mekânda simgesel ve bir temsili karşılık bulur; aslında romansın küresel kapitalizmin anlatımındaki önemli rolünün sırrı biraz da mekânsal sıkışmayı yansıtmasıdır. Elbette bu, gerçekçiliğin Britanya uyruklarının on dokuzuncu yüzyılda gittikçe küreselleşen varoluşunu yansıtamadığı anlamına gelmez. Gerçekçi anlatıcıların kendilerini gözlemledikleri şeylerden soyutlamaları uzak ülkelerin halklarıyla kurulan etik bir etkileşim modeline esin kaynağı olmuştur; âdetler ve göreneklere ilişkin gerçekçi betimlemeler dünyanın farklı kültürlerden meydana geldiği anlayışını güçlendirmiştir; gerçekçi romanlardaki karakterler Anglo-Sakson iktidarının portatif yapısına işaret eden ve belirli bir yerden çok gittikçe ırk üzerinde yoğunlaşan bir vurguyla dünyayı dolaşmıştır.[22] Dolayısıyla küresel kapitalizmin romans biçiminde anlatımının ayırt edici özelliği merkezi otoriteden kopuşun tahayyül edilmesi ve mekân deneyimleriyle aidiyet duyusunun bunun sonucunda geçirdiği dönüşümlerdir.

Soyut ortamlar ve soyutlanmış karakterler gibi romans mecazlarının bırakınız yapsınlar düzenini öncelediği aşikârdır, fakat bunların hükümetin dış ticarete karışmaması gerektiğini savunan iktisadi paradigmanın doğuşuyla yeni bir önem kazandığını düşünüyorum. Herhangi bir toplulukla organik biçimde bütünleşmemiş yalnız karakterler ve haritalarda keşfi olanaksız düşsel ortamlar, yerli ile yabancı arasındaki ayrımı belirsizleştiren yeni ticari serüvenleri anlatmaya başlamıştır. Bu karakterler ve ortamlarla bir arada var olan epizodik anlatım, yayılma vurgusunu yoğunlaştırmıştır. Romansın kronotopu ve anlatı yapısı, Britanya edebiyatının her biri küresel modernlik durumlarına tekabül eden otoriterizm karşıtlığı, yön kaybı ve merkezileşme gibi olguları temsil etmesine olanak sağlamıştır.

Kitabın kronolojik bir sıra izleyen bölümleri on dokuzuncu yüzyılda serbest ticaret paradigmasının ortaya çıkardığı uluslararaşırılık çeşitlerinin izini sürüyor ve romans unsurlarının dolayımlayıcı etkilerini tartışıyor. Girişten sonraki iki bölüm, uluslaraşırı mübadelenin kökenlerini bireycilikte temellendiren metinlere odaklanıyor. Bu anlatılarda korumacı yasalara karşı bireysel isyan ulus-devlet otoritesini tanımayan kökünden kopmuş özneler yaratıyor. 4. Bölüm'den 7. Bölüm'e dek kapitalizmin bireysel temeli ile serbest ticaret erbabının kurduğu küresel dayanışma ağı arasındaki uyuşmazlığı irdeliyorum. Kültürel imge haznesi, radikal özerkliği uluslararaşırılığın koşulu olarak belirlediğinde bile liberaller küresel paylaşım retoriğine gittikçe daha çok bel bağlamıştır. Özerklik ve müşterek bağımlılığın birlikte var olması mümkün müydü? Bu müşkül durumun temel nedenini saptayan edebiyat yapıtları, evlilik ve cinsel mahremiyet, bitkilerin bereketlice gürleşmesi ve hastalığın yayılması gibi nispeten bildik etkinlik ve kurumlara mecazi yoldan benzettikleri serbest ticaret mantığına ışık tutmuştur.

2. Bölüm'de serbest ticaretin bireyci yönelimi ve bunun romans tarzında dile getirilmesini incelemek için Walter Scott'ın on dokuzuncu yüzyılda ulusal kimlik ve kültürle ilgili belki de en önemli araştırmaları teşkil eden *Waverley* romanlarına odaklanıyorum. Scott'ın modern Britanya'da serbest ticaret destekçiliğine ilham vermiş felsefi ekol olan İskoç Aydınlanması'na yakından aşina olması ticaretle ilgili provokatif tutumunda gün ışığına çıkar. Bu bölümde *Waverley* romanlarının liberal iktisatçıların gündeme getirdiği anahtar meseleleri kaçakçı figürü aracılığıyla ele aldığını gösteriyorum. *Waverley* romanları geçmişte geçse de kaçakçılık temsilleri Scott etrafındaki siyasal tartışmaları çağrıştırır. Scott'ın romanlarını yazdığı yıllarda kaçak ticaret, ekonomi politikçilerin ulusal sınırlar arasında dolaşımın kaçınılmaz olduğunu kanıtlamak için başvurduğu gözde mecazdı. James Mill, David Ricardo ve John Ramsey McCulloch korumacılığın başarısızlığa mahkûm olduğunu vurgulamak için on sekizinci yüzyıl İngiltere'sinde kaçakçılığın önemini anımsatmıştı. Ne var ki Scott'ın iyi bildiği gibi kaçakçılar ekonomi politiğe ait oldukları kadar romans öykülerine de aitti: Yüzyıllar boyunca yolculuk, esaret ve arayış eksenli serüven öykülerini süslemişlerdi. Scott, *Guy Mannering* (1815) ve *Redgauntlet*'te (1824) bu edebi bağlam ile iktisadi tartışmaları ustaca bağlantılandırmıştır. Kaçakçıların romans figürlerine özgü biçimde soyutlanması bu romanlardaki sınırsız dolaşımın duygusal sonucunu dışa vurur: Yöresel, ailevi ve ulusal topluluklarla bağ kurmaktan âcizlik. Scott romans unsurlarını bırakınız yapsınlar düzenini temsil etmek için kullanarak ekonominin ulus-devlet otoritesine yönelttiği düşünülen meydan okumaya eğilen bir edebiyat geleneğine öncülük etmiştir.

Bundan yaklaşık on yıl sonra kaçakçı figürünü ele alan popüler romancı Kaptan Marryat da bu figür aracılığıyla duygusal soyutlanma meselesi üzerinde durmuştur. Denizci romanları türünün 1830'larda inanılmaz bir popülarite kazanmasına katkıda bulunan Marryat'ın romanları deniz zaferleri betimlemeleriyle ünlüdür. Gelgelelim *The King's Own*'dan (1830) *Mr. Midshipman Easy*'e (1836) Marryat'ın pek çok romanında denizciler emirlere karşı çıkar ve metaları nakletmek için önceden belirlenmiş yollardan saparlar. Denizcilerin devlet karşısındaki askeri ve sömürgeci sorumluluklarından isyankâr dürtüleri yardımıyla özgürleşmesi sonucunda romanların romans biçimini aldığı an işte budur. Bunu izleyen serüvenler, ulus-devletin etki alanının ötesinde amorf bir mekân teşkil eden engin denizlerle birlikte Bahtin'in soyut mekânına taşınır. 3. Bölüm'de bu denizci serüvenlerinin Fransa ve Hollanda gibi geleneksel düşmanların yanı sıra yeni bir ulusal düşman kategorisi yarattığını gösteriyorum: Gemilerde neşeyle karışıp kaynaşan asi denizcilerin çokuluslu toplulukları. İthalat ve ihracatı düzenleyen yasaları çiğneyerek metaları nakleden Marryat'ın pervasız denizcileri, iktisadi yazında sıklıkla karşılaştığımız otorite karşıtı hissiyatı dile getirirler. Otorite karşıtlığının tematik temsili bu serüvenlerde anlatıcının uzun uzadıya konudan sapmasına ve epizodik anlatı yapısının serbest ticaretin ayırt edici özelliği olan zapt edilemez dolaşımı yansıtmasına tekabül eder. Askeri disiplin ile denetimsiz kendiliğindenlik arasındaki çatışmadan beslenen Marryat'ın romanları, bireyciliğin on dokuzuncu yüzyıldaki uluslararasırılık vizyonlarını nasıl şekillendirdiğini gösterir.

Denizci romans figürü küresel kapitalizmin aktörlerine radikal özerklik atfederken liberal iktisadi yazın serbest ticareti çoğu zaman bir ulus bünyesindeki sınıfların yanı sıra dünyadaki uluslar arasındaki işbirliğinin simgesi olarak görmüştür. 4. Bölüm'den 7. Bölüm'e, ticareti duygusal ve düşünsel diyalogla birleştiren mecazları küresel müşterek bağımlılık eleştirileri ve olumlamalarını incelemek amacıyla ele alıyorum. 4. Bölüm'de Harriet Martineau'nun iktisadi ilkelerden kurmaca hayatlar aracılığıyla söz eden iktisadi öykülerinden birine odaklanarak küresel uyum düşlerini incelemeye başlıyorum. Martineau "Dawn Island"ta [Şafak Adası] iktisadi propagandanın serbest ticareti kadınsılaştırmasıyla orantılı olarak bereketliliği bir ticari yayılma metaforu olarak kullanır. Tahıl Yasası Karşıtları Birliği'nin popüler genelgeleri meta dolaşımını güneş ışınlarının yayılması ve hava akımına benzetmiştir; Martineau da gerek serbest ticaretin gerekse bitkilerin gürleşmesinin coğrafi bölümlenmenin yerine sürekliliği koyduğunu düşünerek serbest ticareti bitkilerin büyümesine benzetir. Martineau'nun öyküsündeki romans atmosferi, modernliğin ötesine geçmiş bereketli ve ilkel bir adadır. Mitik ada, sınırsız bir mekâna işaret ettiği gibi ulus-devletin olmadığı bir dünya tahayyül eder. Bu ilkel ortam, modern ulus-devletin kendi sınırları üzerindeki külyutmaz denetimini bir süreliğine unutturur.

Martineau'nun bereketlilik mecazını kullanmasının gösterdiği gibi cinsellik metaforları küresel kapitalizmle ilgili verimli düşünceler sunmuştur. Sarmaşık gibi dolanan büyük bir bitki yığınına boylu boyunca uzanan hamile bir kadın figürü Martineau'nun liberal vizyonunda serbest ticareti çağrıştırmıştır, fakat bırakınız yapsınlar mantığına kuşkuyla bakanlar uzak memleketlerdeki yabancılarla kurulan ticari ilişkinin ahlaksızlığını ima ederek metaların gümrükten muaf akışını rastgele cinsel ilişkiye benzetmiştir. 5. Bölüm'de sınırsız dolaşımın eleştirisinde cinselliğin bir dil teşkil ettiği oyunları ele alıyorum: Thomas Serle'ün *A Ghost Story*'si (1836) ve John Lettsom Elliot'ın *Five to Two*'su (1851). Serle tiyatro çevrelerinde tanınırken Elliot sönük bir oyun yazarıydı—daha ziyade, tiyatroyla ilgilenmeden önce yazdığı iktisadi risaleleriyle tanınıyordu. Bu muhafazakâr risaleler serbest ticaret erbabının siyasi toplantılarını hazcı orjiler gibi betimleyerek alttan alta cinsel metaforlar kullanmıştır. Gelgelelim cinsel hazcılıkla serbest ticaret arasındaki metaforik benzerlikler edebiyatta daha etkileyici bir biçimde ortaya çıkmıştır—özellikle de Viktorya Çağı başında yazılan o berbat müstehcen oyunlarda—çünkü aşk serüvenlerinin olay örgüleri yapısal olarak serbest ticarete benzer. Romansın heyecanı (serüven öyküsüyle aşk ilişkisinin örtüşmesi bakımından) flörtün uzadıkça uzamasında gizlidir. Bu oyunlarda son noktanın bir türlü konmaması, ticari dolaşımın sonsuzluğuna işaret ederek serbest ticaretin soyut ilkelerini temsil eder.

Temelde rekabetçi bir iktisadi sistemin uluslar—ve bireyler—arasında işbirliğine dayalı ilişkilere olanak sağlayıp sağlayamayacağı Viktorya Çağı'nın kanonik romanlarında da önemli bir rol oynar. 6. ve 7. Bölümlerde ticaret temasının küresel uyum düşleri ve hezimetlerine temas ettiği Charlotte Brontë ve Charles Dickens romanlarını ele alıyorum. Brontë'nin uluslararası ticaret meselelerine ilgisi ölümünden sonra yayımlanan ilk romanı *The Professor*'a (1846'da yazılmıştır)* yansımıştır; bu romanda bir serbest ticaret erbabının kozmopolit yönüyle vatansever duyguları çatışır. Brontë, *Shirley*'de (1849) bu konuya döndüğünde Tahıl Yasaları feshedilmiştir. *Shirley*'de karakterlerin diyalogları Tahıl Yasası Karşıtları Birliği'nin Luddist isyanlarla ilgili retoriğini anımsatır. Sözgelimi romanın Belçika doğumlu pamuk ihracatçısı, işçilerinin ayaklanmasını hükümetin

---

* Bkz. *Profesör*, çev. Gamze Varım, 2001. İstanbul: Oğlak Yayıncılık.

ihracata koyduğu yasaklara bağlar. Hatta evliliği, ticari karşılıklılığın aile hayatındaki sonucu olarak görmeye başlar günden güne, ama romandaki kadınların deneyimleri bu yargıyı tartışmalı kılar. Pamuk ihracatçısı makbul bir sevgili haline gelirken eski yavanlığı yerini bir romans kahramanını var eden silahlı çatışma coşkusu, duygusal yoğunluk ve başkalarını kurtarma arzusu gibi özelliklere bırakır. Bu dönüşüm üzerinde duran 6. Bölüm, Brontë romanlarının endüstriyel kapitalizmin iç karartıcılığına dikkat çektikleri anlarda dahi, önüne çıkan engelleri aşma becerisinden dolayı romans kahramanlarının yaşadığı cesur serüvenleri çağrıştıran, idealize edilmiş bir ticaret tarzını tahayyül ettiklerini ortaya koyuyor.

7. Bölüm, Charles Dickens'ın Little Dorrit'ini serbest ticaretin romans tarzında anlatımının Viktorya Çağı ortalarında kaleme alınan romanlardaki sürekliliğini incelemek üzere ele alıyor. Hapis yaşamına dair tasvirleriyle ünlü olan *Little Dorrit*, sınırlar ve sınır ihlallerine odaklanır. Romandaki kapanım ve dolaşım temsillerinin Dickens'ın gazetecilik yaptığı yıllarda ilgilendiği meseleler olan Çin-Britanya ticareti ve Afyon Savaşları hakkındaki iktisadi tartışmaların dilini yansıttığını düşünüyorum. Hapis yaşamının klostrofobik olmasından ötürü sınırlara meydan okuma hamlesi romanın zengin iş adamı ve uluslararası şantajcısı gizemli bir biçimde her yerde peyda oldukça bir kâbusa dönüşür. *Little Dorrit* oldukça psikolojik bir boyut katılmış karakterler ve karmaşık toplumsal ağlara yer veren bir roman olduğu halde romansa özgü alternatif teknikler bu gerçekçi teamülleri tüccarların radikal hareketliliğini konu eden bir anlatımla kesintiye uğratır. Şantaj temalı Gotik alt olay örgüsünde karakterlerin yönlerini şaşırmasına neden olan mekânlar gerçekçi anlatımın rasyonel ve merkezi perspektifine tezat oluşturur. Zengin iş adamı gibi şantajcı da—kendi deyişiyle—aynı anda "hem orada hem burada hem de her yerdedir." Dickens, Marx'ın zaman-mekân sıkışması, kapitalist sistemde kaotik mekân deneyimi olarak tanımladığı şeyin epey erken bir tahayyülünü romans unsurları aracılığıyla sunar.

Edebiyat eleştirisinin romansın kapitalist modernliğe bir alternatif sunduğu bağlamlara odaklanması, serbest ticaretin romans biçimindeki temsilini çetrefilleştirmiştir. Bilindiği gibi Romantikler bir yandan ekonomi politiğin özerk öznesini onaylarken diğer yandan fabrika dumanının tüttüğü kentsel ortamlara yaratıcı alternatifler kurgulamışlardır.[23] Emperyal romans, benzer bir dinamiği yüzyılın sonraki evrelerinde yürürlüğe sokmuştur. Bu romans türü, kahramanlar Avrupa dışına, doğuya veya güneye seyahat ettiklerinde onlara egemen olarak Batı modernliğinin büyüsünü yitirdiği yönündeki genel kanıyı bir kez daha olumlar. Bu tür bağlamları ele alan edebiyat eleştirisi, romansın rasyonel olanın baskıcı egemenliğine karşı çıkıp imgelemin kudretini vurgulayarak kapitalizmin kusurlarını hafifletme yollarına odaklanmıştır.[24] Fredric Jameson gibi materyalist bir eleştirmen bile on dokuzuncu yüzyıl romanında huzur verici kahramanlık mitine bir geri dönüş saptayarak meseleyi Romantik bir yaklaşımla ele almıştır.[25] Romansın bireysel iktidar vurgusunun modern benliğe pek çok bakımdan uygun olduğunu, onu çeşitli yönlerden yansıttığını gösteren Ian Duncan'ın yorumu bu bakımdan ayrı bir yerde durur.[26] Bu kitapta Duncan'ın argümanına hak veriyoruz ve romans ile modernlik arasındaki uyumun, romansın burjuva mahremiyetini açığa vurmasından daha öte tarafları olduğunu ileri sürüyoruz. Romansın hayat verdiği kronotoplar ve anlatı yapıları, ileri kapitalizmin akışkanlık ve gelgeçlik gibi asli özelliklerinin yanı sıra devlet ile bireysel özne arasındaki ilişkinin geçirdiği dönüşümleri de yansıtırlar.

Cinsiyet ve cinsellik meselelerini kitabın değişik bölümlerinde tekrar tekrar ele alırken belirttiğim gibi on dokuzuncu yüzyılda yeni ortaya çıkan serbest piyasa ekonomisini anlama çabası büyük ölçüde yürürlükteki cinsiyet ve cinsellik söylemlerine dayandırılmıştır. Cinsellik söylemleri elbette kapitalizmi bırakınız yapsınlar düzeninden önce de dolayımlamaktaydı. On sekizinci yüzyılda kapitalist genişlemeyi eleştiren kimseler ithal mallara yönelik ilginin bir zaaf olduğunu belirterek lüks maddelerin tüketimini kadınsı bir şey addetmekten geri kalmamıştı. Bir yandan da kapitalist ideoloji, mal alma kararının erotik bir arzunun işleyişini andırdığı yeni tüketim algıları icat etmişti. Liberal iktisatçıların merkantilizme karşı çıkmaya başlamasıyla birlikte kapitalist ideolojide, cinsellik düzenlenmiş, kadın bedeni temsilleri bir ekonomi politikçinin "sınırsız ticaret"[27] olarak adlandırdığı şeyin olanaklarını araştırmıştı. Ülkeler arasındaki ticaretin mükafatı evlilik yaşamının müşterekliğine metaforik yoldan tercüme edilebilirken bireysel özgürlüğün tehlikeleri hafifmeşrep kadın figürüne yansıtılmıştı. Küresel kapitalizmi kavrama çabasında cinsiyet böylesine önemli bir rol oynamıştır, çünkü bırakınız yapsınlar düzeni vesayetçi devletin gerileyeceğine ilişkin korkulara yol açmıştır. Vesayetçi ideoloji tanım gereği devletin rolünü aile hayatında babanın rolüne benzetmiştir. Sonuçta kendini düzenleyen piyasaların ötesinde ve bu piyasalarla karşıtlık içinde tanımlanan ulusal egemenlikle ilgili söylemsel müzakerelerde kadın bedenini merkeze alan, devlet ve egemenliğe yöneldiği varsayılan iktisadi tehdit ataerkil otoriteyi istikrarsızlaştırma riski taşımıştır.

Liberal Bireycilik ve Küresel Dayanışma Düşleri

Uluslarașırı edebi tahayyülle ilgili argümanım edebiyat eleştirisi alanında ulus olma ile edebiyat—özellikle de ulus olma ile roman—arasındaki ilişki hakkında süregiden bir tartışmaya katkıda bulunuyor. Bu tartışmanın taraflarından biri romanın ulus-devletin modern zamanlarda yükselişini kolaylaştırdığını öne sürer. Romanın yükselişiyle ulus-devletin yükselişinin çakıştığına dikkat çeken araştırmacılar romanla milliyetçiliğin doğaları gereği bağdaşır olduğunu vurgular.[28] Pek çok edebiyat eleştirmeni bu teorilere yanıt olarak romanın uluslararası bir biçim olduğunu ileri sürmüştür. Bu eleştirmenler fikirler, metinler ve insanların ulusal sınırlar arasındaki akışının romanın yapısını şekillendirme biçimine odaklanır.[29] Romanın ulusal bir biçim mi uluslararası bir biçim mi olduğunda uzlaşamayan araştırmacıların aslında müşterek siyasal kaygıları vardır, zira milliyetçilik eleştirisi tartışmanın iki tarafını da belirler. Romanı, doğası gereği milliyetçi bir tür olarak görenler bunu ulus olma halinin inşa edildiği süreçleri sergilemek ve ulusların doğal yollardan meydana gelmiş topluluklar olmadığını göstermek için yaparlar. Keza romanın uluslararası karakterini vurgulayanlar da ulus olmanın gaye ve amaçlarına eleştirel bir perspektiften bakar. Sanatın, fikirlerin ve insanların dolaşımına ulusal sınırların asla ket vuramadığını gösterdikleri gibi bahsettikleri sınır ihlali edimini bizzat kendileri sık sık gerçekleştirirler. Uluslararası bir metodoloji benimseyerek kendi analizlerini tek ulusun edebi üretimiyle sınırlandırmayı reddeder ve milliyetçi ideolojilere karşı çıkma becerisinden dolayı romanı sahiplenirler.[30]

Milliyetçiliğin homojenlik dayattığını göz önünde bulundurursak[31] ulus olma haline yönelik eleştiriler ve uluslaraşırı perspektiflerin geliştirilmesi kuşkusuz çok değerli düşünsel projelerdir. Gelgelelim benim ulusaşırılığa dair analizimin ardındaki saikin beslendiği eleştirel bakış açısı farklıdır. Bunun gerekliliğini kabul etmekle birlikte ulus olma halini eleştirmektense ulusaşırılığın pek çok bakımdan kapitalist örgütlenme biçimlerine dayandığını göstermek istiyorum. Geçirgen ulusal sınırlar arasında sık sık seyahat eden öznelerin ortaya çıkışında önemli unsurlar olan özerklik ve "özgür" seçime değer veren ilk vizyonların ufkunda iktisadi liberalizm belirmiştir.

Bireyciliğin ulusal sınırlar arasında bazı ittifaklar tahayyül edilmesinde ve ulus-devletin egemenliğine meydan okunmasında oynadığı tarihsel rol bugüne dek pek önemsenmemiştir, bunun nedeni muhtemelen on dokuzuncu yüzyılla ilgili araştırmaların çoğunun kozmopolitizm, yani küresel bir topluluğa aidiyet ve hizmet duyusu üzerinde durmasıdır.[32] On dokuzuncu yüzyılda Britanya'da kozmopolitizmle ilgili en ayrıntılı araştırmalardan birini yapan Amanda Anderson son derece doğru bir gözlemle kozmopolit felsefede modern soyutlanmanın temellerini saptarken özerk öznelliğin sorunlar ve paradokslarına eğilmez.[33] Güncel eleştirilerin eğilimine kulak verip kozmopolitizmi ütopik dünya vatandaşlığı olarak düşünürsek küresel müşterek bağımlılık vurgusuna takılarak bireysel özgürlük ve piyasa rekabeti gibi liberal iktisadi değerlerin merkeziliğini göz ardı ederiz.[34] "Küreselleşmenin Viktorya Çağı'ndaki öncüllerini" tartışan Lauren M.E. Goodlad, "Viktoryen perspektiften bakıldığında, kozmopolit kelimesi bir hoşgörü, dünya vatandaşlığı ve çokkültürlülük etosundan ziyade kapitalizm ile emperyalizmin gayri şahsi yapılarını çağrıştırmıştır" der. Goodlad gibi ben de küreselleşmeyi tarihselleştirme çabası çerçevesinde on dokuzuncu yüzyıldaki emsalsiz iktisat teorileri ve pratiklerinin ele alınması gerektiğini düşünüyorum.[35] On dokuzuncu yüzyılda Britanyalıların dünyaya ve kendilerinin dünyadaki yerine ilişkin algılarını anlamak için kozmopolitizmi serbest ticaret ideolojisiyle bir arada tartışmayı öneriyorum.

Serbest ticaret erbabı, küresel dayanışmayı amaçladığını öne sürse de on dokuzuncu yüzyıl başı ve ortalarında Britanya'da uluslararası mübadelenin bireyci temeli ile Aydınlanmacı kozmopolitizm gerilim halindeydi. David Hume ve Immanuel Kant gibi filozoflar ticaretin bütün dünyada insanlar arasında barış ve dayanışmayı besleyeceğini iddia etmiştir. Kuşkusuz onların "insanların kardeşliğine" bağlılığıyla on dokuzuncu yüzyıl liberallerinin ticaret özgürlüğü arayışı ortak temellere dayanır. İnsanların bütün dünyada barışçıl bir uyum içinde yaşamasını düşleyen Aydınlanma filozofları mutlakiyetçi devletlerin zorbalığına tepki göstermiştir. Adam Smith kanalıyla Aydınlanma mirasını devralan, hükümet müdahalesine karşı çıkan, devletin sınırsız iktidar pratiğini eleştiren ekonomi politikçiler de despotik mutlakiyetçiliğe karşı çıkmıştır. Ne var ki kentlerdeki endüstriyelleşme sürecinde gittikçe görünür hale geldiği gibi toplumsal uyumu tartışmalı hale getiren sınıf çatışmasıyla birlikte bireysel özgürlük pratiği çerçevesinde küresel müşterek bağımlılık arayışları on dokuzuncu yüzyılda gittikçe sorunlu bir hal almıştır. Adam Smith kişisel çıkar arayışının son kertede toplumu bir bütün olarak kalkındırdığı iyimser bir dünya vizyonu sunarken David Ricardo ve Thomas Malthus on dokuzuncu yüzyılda ticari çıkarların çoğu zaman antagonist karakterde olduğu nispeten karamsar bir toplum vizyonu sunmuşlardır. Bu etkileyici yazarlar kişisel çıkar ve dayanışmanın kolay kolay bağdaşmayacağını savunmuştur. Çıkarların uyuşacağı ümidinin gittikçe sönükleştiği bir ortamda ticaret yapma özgürlüğüne dönük bireysel özlem ile küresel müşterek bağımlılık düşlerini bağdaştırmak gittikçe zorlaşmıştır.[36]

Aydınlanma filozofları ticareti dünyada barışçıl bir düzen kurulmasının anahtarı olarak görürken on dokuzuncu yüzyıl iktisadi ve edebi yazınında serbest ticaret bireysel özgürlüğün zaferini simgelediği için metaların dolaşımı bütün dünyada kaos yaratabilecek bir şey olarak görülmüştür. Aslında küresel hareketlilik ile kaos arasında bağlantı kurulması sadece on dokuzuncu yüzyıla özgü değildi: On sekizinci yüzyılın ayırt edici özelliği farklı farklı "küresel bilinç" biçimleriydi ve "sınırların karışık bir hal alması," Aydınlanma'nın dünyayı araştırma ve keşfetme konusunda kendine duyduğu güvene meydan okumuştur.[37] On dokuzuncu yüzyıl, bırakınız yapsınlar düzeninde piyasaların öngörülmesi olanaksız yapısına ve bireysel arzulara hükmetmesine karşı koyamayan devletin işlevine dair bazı ilave kaygılar yaratmıştır. Yaratıcı yazındaki romans unsurları serbest ticaret yükselirken uluslaraşırı ittifakla ilgili korkular ve fantezileri dile getirmiş; kapitalist mübadelenin yarattığı kaosu uzakta tutan koruyucu bir güç olarak ulus-devletin cazibesini yansıtmıştır.

İKİNCİ BÖLÜM

Walter Scott'ın Sadakatsiz Kaçakçıları

İskoçya ve İngiltere'nin on sekizinci yüzyıldaki siyasi tarihleriyle ilgilenen Walter Scott'ın *Waverley* romanları on dokuzuncu yüzyıl başında Britanya'daki ulusal kimlik ve kültüre ilişkin muhtemelen en önemli metinlerdir. İki krallığın birleşmesinden sonra Britanyalı bir ulusal kimliğin doğuşunu irdeleyen bu romanlar sınırları çizili ulusal topluluklardan ödün verilmesini ve dış ticaretle ilgili on dokuzuncu yüzyıldaki iktisadi tartışmalara edebiyatın içinden verilen tepkileri konu eden bir argüman için iyi bir başlangıç noktası gibi görünmeyebilir. Ne var ki *Waverley* romanları, ulusal kimlik sorununu—İskoç, İngiliz veya Britanyalı—uluslararası ittifak, çokuluslu topluluk ve sınıraşırı ticaret bağlamları içinde değerlendirir. İskoç Aydınlanması'nın uzak ülkeler arasındaki ticaret vurgusu ve Scott'ın bu felsefe ekolüyle ilgili derin bilgisi *Waverley* romanlarında ulus olma haline dair zengin temsiller ve alternatiflere temel oluşturur.

On sekizinci yüzyıl İskoç Aydınlanması'nın başlıca figürlerinden David Hume bir ulusun vatandaşlarının bir başka ulusun vatandaşlarına yönelik akıldışı düşmanlık duygularının verimli ticari ilişkiler kurulmasına engel olduğunu savunmuştur. Hume'a göre küresel ticaretin ilerlemesi milliyetçi önyargıları zayıflatarak dünya barışını sağlayacaktı.[1] Sonraları İskoç Aydınlanması'nın bir diğer önemli filozofu Adam Smith de bu küresel uyum mefhumunu benimsemiştir. Smith'in *The Wealth of Nations* [Milletlerin Zenginliği] adlı çalışması yayımlandıktan yirmi otuz yıl sonra tahıl ithalatınının Tahıl Yasaları aracılığıyla kesin surette yasaklandığı 1815'te, Smith taraftarları uluslararası ticaretin zorunluluğunu kanıtlamak için Smith'in yapıtına başvurmuştur.[2] Fakat bu dönemde Aydınlanma'nın iyimserliği nispeten gözden düştüğü için serbest ticaretin reklamını yapmak da güçleşmiştir. Britanya'da on dokuzuncu yüzyıl başındaki en önemli iktisat tartışmasına olan David Ricardo ile Thomas Malthus arasındaki tartışma, bu değişime bir örnektir. Ricardo ile Malthus'un taban tabana zıt argümanları çatışmasız kalkınmanın Smith'in sandığı gibi mümkün olmadığını vurgulamak konusunda mutabık kalmıştır. Ayrıca Smith daha çok tarımsal kapitalizmden söz ederken ekonomi politikçiler on dokuzuncu yüzyıl başında süratli bir endüstriyel kalkınmaya tanıklık etmiştir. Yoksulların kent ortamındaki müşkül durumunu günden güne görünür kılan endüstriyel kapitalizm, Hume ile Smith'in iyimserliklerine inanmayı güçleştirmiştir. Öte yandan on dokuzuncu yüzyılın ilk yarısında gittikçe etkili olan serbest ticaret hareketi, Aydınlanma retoriğini sahiplenmiş; liberaller, uluslararası ticaretin tüm ülkelerin çıkarına hizmet ederek küresel uyumu sağlayacağını iddia etmeye başlamıştır.

Bu bölümde ve bir sonraki bölümde on dokuzuncu yüzyıl serbest ticaret erbabının bireylerin hükümet müdahalesinden özgürleşmesine yönelik vurgusunun Aydınlanma'nın küresel ticaret mefhumlarına (milliyetçi önyargının aşılması, sınırsız mübadele amacı) ne tür boyutlar kattığını inceliyorum. Eğer kapitalizm bireysel dürtüye dayanıyorsa, dünya çapında karşılıklı ilişkilerin ve dayanışmanın zemini haline gelebilir mi? Aydınlanma felsefesi elbette üstü kapalı olarak bireye değer veriyordu. Ama ileride göstereceğim gibi on dokuzuncu yüzyıl başında ekonomi politik özerk, rasyonel öznenin oluşumuna katkıda bulunmuştur. Anne sevgisinden yoksun kalmış gibi davranacak ölçüde özerk Dickens karakteri Mr. Bounderby'nin anımsattığı gibi kişinin kendi ayakları üzerinde durmasına dönük iktisadi vurgu bireyin başkalarıyla ilişkisini sorunlu hale getirmiştir. Bu bölümde ve bir sonraki bölümde Walter Scott ve onun izinden giden Kaptan Marryat'ın romanlarına ilişkin analizim kendi ayakları üzerinde duran birey düşlerinin on dokuzuncu yüzyılda Britanya'da sınırsız mübadele ve küresel dayanışma tahayyülünü paradoksal biçimde şekillendirdiğini gösteriyor.

Serbest ticaret tartışmalarındaki ulusaşırı benliğe dair edebi tahayyüle değinmek için Scott'ın kaçakçılarını inceliyorum. Argümanımın merkezinde kaçakçıları on sekiz ve on dokuzuncu yüzyılda serbest ticaretin kanunsuz uygulayıcıları olarak gören anlayış var. Kıta Avrupası'ndan İskoçya ile İngiltere'ye metaları gizliden gizliye nakleden kaçakçıların gümrük vergilerini atlatıp ithalat yasaklarını çiğneyerek devlete ihanet ettiği *Guy Mannering* (1815) ve *Redgauntlet* (1824) adlı romanlar üzerinde duruyorum. Kaçakçıların krallığa ettikleri ihanetten belki de daha ağırı sever sayar göründükleri efendileri ve arkadaşlarına ihanet etmeleridir. Kaçakçı figürünün kronik sadakatsizliği ve çevresinden soyutlanması metaların sınırsızca dolaştığı, önüne çıkan tüm sınırları çiğnediği bir iktisadi sistemde bireyin radikal özerkliğini temsil eder. Kaçakçının romans figürü olarak statüsü onu çevresinden soyutlayan başlıca neden olduğu gibi kendi argümanımın temel unsurlarından birini oluşturuyor. Küresel ticaretin romans tarzında anlatımına ilişkin argümanımda ilkin romans unsurlarının serbest ticaretin ardındaki bireysel itkiyi dışa vurma biçimine odaklanıyorum. Kaçakçıların çevrelerinden kronik bir biçimde soyutlanması kadim romanslardan kalan bir mecaz olduğu halde yeni iktisadi ilkelere işaret eder. Romansın kaçakçısının yalnız varoluşu serbest ticaretin zaferi ve ulus-devlet egemenliğinin çöküşünden kaynaklanan özel durumu açıklar.

Ekonomi Politikte Kaçakçı Figürü

Söz dinlemez kaçakçının romans öykülerinde olduğu gibi ekonomi politikte de önemli bir yeri olmuştur. İskoç aristokrat Mr. Bertram, Britanya bırakınız yapsınlar düzenine tamamen geçse kaçakçılığın artık bir suç sayılmayacağını ima ederek kaçakçıları "hukukun kaçakçı addettiği serbest ticaret erbabı" olarak selamlar (*G*, s. 29). Mr. Bertram kaçakçıları serbest ticaret erbabı sayarak dönemin gayri resmi diline uyar: Britanya'da on sekiz ve on dokuzuncu yüzyılda kaçakçılar genellikle serbest ticaret erbabı olarak adlandırılmıştı.[3] İthalatın serbest olmadığı bir ortamda serbest ticaret pratiğinin ister istemez gizli olacağı anlayışından dolayı kaçakçılık ile serbest ticaret arasında bağ kurulmuştur. Kaçakçılığın on sekizinci yüzyıl sonu ve on dokuzuncu yüzyıl başında serbest ticaret sayılması devletin ithalat yasaklarının—meşhur Tahıl Yasaları'nın koyduğu yasaklar gibi—faydaları ve zararları üzerinde duran iktisadi söylemi şekillendirmiştir. Bırakınız yapsınlar düzeninin hem destekçileri hem de muhalifleri kaçakçılığın sürekliliğine karşıt değerler atfederken bile kaçakçılığı yasadışı olmasına rağmen güçlü bir serbest ticaret pratiği olarak görmüşlerdir. Liberaller ticari faaliyetin söz dinlemez ruhunu bilimsel incelemelerinde kaçakçılığa dergilerde yaptıkları göndermelerle kutsarken muhafazakârlar kaçakçılığı aslında barışçıl ve ahlaklı bir ülkeye fitne soktuğu gerekçesiyle kınamıştır.

Bağımsız bir toplumsal ve bilimsel araştırma alanı olarak ekonomi politiği kuran Adam Smith'in *Milletlerin Zenginliği* adlı çalışması devletin uluslararası ticarete müdahalesinin beyhudeliğini göstermek için kaçakçı figürüne bel bağlamıştır. Kaçakçılığın altın çağında yazan Smith, okurlarına "karşılıklı yasakların—Britanya ile Fransa arasında—adil ticareti bitirdiğini ve şu anda gerek Britanya mallarının Fransa'ya gerek Fransız mallarının Britanya'ya girmesini sağlayan başlıca ithalatçıların kaçakçılar olduğunu" hatırlatmıştır. Smith'in belirttiği gibi hükümetlerin ithalatı yasakladığı veya kısıtladığı zamanlarda serbest ticaretin hayatta kalmasını kaçakçılar sağlamıştır. Yerli ekonomiyi izole etmeye çalışan korumacı önlemler başarısızlığa mahkûmdu. Bir meta bir ülkede kıt diğerinde ise öyle olmadığı sürece "hükümet tedbirleri" onun ihracını engelleyemez, "göreneklerin zalim yasaları" onun ithalini durduramazdı.[4] O ünlü görünmez el tüm iktisadi işlemleri yönetiyormuşçasına kendilerini dayatan iktisadi kanunların sağlamlığı ulusal sınırlar arasındaki dolaşımın kaçınılmazlığını göstermişti. Hükümete ihanet ederken evrensel olduğu varsayılan iktisat kanunlarına itaat eden kaçakçılar görünmez elin görünür bir sonucu haline gelmiş ve Smith'in açıklama iddiasında bulunduğu soyut kanunları somutlaştırmıştı. Smith'in gözünde zengin tüccarlardan işçi sınıfı mensubu denizcilere değişik değişik toplumsal katmanı içerecek kadar geniş bir kategori olan kaçakçı, küresel kapitalizmin iktidarını sorunsuzca temsil edebiliyordu, çünkü ona göre serbest ticaret tüm sınıfların çıkarına hizmet etmekteydi.

Smith'in on dokuzuncu yüzyıldaki taraftarları da arz-talep döngüsünü kırmanın olanaksızlığına dikkat çekmek için kaçakçılık meselesine dönmüştür. 1810'lar ve 20'lerin Tahıl Yasası tartışmaları sırasında serbest ticaretle ilgili tartışmalar yoğunlaşırken deneme yazarları, iktisatçılar ve siyasetçiler gerek küresel dolaşımın kaçınılmazlığını göstermek gerek ithalat arzusunu kınamak için kaçakçılığa göndermede bulunmuştur.[5] David Ricardo'nun teorilerinin popülerleşmesine *Edinburgh Review*'daki yazılarıyla katkıda bulunan John Ramsey McCulloch, kaçakçılığı korumacı düzendeki arz-talep kanunlarının zorunlu kıldığı bir ticaret biçimi olarak tanımlamıştır: "Metalar üzerindeki vergiler belirli bir sınırı ne zaman aşsa sonuç ya tüketimi kısarak ya da kaçakçılığı yapılan metaların tüketimini teşvik ederek bu metaları eskiye göre daha az kazançlı hale getirmektir." Korumacılık yanlısı David Robinson da serbest ticareti bir tür kaçakçılık olarak görmesine rağmen McCulloch ve öbür liberallerin savlarını çürütmeyi amaçlamıştır: "İktisatçıların doktrinleri bir hakikata dayansaydı kaçakçılığı yapılan Fransız ipeklilerinin İpek Ticareti ve diğer ticari uğraşlarımıza büyük bir fayda sağlaması gerekirdi."[6] Robinson serbest ticaret karşıtlığını bu tür örneklerle ampirist bir temele oturtmuştur, çünkü o dönemde kaçak ticaret faaliyetini gözlemleyen birisi serbest ticaretin ticaret özgürlüğünü önceleditğini düşünebilirdi. Genişletilen hukuki yaptırımlarla birlikte on sekizinci yüzyıl sonuna doğru gerçek kaçakçılar fiilen ortadan kalktığında bile kaçakçı figürü süratle gelişen ve günbegün önemli hale gelen ekonomi politik alanında boy göstermiştir.[7]

İktisadi tartışmaların genellikle vergiler ve tarifelere odaklandığı bir ortamda yaşayan Scott uluslararası ticaretle yakından ilgilenmiştir. Burada benim için asıl önemli olan Scott'ın serbest ticarete muhalif olup olmadığı sorusundan çok ithalat ve ihracata ulusal iktidar ve uluslararası siyasetle bağlantılı olarak sürekli ilgi duymasıdır. Scott'ın Aydınlanma düşüncesiyle tanıştığı Edinburgh Üniversitesinde her ikisi de kalıcı ticaret teorileri üreten Dugald Stewart ve Smith'in yapıtları "onun zihnini şekillendirmiştir." Bu yazarların "feodal uygarlıktan ticari uygarlığa geçişe duydukları güçlü inancı" Scott'ın özümsediği ileri sürülse de Scott'ın ticarete ilişkin fikirleri bu yazarlarınkiyle her zaman uyuşmamıştır.[8] 1790'lar gibi erken tarihlerde Scott Tahıl Yasaları'nı destekleyen tartışmalara sahne olan bir hayli muhafazakâr Spekülatif Düşünce Derneğine üyeydi ve bu derneğin korumacı tutumuyla mutabık kaldığı söylenebilir. Fakat Britanya'nın dünyanın kalanıyla iktisadi bağlarını kesmeye çalışan Napoléoncu kuşatmayla birlikte Scott'ın tutumu da değişmiştir. Joanna Baillie'ye gönderdiği bir mektupta uluslararası ticareti övdüğü gibi kuşatmaya tepki olarak Tahıl Yasaları'nın feshini desteklemiştir: "Durumun sandığımız kadar kötü olmayacağını umuyoruz çünkü… Kıta Avrupası'ndaki limanların ithalata açılması Glasgow veya başka yerlere giden gemileri çok etkiledi, Kıta Avrupası ülkelerinden tüccarlar bizim metalarımızı satın almaya gönüllüler, tek sorun şu ki biz onların tahıllarını satın almadığımız sürece paraları olmuyor."⁹ İthalat meselesinde genç Scott'ın tutumu olgun Scott'ınkiyle çelişir, diğer yandan korumacı ve kuşatma karşıtı tutumuyla Scott iktisat politikasını ulusal güç arayışına tabi kılar.

Scott, Napoléon ambargosunu eleştirmek için Aydınlanmacı görüşlerden uzun uzadıya yararlanırken ulusal özyeterlik eksenli ticaret karşıtı vurguyu yeniden olumladığı *Life of Napoleon Bonaparte* adlı yapıtında benzer ideolojik muğlaklıklar sergiler. Uluslararası ticareti dünya barışının mimarı sayan bilindik Aydınlanmacı tutumu benimseyen Scott, ticareti "ülkeleri birbirine bağlayan, tüm devletler için sağaltıcı bir etkisi olan ipeksi bağ" olarak tanımlar. Kapsamlı ticari ilişkileri sahiplenir, ticaretin Britanyalılara özgü bir fenomen olan özgürlük vurgusuyla Napoléon baskısını kırdığını düşünür. Tory'lerin iktisadi izolasyon baskısı çağrılarında da ön plana çıkan özyeterliği alttan alta idealleştirir: "Büyük Britanya'nın refahı esasen ticarete dayanır, ama bir ulus olarak varoluşu tamamen ona bağımlı değildir."¹⁰ Mübadele döngülerini çağdaş Britanya bağlamı dışında farklı bir biçimde ele alarak özerkliğe yönelik tehditlerden çok kültürel değişim aktörleri olarak görür. Sözgelimi İskoçya'nın eski çağ tarihi üzerine bir yazısında "İskoçlar, Güney İskoçya'daki limanların sunduğu olanaklarla bu ticareti sürdürdü" dedikten sonra ticari ilişkiler kurdukları dönemlerde İskoçların nüfusunun "Hollanda, Belçika ve Almanya kıyılarından gelen göçler sonucunda arttığını" ileri sürer. Ticaretin zemin hazırladığı göçler sonucunda "Alman kanının [İskoçların] Keltik damarlarında dolaşmaya başladığını" belirtir. Ticaretin kültürel ve ırksal melezlik aşılama gücüne sahip olduğunu düşünen Scott, "korsan akınlarına başlayan" İskandinavlarla İskoçların sık sık kurdukları ilişkiler sonucunda iki dilin birleştiğini öne sürer.¹¹ Scott'ın edebiyatdışı yapıtlarından romanlarına döndüğümüzde sınır tanımaz ticaretin benzer şekilde hem temas alanları hem de ulusal özerkliğe yönelik tehditler yarattığını görürüz.

Guy Mannering'de Sadakat Eksenli Ekonomi ve Soyutlanma

1707'de İskoç parlamentosunu fesheden Birlik Yasası'nın ardından birleşme karşıtı hissiyat İskoçya'da kaçakçılık pratiğini teşvik etmiştir. *The Heart of Midlothian*'ın (1818) anlatıcısının belirttiği gibi İskoçlar ticaret özgürlüğünü kısıtlayan İngiliz kanunlarına başkaldırmıştır: "1. ve 2. George döneminde

İskoçya'nın her köşesinde kaçakçılık yapılıyordu, çünkü vergilere alışkın olmadığı gibi onları kadim özgürlüklerine haksız bir saldırı olarak gören İskoç halkı fırsat buldukça bu kanunlardan kaçmakta hiç tereddüt etmiyordu."[12] Birleşmeden önce Kıta Avrupasıyla ticarette nispeten özgür olan İskoçlar birleşmenin hemen ardından dayatılan korumacı İngiliz kanunlarına içerlemiştir. Birlik Yasası'nın neden olduğu kırgınlıkla on sekizinci yüzyılın sonraki evrelerinde kaçakçılık gerilemiştir, dolayısıyla Scott'ın romanlarında kaçakçılığın önemli bir yerinin olması betimlenen ortamların tarihselliğine işaret eder. Bunun yanı sıra kaçakçılık uzakta olanın yöresel olana yeğ tutulmasının metaforik bir temsilidir. *Redgauntlet*'te Willie adlı kör bir kemancının bir köy dansına gittiği sırada işittiği cılız bir sesin ardından küfür ettiği etkileyici sahneyi düşünün: "Orospu çocuğu ayaktakımı—yoluma başka bir kemancı çıkardı—böyle kaçakçı herifler bunlar, ille de kendi müziklerini çalarlar."[13] Kaçakçılığı bir hainlik sayan kör Willie metaforu, feodal yakınlık ve küresel mübadele gibi kapsamlı siyasal ve iktisadi meselelerin yer aldığı bir topografya kurgular.

Boyun eğmez bir İskoç ruhunu temsil eden tarihsel bir gönderge olarak kaçak ticaret ile yöresel olanla uzakta olan arasındaki ayrımın kayboluşuna işaret eden bir metafor olarak kaçakçılık arasında şimdiye dek yaptığım ayrım, kaçakçı figürünün faaliyet gösterdiği zengin anlam matrisine dikkat çekmekle birlikte bir hayli basite indirgeyicidir. İskoçların birleşme karşıtı hissiyatı, anavatan karşısında duyulan kozmopolit kayıtsızlıktan farklı olduğu halde bu ikisi arasında tarihsel bakımdan olumsal örtüşmeyi göz ardı edemeyiz. Sonuçta, birleşme karşıtı hissiyat, referansımız Britanya ulusu değil İskoç ulusu olduğu sürece milliyetçidir. Scott'ın geriye dönük bakışı Britanyalılığın ortaya çıkışını İskoçya'daki iktisadi ve kültürel kalkınmada temellendirdiği için *Waverley* romanları İskoç âdet ve göreneklerini nostaljik bir dille anlatırken bile Britanya ulusuna ayrıcalık tanırlar. On dokuzuncu yüzyılın teleolojik perspektifinden bakıldığında, bu romanlar İskoçya'daki on sekizinci yüzyıl bağımsızlık arayışlarını (Jakobitizm) temsil eder. Dolayısıyla Jakobitizm Britanya dışında ortaya çıkıp Britanya'ya yönelen tehditlerle özdeşleşmiş bir ideolojidir.

Jakobitizmin yabancılıkla özdeşleştirilmesi ideolojik olduğu kadar tarihseldir de. Jakobitlerin Kıta Avrupasıyla dinsel ve siyasal bağları İskoç bağımsızlığı arayışına *Waverley* romanlarında gerek dilsel gerek tematik bakımdan gözlemlenen uluslaraşırı bir karakter atfetmiştir. Yaygın kaçakçılık pratiğinin işaret ettiği gibi uluslaraşırı ittifaklar Jakobitlerin faaliyetlerinin yanı sıra Londra'daki hükümete yönelik bir muhalefete işaret etmiştir. Pek çok İskoç, İngilizlerle Birlik Yasası çerçevesinde yeni ortaklıklar kurmak yerine Fransa ve Baltık devletlerindeki eski ticari ortaklıklarını sürdürmeyi yeğlemiştir.[14] Böylece eskiye göre güçlenen ulus-devlet karşısında müşterek bir direniş ekseninde etnik mübadele ve kozmopolit mübadele tarihsel olarak yakınlaşmıştır, Scott'ın tahayyülünde de kaçakçılığa atfedilen çoğul anlamlar aracılığıyla benzer bir durum gerçekleşmiştir. Scott'ın, güçlenmiş bir Britanyalı kimliğinin etnik bakımdan saf bir İskoç kimliği karşısındaki zaferini kutladığını edebiyat eleştirisi son yirmi otuz yılda inandırıcı bir biçimde gösterdi.[15] Ne var ki kurmaca kaçakçılar ve bir yerden bir yere taşıdıkları şaibeli yüklerin işaret ettiği gibi Scott'ın romanlarında Britanya milletini önceleyen ve tehdit eden tek unsur etnik birlik değildir. Uluslaraşırı iktisadi ve kültürel ağlar da ironik bir biçimde Britanya'nın on dokuzuncu yüzyıl ortalarında siyasal ve iktisadi iktidarını arttıracak mübadele topoğrafyalarını vatanseverliğe aykırı addederek Britanya milli kimliğini istirarsızlaştırır.

Yöresel bağlılıkların sona erişine işaret eden bir metafor olarak kaçakçılık, serbest ticaret karşıtlarının yabancı malların satışı ve tüketiminin vatana ihanet olduğunu ileri sürdükleri on dokuzuncu yüzyıl iktisat tartışmalarını anımsatır. Kitabın giriş bölümünde korumacı retorikle ilgili tartışmada değindiğimiz gibi serbest ticaret oldukça tartışmalı bir konuydu, çünkü gümrükten muaf ithal malların erişilebilirliği Britanya'nın gerek kendi toprağında gerek emperyal ağdaki ticari faaliyetine zarar vermekteydi. James Mill gibi liberallerin yanı sıra William Spence gibi muhafazakârlar da on dokuzuncu yüzyıl başında serbest ticaretin ve korumacılığın artıları ve eksilerini enine boyuna tartışmıştır. Bu tartışmalı konunun bunca önemli hale gelmesinin nedeni, on sekizinci yüzyılda Adam Smith'in yürürlükteki korumacı sömürgeci düzene yönelttiği sert eleştiriydi. Smith bu eleştirisinde sistemin sadece tüccarların çıkarlarına hizmet ettiğini savunmuştur:

> Çeşitli üreticilerimizn dükkânlarından kendilerine sunulan malların tümünü satın almak zorunda olan bir müşteriler ulusu yaratmaktan başka gaye

gütmeyen koca bir imparatorluk kurulmuştur. Sırf söz konusu tekelin üreticiler hesabına sağladığı ufak bir fiyat artışı adına imparatorluğu koruma ve kollamanın tüm yükü Britanyalı tüketicilerin omuzlarına bindirilmiştir.[16]

Smith'in sömürgeci sisteme yönelik etkileyici ve stratejik eleştirisi Britanyalıların refahına ilişkin vatansever bir kaygıyı öne çıkarır. Smith'e göre Doğu Hindistan Kumpanyası gibi ticari kuruluşların tekeline dayanan, doğası gereği adaletsiz korumacı sistemin çözümü Britanyalı tüccarları Kıta Avrupası yerine Hindistan, Kanada veya diğer sömürgelerden mal satın almaya teşvik eden koşulları ortadan kaldıracak küresel bir serbest piyasa sistemiydi.

İki rakip iktisadi sistemin destekçileri arasındaki tartışma Napoléon Savaşları sırasında yoğunlaşmıştır. İktisadi tartışmalar yabancılık ve uzaklığın her zaman birbirine tekabül etmediği bilişsel bir keşif sürecine dayanmıştır. Kanada'dan Atlantik'i aşarak gelen bir meta yerli sayılırken Fransa'dan ufacık Manş Denizi'ni aşarak gelen bir meta yabancı sayılmıştır. Serbest ticaretin başlıca muhaliflerinden William Spence'e göre Hint mallarını tüketmek vatansever bir tutum iken Kıta Avrupası'ndaki mallara özenmek hainlikti. Spence sömürgeci ticareti özyeterliğin ihlali değil de cisimlenmiş hali olarak gördüğü için ülkesinin kendi kendine yetmesiyle övünüyordu. 1808'de şu satırları yazmıştı: "Britanya'nın zenginliği, büyüklüğü ve gücü tamamen kendi kaynaklarından ileri gelir ve yaptığı ticaretten tamamen bağımsızdır." Bunun delili olarak sunulan sav anlamlıdır: "Çok önemli [bazı] temel ürünlerimiz, dünyanın değişik bölgelerindeki sömürgelerimiz ve mülklerimiz bize bereketli bir stok tedarik ediyor. Kanada ve Hindistan ormanları savaş gemilerimiz için bol miktarda kereste barındırıyor."[17] Bu bakış açısına göre sömürgecilik vatanseverliktir, çünkü sömürgeler çelişik biçimde de olsa ulusun özyeterliğini bir kez daha olumlamaktadır. İthalatı yerli ve sömürgeci ticaret için zararlı gören serbest ticaret karşıtlarının perspektifinden kaçakçılar mali kanunlar gibi yurtsever kodları da ihlal etmiştir. Uluslararası sınırlar arasındaki meta dolaşımı milliyetçilik ve emperyalizmin belirlediği sadakat topoğrafyasını altüst etmiştir.

Sömürgeci emperyalizm, küresel serbest piyasa ekonomisinin kurulmasına tarihsel olarak katkıda bulunsa da kendi retoriği büyük ölçüde sadakat seferberliğine dayanmıştır. On dokuzuncu yüzyıl başlarında Britanya'daki korumacı sömürgecilik, sadakat duyusu söz konusu olduğunda, kimin neyi satın aldığını birtakım akrabalık veya arkadaşlık ilişkilerinin değil de piyasadaki fiyatların belirlediği serbest piyasa ekonomisinden çok feodalizmi andırmıştır. 5. Bölüm'de üzerinde duracağım gibi sonraları Thomas Babington Macaulay ve Harriet Martineau gibi yazarlardan oluşan yeni bir emperyalistler kuşağı sömürgeci ticaretin bu daha eski ilkelerine saldırmıştır. *Guy Mannering*'de anlatıdaki temel çatışma, sadakatin ayrı ayrı iktisadi sistemleri (tarım ve zanaate dayanan endüstri öncesi feodal üretim ağlarının yanı sıra küresel kapitalizmin iki ayrı biçimi—korumacı sömürgecilik ve serbest ticaret) kendi etrafında örgütleyen bir paradigma teşkil ettiğini gösterir. Bu romandaki karakterler iki kampa ayrılır: Bağlılık ve soyutlanma ekonomilerine bel bağlayan karakterler. Gerilim dolu olay örgüsünü sürükleyen çatışma birbiri üzerinde tahakküm kurmaya çalışan iki grup eşliğinde serbest piyasa düzeni ile alternatifleri arasındaki rekabeti temsil eder.

Guy Mannering'deki çatışmanın temelinde romanın Hollandalı kaçakçısı Dirk Hattaraick'in acımasız istismarları vardır. Red Gauntlet'in kör Willie'sinin gayet veciz bir küfürle dışa vurduğu kaçakçılık ve sadakatsizlik arasındaki mecazi ilişki, tıpkı kör Wilie'nin küfrettiği köylüler gibi belli bir sadakat duygusundan yoksun kalan Hattaraick'te daha erken bir karşılık bulur. Olay örgüsü ilerledikçe Hattaraick'in kaçakçılığını yaptığı malları tüketen topluluğun yanı sıra hapishaneden kaçmasını sağlayan kadim dostuna da ihanet ettiğini görürüz. Başka insanlara duyulan kişisel bağlılıkların eksikliği vatansever bağlılıkların eksikliğine eşlik eder. Hattaraick'in sürekli ettiği küfürler arasında "hagel and donner" ve "der teyfel" gibi İngilizceye Felemenkçe bir boyut katan ifadelerin olması onun belli bir anavatanla kendisini özdeşleştirmektense Britanya'da bir yabancı olduğunu gösterir. Şu bağlamda Hollandalı aksan bir milliyetçilik değil milliyet göstergesidir: Hattaraick'in bireyci göçebe varoluşuna işaret eden yüzeysel, hatta ironik bir gösterge.

Karakterleri ikiye ayıran müşterek karşıtlıklara değinmek için olay örgüsünü özetleyeyim: Anlatının başkişisi Vanbeest Brown diye bir adamdır; aslında Sir Bertram'ın oğludur Brown, ama onu kaçıranlar, Brown'a yeni bir ad vermiştir ve Bertram bütün bunlardan habersizdir. Henüz ufak bir çocukken Dirk Hattaraick gibi bir alçak tarafından kaçırılmıştır. Brown büyüdüğünde Hindistan'da askerlik yapar ve üstü, albay *Guy Mannering*'in kızına âşık olur. Manneringler İskoçya'ya döndüğünde Brown da genç kadınla sevişme umuduyla peşlerinden gider ama sonuçta İskoçya'nın kendi anavatanı olduğunu ve kendisinin merhum Sir Bertram'ın uzun süredir kayıp varisi olduğunu keşfeder. Brown/Bertram kendi kökenini keşfetmeye çalışırken haksız yere hırsızlıkla suçlanır. Suçsuzluğunu bir an önce kanıtlamak için Hazelwood diye bir aristokrattan ve Albay Mannering'ten medet umar. Kaçakçı Hattaraick ve suçortağı emlak komisyoncusu Mr. Glossin'in karşısına Brown/Bertram, Mannering ve Hazelwood beraberce dikilirler. Bu ittifakların ikiye bölündüğü hattın bir tarafında yeni para, diğerinde eski para falan yoktur. Bilakis Hattaraick ve Glossin gibi Albay Mannering de yakın tarihte Hindistan'da biriktirdiği paranın getirdiği servetin sefasını sürmektedir. İki grup arasındaki çatışma, daha ziyade, vesayetçi düzen ile serbest piyasa ekonomisi arasındaki rekabete tekabül eder. Mannering, Brown/Bertram ve Hazelwood, her ikisi de sadakate dayalı ve sadakati önemseyen vesayetçi aristokrasi ile eski sömürgeci düzeni kinayeli bir yoldan temsil ederler.

Guy Mannering'de ailevi ilişkiler, yerli üretici ve tüccarı yabancı muadilleri karşısında koruyan iktisadi sistemin metaforudur. Bertram'ı ufaklığından beri tanıyan ve kayıtsız şartsız seven iki karakter, son kertede Bertram ittifakının akıbetinde bir denge unsuru oluşturur: Bu karakterler anaç bir figür olan çingene Meg Merrilies ile onun babacan muadili Bertram'ın ihtiyar öğretmenidir. Böylece müşterek ailevi ilişki biçimleri farklı duygusal bağlılık modelleri sunan bir romanda ayrıcalıklı bir role kavuşur. Metropolü anneyle, sömürgeyi çocukla eşleştiren metaforik benzetmenin tarihsel ünü düşünüldüğünde ebeveyn figürlerinin serbest piyasadan değil de farklı korumacı sistemlerden (feodal, sömürgeci) servet edinmiş kimselerle kinayeli bir yakınlık içinde olması şaşırtıcı değildir. Sadakat eksenli ekonomilerin zaferi tarihi romanda kendine elverişli bir ifade aracı bulur ve Georg Lukács'tan Katie Trumpener'a çeşitli eleştirmenlerin belirttiği gibi bu roman türü tarihsel olarak ulusal aidiyet duyusunda temellenmiştir.[18]

Romans Teamüllerinden Modern Öznelliğe: *Redgauntlet*

Walter Scott, kaçakçıların romans figürü olarak statüsüne dikkat çeker. 1815'te yazdığı ikinci romanı *Guy Mannering*'i "sunduğu tek çeşitlilik kaçakçılar ve vergi tahsildarlarının serüvenleri olan bir özel hayat öyküsü" olarak tanımlamıştır.[19] Bu yorumdaki örtük varsayım —kaçakçılar ile onların peşindeki otoritelerin serüvenlerinin özel hayat öyküleri olmadığı—bazı türsel teamüllere dayanır. Özel hayat tasvirleri, karakterlerin aile yaşamları ve zihinsel durumlarının anlatımını da içeren bir dizi teknik aracılığıyla gerçeklik yanılsaması yaratan gerçekçilik geleneğine özgüdür. Diğer yandan kaçakçılara da yer veren öyküler gibi fantastik serüven anlatıları Scott'ın kendi deyişiyle "olağanüstü ve olmadık bir karakterin başına gelen olayları" anlatan romanslardır. Scott'ın tarihi romanlarında bu iki tür bütünleşir. Gerçekçilik ile romansın başarılı terkibine değinen Scott, "barbarca bir çağın kadim zamanlardan kalma kaba ve vahşi tavırlarını" ele alan romanların tarihselliğine dikkat çekmiştir.[20] Rasyonalitenin egemen olmadığı geçmiş zamanları anlatma isteğinden kaynaklanan tarihsel gerçekliği aktarma arzusu ona romanlarındaki karakterleri büyüleyen öznel deneyimleri anlatma imkânı vermiştir.

Guy Mannering'de bir kez daha kaçakçılara göndermede bulunan Scott, gerçekçilik ile romans arasındaki ayrımdan söz eder. Bir süre önce kaçakçılara rastlayan Albay'ın kızı yakın bir arkadaşına yazdığı mektupta bu edebi konuyu gündeme getirir: "Sana [son] mektubumu... kurmaca anlatıda romantik ve olağanüstü unsurlara ilişkin zevkin hakkında birkaç laubali laf ederek bitirmiştim. Birkaç gün geçmeden böylesine anlatmaya değer olaylarla karşılaşacağımı nereden bilebilirdim!" Genç kadın "şövalyeler, cüceler, devler, sıkıntılı küçük hanımlar, kâhinler, hayaller, el sallayan hayaletler ve eli kanlı karakterlerle ilgili romantik öykülere" özgü olduğunu sandığı kaçakçılarla yaşadığı kısa etkileşim sonucunda romans dünyasına ayak bastığı için heyecanlıdır.[21] Yorumları, deneyimli bir kurmaca okurunun içgörüleridir. Kaçakçıların romans geleneğinde sağlam bir yeri vardır, çünkü türün ayırt edici özelliği olan o düşsel serüvenlere önayak olurlar. Bu serüvenler olağan deneyimi düzenleyen kurallardan özgürleşmenin yanı sıra sınırsız yolculuklara da yer verirler. Kasten kanundışı ve uzamsal olarak yayılan kaçakçılık bu iki unsuru da sunar.[22] Genç kadının romans türüyle ilgili düşüncelerinde mahremiyet mefhumu yeniden belirir. Romans ile mahremiyetin temsilinin bağdaşmayacağını ima eden genç kadın romantik öykülerden çok "özel hayat entrikalarına" yer veren kurmacayı yeğlediğini belirtir (*Guy Mannering*, s. 161). Bu türsel ayrım, yirminci yüzyıl edebiyat eleştirisinin romanın yükselişine dair fikirlerinin habercisidir: Roman geleneğinin başarıyla tahayyül ettiği mahremiyetin, on sekizinci yüzyıl romanının kendini ayrıştırmaya çalıştığı romans türünde bir teamül olarak yeri yoktur.[23]

Kaçakçıların özel hayatlarının olmaması türsel bir temaül olduğu gibi Scott'ın romanlarında küresel kapitalizmin etkilerini açıklar. Mahremiyetin eksikliği içsellik ve duygulanış eksikliğidir. Romansa özgü geleneksel bir durum olarak kaçakçı figürünün dümdüzlüğü yeni iktisadi paradigmaların yol açmasından endişe edilen duygusal boşlukla ilgilidir: Serbest ticaret, bireyleri çevrelerindeki dünyayla duygusal bağlar kurmaktan men etmiş gibidir. İç dünyası olmayan kaçakçılar bireysel iktisadi kazanç ile toplumsal müşterek bağların bağdaşmaz göründüğü bir dünyanın öznellik krizine işaret ederek kapitalist mübadele eksenli uluslararası bir durumun tuhaflığını sergilerler.

Ulus olma halinin güçlenmesini konu eden bir tarihi roman sadakatin zaferini kutsayacak şekilde kurgulanırken anlatıdaki romans unsurları duygusal soyutlanmayı göz önüne serer. Bir romans figürü olarak kaçakçının "özel hayat entrikalarından" uzak kaldığı gözlemi son derece önemlidir. Geçmişe baktığımızda, ortalama bir kaçakçının içsellikten yoksun olduğunu George Çağı'nın sonu ve Viktorya Çağı'nın başında yazılan melodramlarda görürüz. Kaçakçılar melodram sahnesinde ya "zalim, kararlı ve oldukça kötücül" ya da "hilekâr, korkak ve yarı komik" haydutlar olarak belirmiştir.[24] *Guy Mannering* ve *Redgauntlet*'teki kaçakçılar, Viktorya Çağı başı melodramlarını şekillendiren romanslardan artakalmış benzer bir düzlüğü sergilerler. Mihail Bahtin'in belirttiği gibi antik Yunan'dan miras kalan romanslarda "bireyin dilsiz veya görünmez bir özü yoktur. Büsbütün görünür ve işitilir durumdadır, her şey görünürdedir." Yunan romanslarındaki kahramanların "mutlak dışsallığı" modern karakterlerin çokkatmanlı doğasına tezat oluşturarak "içsel ile dışsal arasında yaptığımız ayrımın" antik çağda mevcut olmadığını gösterir.[25] Scott romanlarındaki kaçakçı figürünün mutlak dışsallığı türsel anlamda geçmişten artakalmıştır, ama ideolojik düzlemde çağdaştır. Romans tarzı, mahremiyetin icadından sonra da kaçakçılığın temsili için uygun bir araç olmuştur çünkü gerçekçi içsellik ile kıyaslandığında sığ görünen romans öznelliği, serbest ticaret ile ilişkilendirilen topografik soyutlanmayı karakterlere özgü bir zaafa dönüştürmüştür. Türsel düzlük, sahici bir benliğin eksikliğini simgelerken içsellikten yoksun kaçakçı figürü kendi içine dönen ticaretin mekândaki yaygınlığına dikkat çekmiştir.

Guy Mannering'deki baş kaçakçının içsellikten yoksun olması ortağı Glossin'in güçlü içselliğiyle bağıntılı olarak epey görünür bir hal alır. Hattaraick ile Glossin, Bertram'ı öldürmek için plan yaparken (Hattaraick hapisten kaçmak, Glossin ise Bertram malikânesine el koymak için) Glossin'in "zihinsel fantazmalarına," zihninden "hızla akıp geçen azap verici düşüncelere" tanıklık ederiz (G, s. 183, s. 185). Glossin, ufak Bertram'ı kaçırdıkları "anın ıstırabı"nı zihninde yeniden yaşarken Bertram'ın babasının çığlığı kulaklarında yankılandığında psikolojik içsellik dışsallığa tahakküm etmeye başlar (G, s. 186). Hattaraick ise ya içsel bir dünyayı açığa vurmayan "opak bir beden" ya da duyguları derhal dışsallaştıran şeffaf bir beden olarak tanımlanır (G, s. 182). Hapisten kaçabileceği söylendiğinde "zincirlerini komik bir şekilde sallar;" tıpkı yeniden yakalandığında "gözlerini grotesk bir şekilde kırpıştırdığı" gibi (G, s. 182, s. 339). İç dünyanın türsel yokluğu, melodramatik haydut ile vicdan azabı çeken Glossin arasındaki yakın etkileşim aracılığıyla ahlaki bir zaafa dönüşür. Rüyalarında suçluluk duygusuyla kahrolan Glossin "hadisene Kaptan Hattaraick, senin bir vicdanın olmalı" der (G, s. 192). Kaçakçı ise suçluluk duygusu çeken Glossin'in öldürücü ikiyüzlülüğüyle alay etmekten bile vicdan azabı duymayacağını göstererek küfürle karşılık verir.

Dolayısıyla Glossin'in suçlu vicdanı ve Hattaraick'in vicdansızlığını sergileyen bölümlerde bol bol mevcut olan mekânsal içsellik temsilleri psikolojik içsellik tahayyülünü genişletir. Bahtin'den Walter Benjamin'e pek çok eleştirmenin belirttiği gibi binaların içleri mahremiyetin gelişmesi ve tahayyül edilmesine katkıda bulunarak insan imgesini on dokuzuncu yüzyılda "bir özü ve kabuğu, içi ve dışı" olan bir varlığa dönüştürmüştür. "On dokuzuncu yüzyılda en aşırı biçimiyle bir varoluş koşulu olan bu varlık içinde taşıdığı kişinin izini taşır."[26] *Guy Mannering*'de Glossin'in "suçlu bir vicdanın endişeli önsezileriyle yara bere içinde oturduğu" burjuva evine yapılan "suçlu bir yastık" gibi atıflar duygu patlamasına alan açarak Glossin'in içselliğini dolayımlar (G, s. 185, s. 184). Keza Mannering'in kızı bir yatak odasının mahremiyetinde, ortama uygun olarak özel bir mektup yazarken özel hayat öykülerini sevdiğini açıklar. Hattaraick'in evi ise—bir mağara—kaçak ticaretin ironik bir biçimde sunduğu burjuva rahatlıklarından yoksundur. Mağara "şendere ve tahta parçalarından" başka bir şeyin olmadığı, "şüphesiz soğuk bir yer"dir (*G*, s. 187). Oturma odalarındaki süsler ve mobilyalar, içselliğin oluşumuna ilişkin modelleri hem dışsallaştırıp hem inşa ederken bu tür sabit şeylerin yokluğu bir öznellik yitimine işaret eder. Kaçak malların konduğu yer olan, ağzı sonuna kadar açık sefil mağara sürekli ikamenin meta kültüründe temel bir unsur olduğunu gösterir; bu durumun muhtemelen en dokunaklı tarafı hangi metaların kaçırıldığını aslında bilmememizdir. Kaçakçılar her şeyi, herkesi, her zaman taşıyabilen boş sandallar gibidir: *Guy Mannering*'de bir çocuk, *Waverley*'de silahlar, *The Heart of Midlothian*'da düşkün bir kadın, *Redgauntlet*'te Stuart hanedanlığından bir prens kaçırılır. Orta sınıf evin dış görünüşü karmaşık bir iç dünya gizleyen özneye dair mükemmel bir metaforken her türlü yükü içine almaya hazır boş bir mağara dış etkiler ve fırsatlara direnecek, hatta içerleyecek kalıcı ve sahici bir benlikten yoksun bir özneye işaret eder. Duygusal bağlılıkların eksikliğine temel oluşturan bu yokluk, serbest ticaretçi bireyin kronik sadakatsizliğiyle ilgilidir.

Eşzamanlı olarak dış dünyaya bir yandan bağlanan bir yandan sırt çeviren mağara, toplumun uluslararası meta dolaşımına son derece köklü ama titizlikle gizlenen bağımlılığının mekânsal bir metaforudur. Mağaranın "loş ve engebeli damı" "kayalarda gizli gedik ve yarıklar"la dışa açılarak hava dolaşımını sağlar (*G*, s.188). Ama Hattaraick'in "mağaranın oyuklarında uluyan boğuk ve basık sesi" mağara dışından işitilmez (*G*, s. 187). Bu sahnede kaçakçı, mutlak bir biçimde bastırılmıştır: Bütün ahlaki ve yasal kodları aşmayı beceren geniş ve kudretli ticari ağlara katılımı ve bağımlılığını sırf görüntüyü kurtarmak için gizlemeye mecbur kalan bir toplum söz konusudur. Bu sürgün çağrışımı dışında kaçakçının yaşadığı soyutlanma ödemek zorunda kaldığı bedelin nedeni olduğu gibi kendi kendine oluşturduğu tehdidin de kaynağıdır. Edebiyat eleştirisinin Scott romanlarıyla ilgili en köklü içgörülerinden biri—karakterleri çevrelerinin şekillendirdiğine dair gözlem—kaçakçının olmayan içi ve yaşadığı izolasyonla yakından ilgilidir.[27] Bireysel öznelliğin aile, klan ve ulus tarafından şekillendirildiği

Scott romanlarında komünal özdeşleşmenin eksikliği hem bencil hem de benlikten yoksun ve içsel bakımdan çelişik bir özne yaratır. Modern özneyi içsel bir özden yoksun gören bu tutum, eksikliğini eleştirdiği içselliğe sahip olmayı idealleştirir. Şu haliyle, modernliğin yarattığı bireyselleşmiş benliğe duyulan hayranlığı somutlaştırır.

Hattaraick, parmakla gösterilecek bir bağlılığa asla sahip olmasa da son kertede Scott ona profesyonelliğe dayalı özel bir bağlılık atfeder. Glossin'in yakalanmasına neden olan bir olay örgüsü değişikliği, Haatrick'in "gemi sahiplerine her zaman sadık olduğunu"—"yüklerin hesabını her zaman son gümüşe dek verdiğini" ortaya koyar. Romandaki düğümün çözüldüğü bölümde aristokratların nihayet kendi mülklerine yeniden kavuşmalarını sağlayan şey Glossin'in kriminal eylemlerini delillendiren bir mektuptur. Hattaraick, "yaptıkları ticareti anlatan" bu mektubu "efendilerine yazmıştır" (*G*, s. 352). Böylece Glossin'i töhmet altında bırakan katı iş ahlakı sayesinde kendini kısmen aklar. Hattaraick öldükten sonra oraya çıkan sadakati, feodalizm ile bırakınız yapsınlar kapitalizmi arasındaki ideolojik gerilimi, kapitalizmin sadakat kavramına feodalizm kadar bağımlı olduğunu göstererek sona erdirir. Bu ifşayla birlikte Hattaraick de bir içsellik kazanır. Hattaraick karakteri, gizli özlemleri ve köklü nedametleriyle Scott'ın sonraki romanslarına gerçekçilik unsurlarını sokan *Redgauntlet*'in Nanty Ewart'ı, *The Heart of Midlothian*'ın George Staunton'ı gibi kaçakçıların habercisidir.

Elbette bu durum Scott'ın sonraki romanlarında kaçakçılık temasının romansa mesafe aldığı anlamına gelmez. Vatanseverlik ile serbest ticaretin bağdaşmazlığına ilişkin bir yığın düşünceye yer veren *Redgauntlet*, kaçakçılığı öncelikle romans perspektifinden ele alır. Anlatının kahramanı, arkadaşına kendini romantik hayallere kaptırmamasını tembihlediğinde kaçakçıların belirmesi ironiktir. Arkadaşı için endişelenen Alan, Solway'deki kaçakçılar hakkında anlattıklarıyla gizemli serüvenlerden duyduğu zevki ortaya koyan hayalperest Darsie'ye "şeyleri oldukları gibi gör, bereketli hayal dünyanın onlara verebileceği abartılı görünümlerle değil" der (*R*, s. 13). Alan, Redgauntlet adlı Jakobitin bir aristokratın kaçırdığı Darsie'yi bulmak için bölgede çıktığı yolculukta kaçakçılarla karşılaşır. Bu arayış anlatısında Alan'ın karşılaştığı ilk kaçakçı olan Tom Trumbull, onu kendi evinin güvenli ortamında misafir eder: "Burası bizim mahremimiz, genç adam" (*R*, s. 237) Bu mahremiyet iddiası kaçak ticaretin faaliyet gösterdiği gizlilik koşullarını oldukça iyi tanımlar fakat Trumbull'un gereğinden fazla profesyonelleşmiş gündelik varoluşunda mahremiyetten eser olmadığını anladığımızda durum ironik bir hal alır. Yatak odasına baktığımızda ay ışığında Gotik buluşmalar ayarlayan şeytani kaçakçının ardında duygusal, sorumlu, mustarip bir adamla karşılaştığımız *The Heart of Midlothian*'ın George Staunton'ınn aksine Trumbull'un özel hayatı bir kaçakçıdan fazlasına işaret etmez. Kendini töhmet altında bırakacak bilgiler edinmekten kaçınmak için öteki kaçakçılarla arasındaki sözel diyaloğu asgariye çeken Trumbull "elindeki malı elverişli biçimde, işin olağan akışının gerektirdiği gibi" satması için mutlaka gereken şeyler dışında dilsiz ve sağırdır (*R*, s. 318). Şu bağlamda aşırı profesyonelleşme, kazanç odaklı işlemlerin kişisel ilişkiler ve ideolojik bağlılıklara ağır bastığı piyasa ekonomisinin gayri şahsîliğini yansıtır: "İş yapmak için karşıma çıkan herkese malımı satarım" (*R*, s. 319).

Trumbull'un kısaca özetlediği serbest piyasa ekonomisinin başlıca ilkesi, kaçakçı figürünün komünal ve coğrafi bağlılıklara meydan okumasının başlıca nedenidir. Vatanseverlik ile serbest ticaret arasındaki yapısal gerilim Hannover Hanedanlığı'ndan bir krala bağlı olmasına rağmen Jakobit müşterilerine silah ve başka türlü metalar satan Nanty'nin durumunda dokunaklı bir hal alır. Politik yönelimi ile ticari pratiği arasındaki gerilimden mustarip olan Nanty, Jakobit Lordu alenen kınar: [Lord] bir köşede sakince brandylerini yudumlaması gereken namuslu insanları kışkırtıyor... Kral Üçüncü George'un, Presbiteryen Mezhebin, Papa'nın Şeytan'ın ve Tahtta Hak İddia Eden Kişinin şerefine içiyoruz!" (*R*, s. 261) Karar mercii gemi sahibi değil de kendisi olsa "geminin... köhnemiş bir Jakobit sürüsü taşıyan bir feribot olmasına izin vermeyeceğini" söyler (*R*, s. 262). Vatanına siyaseten ihanet eden birisi olmasının yegâne nedeni işine sadakatidir: "Güvertemdeki kaçak malları aldığım emirler doğrultusunda sevk etmeliyim" (*R*, s. 262). Nanty tam da iyi bir iş ahlakına sahip olduğu için krala ihanet eder. Olay örgüsünün kurguladığı karmaşık senaryoya göre serbest ticaret sırasında verilen iyi müşteri hizmeti ihaneti zorunlu kılar: "Şu varillerdeki kumaşlar ait oldukları kimselerle birlikte Wampool Irmağı'nın dibini boylasa keşke" der Nanty Ewart. "Ama bunlar bizim yükümüz." Hattaraick ve Trumbull'un göz kamaştırıcı zenginliğine tezat oluşturan yoksulluğu Nanty'i öznel etkisi

Trumbull'un kayıtsızlığında karşılık bulan küresel piyasa ekonomisinin katmerli kurbanı haline getirir.

Walter Scott bu romanı yazdığı sırada Nancy'nin müşkül durumuna yansıyan serbest ticaretin zorunlulukları ile ulus-devletin bütünlüğü arasındaki gerilim çağdaş siyasetin önemli bir sorunuydu. Vatansever hissiyat ile ticari saikin bağdaşmazlığı, 1820'de Londra Tüccarlar Dilekçesi'nin Britanya parlamentosuna yoğun tartışmalar eşliğinde sunulmasıyla iyiden iyiye belirgin hale gelmişti. Özelde Tahıl Yasaları'nın, genelde bütün ithalat vergilerinin feshini savunan tüccarlar bırakınız yapsınlar ekonomisini isteyerek çığır açıcı bir talepte bulunmuştur: "Her tüccarın kendi bireysel işlerini düzenleyen temel unsur olan en ucuz piyasadan satın alıp en pahalı piyasada satma kaidesi, bir bütün olarak ulusun ticaretini belirleyen temel kural olarak mutlaka uygulanmalıdır." Bir parlamento tarihçisinin belirttiği gibi "bu belgenin esasında, milli iktisat politikasının bireylerin özel işlerinin zorunluluklarına bakılarak belirlenmesi gerektiği varsayımı yatar." Tasarı o kadar çok anlaşmazlığa yol açmıştır ki onu Parlamento gündemine taşıyan radikal vekil bile bırakınız yapsınlar düzenini ulus-devlet otoritesiyle uzlaştırmaya çalışarak serbest ticaret özgürlüğünün "öbür önemli kaygılarla bağdaştığı sürece" desteklenmesi gerektiğini belirtmiş ve Londralı tüccarların talebini sınırlandırmıştır.[28]

Redgauntlet'i bir çağdaş siyaset alegorisi olarak görmüyorum. Daha ziyade, iktisadi çıkar ile Britanya vatanseverliği arasındaki çatışmanın on dokuzuncu yüzyılın siyasal kaygılarına tekabül ettiğini düşünüyorum. Tıpkı Nanty'nin müşkül durumu gibi romanın olay örgüsü de bu çatışmaya işaret eder: Britanya ile Kıta Avrupası'nın yanı sıra İskoçya ile İngiltere arasında mevcut olan kanunsuz ticari yollar fitneci fraksiyonları besler ve Britanya topraklarına sızmalarını sağlar. 1745 ayaklanmasının ertesinde Redgauntlet adlı Jakobit lordun, Hannover hanedanlığına bağlı kralı devirmeyi hedefleyen komploya girişmeden önce kaçakçılıkla meşgul olduğunu görürürüz. Yeni bir ayaklanma sırasında silah altına girmeyi kabul eden Redgauntlet'in kiracıları da kaçakçılık yapar. Hepsinden önemlisi Redgauntlet, bir sonraki ayaklanmayı planladığı sırada belge, meta ve silahların dolaşımı için kaçakçılara güvenir. Roman, Redgauntlet'in kanunsuz faaliyetleri aracılığıyla Britanya penceresinden hainlik olarak görünen faaliyetler ile metaların serbest dolaşımını bağlantılandırır. Serbest ticaret ile Britanya'nın milli çıkarının bağdaşmazlığı olay örgüsünü şekillendirdiği gibi kaçırılmış bir nesne olarak Prens Charles'ın bedeninin temsilini de şekillendirir. Romandaki senaryoda Fransa'dan Redgauntlet'in ayaklanacağı umuduyla ayrılan prens İngiltere'de gizli gizli yaşar. Katolik bir papaz kılığında tebdil gezerken "Papazlar ve kaçakçılık yapan Katolikleri" aforoz eden "1700 tarihli yasanın üçüncü bendiyle" karşılaşır (R, s. 380). Bu tebdil kılık, prens ile Katoliklerin kıyafeti arasında benzerlik kurar: Kraliyet tacında iddiası olan adam, kendi kılığı ölçüsünde yabancı ve kaçaktır. Tıpkı bu isabetli kılık gibi prensin Fransa'dan ayrılması da sınırları aşan ticaret ile ulus-devletin birliği arasındaki gerilimi kurgusallaştırır. Bir isyan çıkarma umutları hepten sönerken Nanty'nin kaçakçılık gemisi Londra'daki hükûmetin en tehlikeli düşmanı olan kişiye Kıta Avrupası'na gitme imkânı verir.

Waverley romanlarında İskoçya ile Kıta Avrupası arasındaki ticaret, Kant'ın sürekli barış formülünün yanı sıra İskoç Aydınlanması bağlamında David Hume'un yazılarında belirgin bir hal alan Aydınlanmacı kozmopolitizm mefhumunu akla getirir. Kant'a göre kozmopolit kişi, küresel insan topluluğuna bağlılık duyar. Bir küresel insan topluluğu olduğuna ilişkin Aydınlanmacı varsayım, evrenselciliği açısından sorunlu da olsa bu tür bir evrenselcilik dar sınırlar içinde tanımlanmış milli çıkar arayışına karşıdır.[29] Kant felsefi bir ideal kurmaktan fazlasını yapmıştır—bu ideale erişmenin aracının uzak ülkeler arasında ticaret yapmak olduğunu ileri sürmüştür. Hume birleşik bir insan topluluğuna duyulan aidiyet duygusuyla doğrudan doğruya ilgilenmemekle birlikte milliyetçi önyargıyı aşmanın anahtarı olarak ticareti ayrı bir yere koymuştur. Aydınlanma Çağı'nın felsefe ve edebiyat çevrelerinde küresel aidiyete duyulan inanç entelektüeller arasında Paris, Londra, Edinburgh ve diğer başkentlerde kurulan Avrupa merkezli yoldaşlık ile kaçınılmaz olarak iç içe geçmiştir.[30] Aydınlanma ilkelerini hayata geçiren kimselerin ütopik düşlerine tuhaf bir tezat oluşturan Aydınlanma kozmopolitizminin elitizmi, *Redgauntlet*'in ulus olma hali ve onun alternatiflerine ilişkin analizinde ön plana çıkar.

Redgauntlet'in kozmopolit tavırları, emrindeki kaçakçıların Britanya'nın birliğine yönelttikleri tehdidi pekiştirir. En yakın akrabası olan yeğenine Fransız kimliği kazandırmak için onu Paris'te bir manastırda eğitmeye karar vermesi, *Waverley*'deki Jakobit aristokratların nispeten çapraşık kozmopolitizmini çağrıştırır. Etnik mirasıyla gururlanan Bradwardine baronu, "bir İngiliz'den çok Fransız gibi" giyinir ve "bir İsviçreli muhafız subayını andırır;" Fransa doğumlu Fergus, yabancı bir ülkede eğitim almakla övünür; kız kardeşi Flora, İskoç giyimi ile Paris modasını "büyük bir zevkle harmanlar," Fransızca ile İtalyancayı iyi bildiği gibi bolca Fransız, İtalyan ve İngiliz edebiyatı okur.[31] Flora ve Redgauntlet gibi Jakobitlerin kültürel melezliği, işçi sınıfından kaçakçıların uluslararası ticaret deneyimlerinin aristokratik muadilidir. Britanyalı otoritelerin Jakobit bir isyan planlarını suya düşürmesi sonucunda Redgauntlet'in ülke sınırlarını çiğneme alışkanlığı yeni bir boyut kazanır. Redgauntlet'in sürgün varoluşu, İngiliz kimliğinin yanı sıra Jakobitizminin de kalıcılığını gösterir. Prens Charles'ın davetini kabul eder: "Redgauntlet bu ülkenin havası bana da sana da yaramıyor… Gel, senin için her şeyin yeniden başlayacağı benim ülkemde yaşa. Bu sahilleri belki bir daha göremesek de yad ederiz" (*R*, s. 507). Redgauntlet için sürgün, maddi koşullar ve kolektif anıların rahatlık verdiği bir yuva sunabilir. anavatandan uzak bir yuva, sadakatsiz yabancının simgelediği, yöresel ve yabancı olanın yok oluşuna işaret eden bir yansıma imgesidir.

Redgauntlet, ticaret ile sadakat arasında bir gerilim yaratsa da sonunda roman sadakat etiğinin serbest piyasa etiği ile bağdaşabileceğini gösterir. Nanty, gemideki Jakobit centilmenlerle onlara eşlik eden Stuart prensini devlet otoritesinin elinden kurtarırken belli bir iş etiğine anlam katmaktadır. Jakobitlere ihanet eden sadakatsiz hizmetçinin karşısına şöyle dikilir: "Seninle açık açık konuşacağım," dedi kaçakçı, [Nanty] "sen var ya sen, ekmeğini yediğin adamı satan bir hainsin! Ben bu zavallı şeytanlara hainlik edersem kendime hainlik ederim! Bunlar bir tümen Papa, Şeytan veya Taht Meraklısı olsa da bir şey fark etmez. Onlara arka çıkacağım, içinde bulundukları tehlikeyi anlatacağım, onlar bu geminin yükünün parçası, bana faturayla teslim edildiler, sahipleri mesuliyetlerini bana verdi, onların arkasındayım" (*R*, s. 360; vurgu bana ait). Nanty bu yük uğruna ölür; böylece *Waverley*'nin Evan Dhu'su gibi feodal bir karakterin koyduğu fedakârlık standardı uyarınca yaşar. Taşıdığı yük uğruna ölümü göze alan bir tüccar tahayyül eden Scott, Ruskin'in kapitalizmde kendini ahlaki değerleri korumaya adamış bireylerin var olup olmayacağına ilişkin gelecekteki kaygılarını öngörür. Ruskin, okura bir askerin "savaşta mevzisini terk etmektense" ölmeyi yeğleyeceğini anımsatmıştır; tıpkı bir doktorun "salgın sırasında görevini" terk etmektense ölmeyi, bir papazın "yanlışı öğretmektense" intihar etmeyi seçeceğini anımsattığı gibi. Ruskin tüccar zihniyetini eleştirmek için retorik bir soru sorar: "Tüccarın ölmesi için "en elverişli durum" nedir?"[32] Scott'ın Nanty'si uygun bir durumda ölmekle onurlandırılmış ender tüccarlardandır. Askerin ülkesine bağlılığının aksine serbest ticarete bağlılık açık açık ortaya konmaz. Tıpkı yaşadığı kronik soyutlanma gibi kaçakçının sadakat nesnesinin hareketliliği de bir vatanseverin kökleşmiş yerleşikliği ile karşıtlık içindedir.

Kaçakçıların köksüzlük halini temsil etme gücünü açıklamak için bütün bu figürlerin ortaya çıktığı romans öykülerine egemen olan, mekâna ilişkin o özel duyuya odaklanmak istiyorum. Bu öyküler genellikle bir ortamdan diğerine süratli geçişlere sahne olurlar, ama bu ortamların hiçbirinde özgül ulusal ve bölgesel göstergeler yoktur. Zamanla ilgili bu özellik Mihail Bahtin'in soyut yabancı kronotop olarak adlandırdığı şeydir—ikamet ettikleri soyut mekânlara karakterlerin daima yabancı olduğu özel bir mekân ve zaman örüntüsü. Bahtin'in belirttiği gibi romansta mekân her yerde var olma ve herkese ait olma özelliğinden dolayı soyuttur; gerçek hayatta karşılığı yoktur. Kitabın bundan sonraki bölümlerinde Bahtin'in *soyut* adını verdiği terimi ulus-devletin değerleri ve yapılarına karşı çıkan özel bir kurgusal mekânı tanımlamak için kullanıyorum. Kaptan Marryat, Charles Dickens ve Harriet Martineau'nun kurmaca yapıtlarında soyut mekânlar (amorf denizler, labirentvari kent manzaraları, bereketli ilkel adalar) ulus-devletin merkezi otoritesinden kaçar, disiplin ve düzene meydan okur, haritaların sınırlarını aşarlar. Ya sakinlerini allak bullak eder ya da doğayla bir uyum ortaya koyarlar; iki durumda da ulus-devletin kurum veya ideolojilerinin egemen olmadığı memleketlerin tahayyülüne olanak sağlarlar. On dokuzuncu yüzyılda, modern Avrupa büyük ölçüde ulus-devletlere ayrışırken (denizaşırı kolonyal ekleriyle birlikte) edebiyatta soyut mekânlar ulusal vatanın tarihsel olumsallığına dolaylı yoldan göndermede bulunmuştur. Göreceğimiz gibi böyle mekânların on dokuzuncu yüzyıl Britanya edebiyatında özgürlük ve barış gibi olumlu çağrışımlarıyla birlikte çözülme ve kaos gibi olumsuz çağrışımları da vardır.

Romansın, küresel kapitalizmin koşullarını güçlü bir şekilde temsil edebilmesi nedensiz değildir. Ulus sonrası bir dünya tahayyülü, tam da ulus-devlet ve ulus olma hali modern olgular olduğu için bu kadim türden faydalanır. Pheng Cheah'nın hatırlattığı gibi ticari veya düşünsel ölçekte kurulan küresel bağlantıların geçmişi, kitleleri esas alan milliyetçilikten eskidir.[33] Şüphesiz, kapitalizmin ortaya çıkışını önceleyen küreselleşmiş deneyimler sınırların aşılması gibi temel benzerliklere rağmen modern muadillerinden bir hayli farklı olmalıdır.[34] Bu kitapta, ulus öncesi ve ulus sonrası küresellik arasındaki kuramsal ve tarihsel farklılıklara dair kapsamlı bir çözümlemede bulunmasam da on dokuzuncu yüzyılda serbest ticarete dayalı bir dünya tahayyül eden yapıtların, genişlemekte olan mekânı ve ulusallıktan arınmış kimliği temsil etmek için modern öncesinden faydalandığını ortaya koyuyorum. Bu anakronizm, ulus-devlet tarafından şekillendirilmemiş modern öncesi ve modern sonrası mekânlar ve benlikleri gündeme getirdiği gibi kapitalizmin kurduğu özgül küresel bağlantıların tarihsel olumsallığını da örtbas etmiştir. Modern öncesi ve modernin kaçakçı figürü aracılığıyla örtüştürülmesi, *Waverley* romanlarına pek çok eleştirmenin sandığından daha az ilerlemeci bir tarih modelinin hâkim olduğunu gösterir.[35] Scott'ın iktisat vizyonuna dair geleneksel izahlar, *Waverley* romanlarındaki iktisadi faaliyeti iki kutuplu bir ilerleme ekseninde ele alırlar: Feodal toprak sahipliğinden "akışkan servete"[36] geçiş. Ne var ki Scott'ın kaçakçıları ne Highland'deki kabilelerle bağlantılandırılan feodalizmi ne de Birleşme (İskoçya-İngiltere) sonrası ortaya çıkan metropoliten gelişmelerin görünür kıldığı endüstriyel kapitalizmi temsil ederler. Bilakis bu kaçakçılar *Waverley* romanlarında ve başka romanlarda Britanya ulusal kimliğinin pekiştirilmesini şekillendiren çizgisel ilerleme modeliyle bütünleşmiş döngüsel bir tarih görüşünü temsil ederler. Küresel kapitalizmin son evresinin temel özelliği devlet müdahalesinden kurtulma arzusu olsa da ulus-devlet sınırlarını aşan ticaret ideali, modern kapitalizmdeki zaman deneyimini karmaşıklaştırarak uzak geçmiş ile şimdi arasında süreklilikler kurmuştur.

Döngüsel zaman, soyut mekânla birlikte var olur ve bu durumun organik sonucu, romans karakterlerinin düzlüğüdür. Bahtin'e göre, soyut yabancı kronotopunda mekânın soyutluğu kahramanın çevresiyle herhangi bir organik bağının olmadığı anlamına gelir. Bu bakımdan kahraman, mekânda sabitlenmeyen ve herhangi bir bağlılığı olmadan sağa sola sürüklenen bir "yabancı"dır. Romans kahramanının yaşadığı bu soyutlanma, Walter Scott ve başkalarının yazdığı tarihi romanlarda yer alan tarihsel ve coğrafi olarak sabitlenmiş karakterlere karşıtlık oluşturur. Lukács'ın belirttiği gibi, gerçekçilikleri sayesinde Scott romanları bireysel öznelliğin her zaman için maddi ve ideolojik koşullar tarafından şekillendirildiğini ortaya koyarlar. Sözünü ettiğimiz tamamlayıcı örüntü—romans unsurlarının Scott romanlarında ilginç bir soyutlanma yaşayan karakterlerin ortaya çıkmasını sağlaması—*Waverley* romanlarında ulusal kimlik meselesiyle kurulan karmaşık ilişkiyi açığa vurur: Ulusallaşmış kimlik ve mekânlar, ulusallıktan arınmış muadilleriyle birlikte var olurlar.

Soyut yabancı kronotopunun Scott'ın romanlarıyla ilintisinden söz etmek için öncelikle *Waverley* romanlarının soyut mekânlardan çok coğrafi ve tarihsel bakımdan özgül ortamlara yer verdiğini belirtmeliyim. Ayrıca anlatı perspektifinin Edinburgh'yla birlikte Solway bölgesine de uzandığı *Redgauntlet* gibi bir romanın zaman döngüsü Yunan romansını bir miktar andırsa da tek ülkenin sınırlarında kalmasıyla bu modelden sapar. Anlatı perspektifi ne Stuart prensinin Kıta Avrupası'ndan Britanya'ya yolculuğunun ne de romana adını veren Jakobit karakteri Kıta Avrupası'na götüren geminin izini sürer. Keza *Guy Mannering*'de anlatı, kaçakçı figürünü romans sınırlarında temsil ettiği halde Bertram'ı ne çocukluğunda Hollanda'ya ne de gençliğinde Hindistan'a kaçıran kaçakçıların peşine düşer. *Guy Mannering* ve *Redgauntlet* geleneksel romans kronotopuna başvurmamakla birlikte ikisi de kaçakçıların genişleyen mekân üstündeki hareketlerini bildirerek, yaşadıkları soyutlanmayı anlatarak bu kronotoptan yararlanırlar. Soyut bir mekân sunmasalar da o mekânda var olan yabancı özneye yer verirler. Burada tarif ettiğim soyutlanma, Amanda Anderson'ın *Powers of Distance* adlı kitabında ele aldığı durumdan farklıdır. Anderson birinin taşralı topluluklar ve fikirlere mesafesine göre belirlenen bir öznellik biçiminden bahsederken Walter Scott'ın romanlarındaki kaçakçı figürü belli bir referans noktasının kaybına dikkat çekerek mekân deneyiminde bir dönüşüme işaret eder. Bu dönüşümle birlikte özneler keşfi olanaksız coğrafyalarda sürüklendikçe sürüklenir.[37]

Kaçakçı figürünün dolayımladığı küresel hareketlilik, bireyin devlet müdahalesi olmadan ticaret yapma ayrıcalığına dayanır. Şu durumda serbest ticaretin öznelliği, bireyin toplumsal ve siyasal yapılardan soyutlanması ve anavatanı karşısında duyduğu kayıtsızlıkta temellenir. Serbest ticaret erbabı öznenin radikal bireyselliğinin ilk etapta serbest ticaret fikirlerine zemin hazırlayan Aydınlanma ilkelerini zayıflatması ironiktir. David Hume gibi Aydınlanma filozoflarına bakılırsa serbest ticaret milliyetçi önyargıyı yok edecek, uzak ülkelerin halkları arasında müşterek bir duygudaşlık geliştirecekti. Aydınlanma'nın küresel "kardeşlik" ideali insan öznelliğini evrensel ve tarafsız sayan anlayışla malul olmakla birlikte onun sunduğu soyutlama biçimi kurgusal kaçakçının temsil ettiği duygusal felce hiç benzemez. Adam Smith'in *Theory of Moral Sentiments*'inin gösterdiği gibi Aydınlanma düşüncesinin temelinde duygudaşlık vardı ve Scott'ın tahayyülündeki serbest ticaret erbabı öznenin eksikliğini duyduğu şey tam da budur.

G.P.R. James'in bir önceki bölümde söz ettiğim tarihi romanı *The Smuggler* (1851) küreselleşmiş bir aidiyet duyusu ile kazanç peşinde koşan serbest ticaret erbabının antisosyal varoluşu arasındaki uyuşmazlığı sergiler. Romanın ihtiyar bilgesi, kaçakçıları "başka ülkenin mallarını bizden esirgeyen adaletsiz ve ilkel bir sistemi cesurca delen ve... kendi hayatlarını tehlikeye atmak pahasına en doğal hakkımız olan komşularımızla ticarette ısrar eden kimseler" olarak tanımlar.[38] Olay örgüsü, ihtiyar bilgenin sonuçta o kadar da bilge olmadığını gösterir: Bencil kaçakçılar yöresel topluluğun göreneklerini göz ardı edip ahlaki kodlarını çiğneyerek ona zarar verirler. Edebiyat yapıtlarında beliren kaçakçılar serbest ticaret erbabı özneyi antisosyal bir varlık olarak konumladıkları ölçüde liberal iktisadın sınırsız mübadele olarak adlandırdığı durumun merkezine benliğin izolasyonunu koyarlar. Serbest piyasa ekonomisinin zorunluluklarından kaynaklanan yabancılaşmayı temsil eden ahmak kaçakçı figürü, prototipik bir ulus-sonrası öznedir. On dokuzuncu yüzyıl başında küresel ticaretle ilgili görüşlerde bireyciliğin önemini ortaya koyan ve eleştiren bu özgül öznellik türünü belirleyen unsurlar bir anavatanın eksikliği, yabancı ile yerli arasındaki ayrımın kayboluşu ve çevreyle her türlü duygusal bağın koparılmasıdır.

ÜÇÜNCÜ BÖLÜM

Kaptan Marryat'ın Denizci Romanlarında Yoldan Çıkan Tüccarlar ve Anlatıcılar

Bir önceki bölümde edebiyatta kaçakçı figürünün uluslararası sınırsız meta dolaşımı tarafından şekillendirilen bir dünyanın habercisi olduğunu ileri sürmüştüm. *Guy Mannering* ve *Redgauntlet*'in duygusal boşluğa düşmüş kaçakçıları uzun vadeli duygusal bağlardan (ülkeye veya yakınlara bağlılık) çok en kazançlı pazarlığın belirleyici olduğu bir iktisadi sisteme tekabül eden serbest ticaretin sorunlu neticelerine işaret eder. Kaçakçının radikal özerkliği ekonomi politiğin bireysel özgürlük vurgusunun endişelere yol açtığını gösterir; ne var ki bu bölümde ileri süreceğim gibi aynı vurgu serbest ticaretin cazibesine cazibe de katmıştır. Devlet denetimi ötesinde, onunla karşıtlık halinde tanımlanan bireysel özgürlüğün hazları 1830'larla 40'larda popüler denizci serüvenlerinde, özellikle de kaçakçılık, korsanlık ve diğer kanunsuz ticaret biçimlerini betimleyen anlatılarda bol bol yer bulmuştur. Denetlenmesi olanaksız görünen meta akışı denizcilik romanlarında isyanın zaferi, disiplinin sona erişi ve otorite karşıtı hazcılığı simgelemiştir. Küresel dolaşımın faydaları ve tehlikelerini dile getiren bu roman türü serbest ticarette köklü bir müphemlik saptamıştır: Devletin etki alanının ötesinde gerçekleşen disiplin amaçlı gözetim, haz ve kaos karşısında iflas eder.

Britanya'nın Napoléon Savaşları'nda kazandığı deniz zaferlerinden yirmi otuz yıl sonra ortaya çıkan denizci romanları özgürlüğün hazlarını ve denetlenmesi olanaksız görünen meta ticaretini dışa vuran askeri gururla yakından ilgili gibidir.[1] Denizci romanları gerçekten de Britanya'nın deniz zaferlerini kutsayarak sömürgeci idareyi onurlandırırlar, ama bir yandan da devlet otoritesine meydan okuyan iktisadi döngülere katılmak için denizcilik ve sömürgeciliğin icap ettirdiği görevlerini boşlayan askerlere yer verirler. Bu denizciler yasak metaları taşır, kayıp mallara el koyar, egzotik mallar edinmeyi kendi askeri vazifelerine yeğ tutarlar. Denizci romanları bu karakterlerin kuraldışı davranışları aracılığıyla liberal ekonomi politikçilerin devlet denetiminde ithalat ve ihracata karşı muhalefetine ilham veren bireysel özgürlük kavramını ele alırlar. Bu bölümde kurmaca anlatılardaki denizcilerin hedonist zevklerine eğilerek bireyciliğin ulus-devletin etki alanının ötesindeki mekânların tahayyülünü nasıl biçimlendirdiğini göstereceğim.

Denizci romanları, disiplini boşlama vakalarını yasal çerçevelerde denetlenmesi mümkün olmayan ticari faaliyetlere bağlayarak disiplin düzenlemeleriyle ilgili temsiller ile ahlaki sapma vakalarını birleştirirler. Bu bölümde özellikle Kaptan Marryat'ın denizcilik faaliyetini yücelttikleri anlarda bile askeri disipline zengin tezatlar oluşturan hayli popüler romanlarına odaklanıyorum. Bu romanlar, otorite karşıtı enerjiyi sınır tanımayan ticaret ile bağlantılandırır. Örneğin *The King's Own* (1830) ve *Snarleyyow*'da (1837) hükümet yaptırımına tabi olmayan ticari ağlarda faal olan hedonist denizciler güvertelerde çokuluslu topluluklar teşkil eder. Marryat, yüzyıl başında Scott romanlarının ileri sürdüğü muhayyel uluslaraşırı özneyi gemi mikrokozmosunun yanı sıra deniz mecazı aracılığıyla geliştirir ve değiştirir. Marryat'ın romanlarında anavatana bağlılığın ortadan kalkması, yabancılar ile arasında kendiliğinden kurulan bağlar gibi tehlikeli hazların yanı sıra mali doyumsuzluğun akrabalık bağlarına ağır basmasına işaret eder. Açık denizlerde devlet otoritesinin olmaması, radikal biçimde özerk bireylerin teşkil ettiği çoketnili topluluklar yaratır. Hedonist denizci figürü, Scott'ın sadakatsiz kaçakçılarının yüzyıl başında ima ettiği şeyin altını çizmeye devam eder: Dizginsiz ticaret, disiplin mekanizmaların ve duygusal bağları yok eder.

Marryat'ın gemilerinde çokuluslu hazzı incelerken romansın küresel modernliği anlatma gücüne ilişkin analizim odak değiştirecek ve düz karakterleri geride bırakıp epizodik anlatıma geçeceğim. Diğer bölümlerde incelediğim oyunlar ve romanların çoğunun aksine Marryat'ın romanları romans unsurları barındırdığı gibi fiilen birer romanstırlar: Kahramanların keşfedilmemiş diyarlarda dolaştığı, aralarında sıkı bağlantılar bulunmayan bir dizi serüvenden oluşurlar. Bu denizci serüvenleri sınırsız dolaşımı estetik bir hazza dönüştürüp kurgusal tüccar denizcileri yoldan çıkaran otorite karşıtı itkiyi harekete geçirirler. Anlatılarındaki yoldan çıkma temasıyla ilgili Marryat'ın kapsamlı yorumlarının gösterdiği gibi bu romanlar merkezsizleşme, özdisiplin vb. meselelerle ilgili on dokuzuncu yüzyılın başındaki iktisadi tartışmaları şekillendiren birtakım paradigmaları örtük bir biçimde içerirler. Denizci romanlarındaki zapt edilmez anlatım bir yandan yüceltip bir yandan eleştirdiği ticari faaliyet paradigmalarına estetik bir boyut katar.

İktisadi Yazında Ulus-Devletin "Öteki"si

Ticari gemilerde hazcılıkla ilgili edebi temsiller Britanya adalarına ve Britanya adalarından dışarıya işleyen ticari trafikle ilgili kamusal tartışmalar sırasında ortaya çıkmıştır. Büyük Britanya'yı başka ülkelerden ayıran denizler, ithalat ve ihracat fırsatı sunmuştur; bu da meslek erbabı tüccarlar için kazançlı bir durum olmuştur. Gelgelelim bu işlerin devlete ve millete faydası 1820'ler ve 30'larda yoğun tartışmalara vesile olan bir sorun haline gelmiştir. Kaptan Marryat'ın romanlarının yazıldığı ve ünlendiği yirmi otuz yıl yıllık süreçte Tahıl Yasaları ve Denizcilik Yasaları gibi sapasağlam ayakta duran kısıtlayıcı kanunlarla birlikte korumacılık hâlâ büyük ölçüde etkili olmuştur. Giriş Bölümü'nde değindiğimiz gibi korumacılık yanlısı pek çok kişi, yabancı üretici ve tüccarı yerli ile eşitlediği için serbest ticarete karşı çıkmıştır. Dış ticaretin vatansever bağlılıkları bitirebileceği ve imparatorluğun bütünlüğünü tehdit edeceği düşünülmüştür.

Serbest ticaret yanlıları ise yabancı metaların mübadelesi ve tüketiminin ne ulusun mali kaynaklarına zarar verdiğini ne de ulusun mensupları arasındaki yoldaşlık duygusunu zayıflattığını savunmuşlardır. Adam Smith ithalat savunusunda bu meseleyi metaforik bir biçimde ele almıştır: "Her sağduyulu aile reisinin ilkesi dışarıdan ucuza mal edebileceği şeyi kendi evinde üretmemektir... Tek tek ailelerde bir sağduyu göstergesi olan şeyin koca bir krallık için ahmaklık olması mümkün değildir."[2] Smith'e göre ithalat ülkenin kendi kaynaklarını daha verimli kullanmasına imkân vererek ona fayda sağlar. Smith'in analojisi, ulusun direncini vurgulamak için kalıcı akrabalık bağlarına göndermede bulunur. Aile çatısındaki duygusal bağlar tereyağı satın almakla kopmayacağı gibi ithalat da vatanseverlerin oluşturduğu toplumsal birliğe tehdit değildir.

Adam Smith'in on sekizinci yüzyılda gidermeye çalıştığı korkular Birleşik Devletler ya da Kıta Avrupası'ndan tüccarlarla kurulan ticari ilişkilerin tehlikelerine işaret eden korumacılık yanlısı kimselerin var olduğu on dokuzuncu yüzyılda da sürmüştür. Özellikle uzak ülkelerin halklarıyla arasında dayanışmayı ulus bünyesindeki dayanışmadan daha fazla önemseyen serbest ticaret erbabının kozmopolit idealleri kaygı yaratmıştır. 1. ve 2. Bölüm'de belirttiğimiz üzere bir önceki yüzyılda David Hume ve Immanuel Kant gibi filozoflar dış ticaretin dünya halklarını barış ekseninde birleştirerek küresel bir insan topluluğuna aidiyet duygusu geliştirdiğini ileri sürmüştü. On dokuzuncu yüzyılın ilk yarısında bu tür Aydınlanma ideallerini benimseyen serbest ticaret yanlıları, ithalat vergilerinin feshinin dünya barışını sağlayacağını savunmuştur. Bir dünya vatandaşı olduğunu gururla beyan ettiği gibi yabancıları hedef alan milliyetçi önyargıyı kötüledikçe kötüleyen Tahıl Yasası Karşıtları Birliği önderi Richard Cobden'ın hayatı serbest ticaret yanlılarının insanlığa duydukları bağlılığa iyi bir örnektir.[3] Birliğin kozmopolit retoriğinin ön plana çıkmasına koşut olarak korumacılık yanlıları ulusa yönelik tehdidin ulusu parçalamasının an meselesi olduğunu düşündüler. Onlara göre "ulus adı verilen farklı ve bağımsız topluluklardan müteşekkil bir dünyada"[4] serbest ticaret mümkün olabilecek bir şey değildi.

Korumacılık yanlılarına göre siyasetçiler ithalat tarifeleri ve vergilerini tartışırken mevzu bahis olan ulusun bekasıydı. Korumacılık yanlısı bir broşürün yazarı, serbest ticaretin "Koskoca Büyük Britanya imparatorluğuna felaket ve yıkım getireceğini" belirtmiştir. Britannicus gibi vatansever bir müstear adla kalem oynatan bir başkası ise Britanyalıların "yabancıların iyi niyetine bağımlı olmasını" "küçük düşürücü" buluyordu:

Sevgili vatandaşlarım, İngilizlerle—kendi vatandaşlarınızla—ilişkilerinizin yabancılarla aranızdaki ilişkilerden çok daha yakın olduğunu unutmayın. Sizler "dünya vatandaşı" değil bu büyük milletin vatandaşısınız; sevgi ve sadakat gibi kutsal görevlerle bağlı olmanız gereken bu büyük milletin.[5]

Bu anlatıma göre İngilizliği zayıflatabilecek unsur yabancıların askeri saldırıları veya iç anlaşmazlıklardan çok vatanseverliğin gerilemesidir. Broşürün yazarının Britanyalılık ile karşıtlık halinde tanımladığı "öteki," bir başka ulus değil kozmopolit hissiyattır. Britannicus bir ulusa aidiyet duyusunu yüceltmeye çalışırken bundan vazgeçmenin duygusal cazibesini dışa vurur. Ulusal aidiyet bir görevdir—bir insan kendi vatandaşlarına *bağlı olmalıdır*. Vatanseverliğin denetleyici güce bağımlılığını ele veren Britannicus'un dili, ulus-devletin kanunlarını göz ardı eden ticari faaliyetin denizci serüvenlerinde itaatsiz davranışlara yol açma nedenini ortaya koymaya başlar. Ulus olma hali disiplin aracılığıyla korunurken onun alternatifleri, görev ve yükümlülük alanından nispeten bağımsız görünür. Bu bölümde irdelediğim romanlar korumacı propagandanın, farkında olmaksızın, ulus olma haliyle bağlantılandırdığı yükümlülük duygusu üzerinde duruyor. Marryat'ın romanlarındaki açık denizler coğrafi anlamda sınırsız göründükleri gibi özneleri ulus olmanın temelinde yatan disiplin yapılarından bağımsızlaştırırlar.

Britannicus'un eleştirisinin işaret ettiği gibi vergi ve tarife tartışmaları küresel piyasaların ulusu altüst eden yaman bir güç olarak tahayyül edilmesine katkıda bulunmuştur. Şu durumda, Fransa gibi milli düşmanlar ulus olma halini pekiştiren yegâne tehdit değildi; her ne kadar konuyla ilgili araştırmalar genellikle onların bu rolüne yoğunlaşsa da. Britanyalılar ile Fransızlar arasındaki husumeti ele alan tarihçi Linda Colley, Britanya milletinin "esasen savaş aracılığıyla meydana getirildiğini" ileri sürmüştür: "Fransa ile savaş Galler, İskoç ve İngiliz vatandaşı Britanyalıları açıkça düşman bir Öteki ile defalarca kez karşı karşıya getirmiş ve kendilerini bu öteki ile topyekûn karşıtlık içinde tanımlamaya teşvik etmiştir."[6] Britanyalı askerlerin Fransız ya da Hollandalı muadillerini yendiği epizotlarla dolu denizci romanları Colley'nin tezini doğrular. Marryat, sömürgelere uzanan ticaret yollarını denetlemeye dönük iktisadi bir dürtüden dolayı Fransa ve Kıta Avrupası'ndaki başka ülkelerin iktidarları ile rekabete giren Britanya donanmasının cüretkâr hamlelerini kutsar. Diğer yandan bu romanlarda Britanya milletini pekiştiren bir başka düşmana dair göstergeler de mevcuttur: Disiplinsiz öznellik, ulus olma halinin sona ermesi ve sınırsız ticaret ile benzerliğinden dolayı radikal bir ötekiyi temsil eden denizin amorf, disiplinsiz ve zapt edilemez enerjisi.

Fiili serbest ticaret pratikleri, ulusal kahramanlığı ya da vatansever hissiyatı zayıflatmamıştır ama Britanya adaları etrafındaki deniz ticareti çoğu Avrupalı olsa da Britanyalı olmayan ticari ortakların kaynaşmasından ötürü belli bir endişeye yol açmıştır. Britanya hükümeti ticari gemilerde daha çok köle ticaretinin tavan yaptığı dönemde gerçekleşen katliamları göz ardı ederken tayfaların etnik bileşimini saplantıyla denetlemiştir. Britanya kanunları "büsbütün veya kısmen Majestelerinin Uyruklarına ait olan veya taşıdığı toplam yolcu sayısının yarısı Majestelerinin Uyruğundan olan gemi ve tekneleri" kapsamıştır. Bu kanuni düzenleme, Britanyalı yetkililerin "toplam yolcu sayısının yarısına tekabül etmeyecek sayıda Majestelerinin Uyruklarından ve ayrıca yolcu gibi görünen bazı Uyruklardan bulunduran yabancı gemi ve teknelerin" faaliyetlerine müdahale etmesini engellemiştir. 1819'da "Kaçakçılığın Önlenmesi için daha fazla düzenleme yapmak üzere" hazırlanan yeni bir kanun metni "Majestelerinin uyruklarından biri veya daha fazlasını bulunduran yabancı gemi ve teknelerin tümünü"[7] kapsamıştır. Bu kanun metinlerindeki bir yığın şart ve tahdit, Kuzey Denizi ile Manş Denizi arasındaki sınır mıntıkasında etnik anlamda heterojen tayfalar bulundurmanın zorluğunu gösterir. Söz konusu kanuni düzenlemeler önünü almaya çalıştıkları şeyin varlığına işaret ederler: Gemilerdeki etnik kimliklerin iç içe geçmesi.

Kaptan Marryat kendini Britanya Adaları etrafındaki denizlerde ticari trafiği denetlemeye adadığı gibi bu konuda deneyimliydi de. Roman yazmaya başlamadan önce vaktinin çoğunu ulusal sınırları kaçakçılardan korumaya vakfetmişti, kaçak ticareti bitirme çabası o zamanlar bir askeri vazifeydi. Vergi subayları, ithalat vergilerinden kaçmaya çalışan tüccarların peşine sık sık düşmüştür. Marryat kaçakçılık sorununa bir çözüm olarak iktisadi izolasyonizmi desteklemiştir. Manş Denizi'nde aslında mevcut olmayan coğrafi bir sınırı yapay yoldan dayatacak bir güvenlik kuşağını savunmuştur.[8] Onun nezdinde kaçakçılığın çözümü, korumacılıktan vazgeçmek yerine meta ticaretini daha katı bir şekilde düzenlemekti. Marryat'ın Tahıl Yasaları'nı açıktan desteklemesi, güvenlik kuşağı önerisinin dışa vurduğu korumacı itkiyi bir kez daha olumlar. Bir yandan da liberal argümanlara onları kusursuzca, hatta sempatiyle dile getirecek kadar aşinadır. *The King's Own*'da yüksek ithalat vergilerinden duyulan yaygın hoşnutsuzluğu yansıtan bir kaçakçının perspektifinden serbest ticareti destekler. Marryat'ın sınırsız ticarete atfettiği ikili anlam—kaotik ama haz verici—bir donanma subayı ve Tahıl Yasaları'nı destekleyen bir kimse olarak hayatının büyük bölümünde kaçakçıların peşine düşmüş bir yazar için şaşırtıcı derecede müphemdir.[9] Gerçek hayatta engel olmaya çalıştığı kanunsuz ticari uğraşlar, romanlarında ulusun düzenli mimarisini bozan dinamik ağlara dönüşür.

Mr. *Midshipman Easy*'de Gemideki Özgürlük

Marryat'ın denizci romanlarında deniz, ulusun muhayyel tutarlılığını kendi düzenliliğinde cisimleştiren deniz kuvvetlerine ev sahipliği yaptığı gibi merkezi komuta altında tutulan birleşmiş bir topluluğun ne ölçüde mümkün olduğunu tartışmaya açan söz dinlemez ticari gemi tayfalarını da barındırır. Denizi disiplin sınırlarını aşan bir alan olarak betimleyen Marryat en etkilendiği yazar Walter Scott'ın izinden gider. Scott'ın romanlarında gemilerde geçen serüvenlerin sayısı genellikle azdır ama *The Pirate* (1822) pek çok gemi sahnesine yer verdiği gibi korsanlar ile yargıçlar arasındaki şiddetli savaşları uzun uzadıya anlatır. Bu roman, denizi devlet denetimine girmesi olanaksız, yapılandırılmamış bir mekân olarak betimler.

Milli yurdun antitezi olarak denize ilişkin bu vizyon, romana adını veren korsanın onu hak edip etmediğine karar vermesi gereken genç bir kadın karakterin, bir yargıç kızının tahayyülünde olgunlaşır. Diğer memleketlileri gibi—İskoçya'nın kuzeyinde uzak bir ada—bu genç kadın da gerek İskoç gerekse İngiliz yetkilileri insanları ezen totaliter kimseler olarak görür. Sevgilisi korsanın, merkezi hükümetlerin baskıcı otoritesine kafa tutacak kadar cesur olduğunu düşünür. Sevgilisinden umudu kestiğinde bile onunla ilgili eski görüşünü derin bir nostaljiyle anımsar:

> Katledilen ve yağmalanan onca kabilenin uğradığı haksızlıkların intikamını almak için yetiştirilmiş Batı Okyanusu'nun o özgür savaşçılarının, uzun kadırgalarıyla uğradıkları onca kıyıda Roma'nın ettiği zulümlerin intikamını alan kuzeyin evlatlarının o yiğit karakterinden bir parça nasiplenmiş olabileceğini düşünmüştüm.[10]

Romans serüvenleri olağan kurallarla kanunların askıya alındığı mekânlarda gelişirken genç kadının tahayyülündeki deniz de bunlardan biridir. Genç kadının uluslararası ittifaka ilişkin vizyonunda deniz, bireylerin ulus-devlet ve imparatorluk otoritesine meydan okuma özgürlüğü ve gücüne sahip olduğu karmakarışık bir isyan sahasıdır (Bunun için İskoç ve Britanya kanunlarını çiğneyen korsan, tarihte Roma İmparatorluğu'na direnen İskandinavları andırır). İmparatorluklarla ulus-devletlerin neden olduğu huzursuzlukların intikamını beraberce alan denizlerdeki isyancılar merkezi politikaları zayıflatır. Bir bireysel isyan ve uluslararası ittifak sahası olarak denizle ilgili bu romans vizyonu, Viktorya Çağı başında Marryat'ın yapıtlarını biçimlendirir.

Kaptan Marryat'ın edebiyattaki başarısını perçinleyen bir gelişim romanı olan *Mr. Midshipman Easy*'de (1836) deniz, devlet aygıtları vd. disiplin mekanizmalarını aşar. Marryat romana adını veren ve denizin romansa özgü vizyonunda yavaş yavaş beliren kahramanın olgunlaşma sürecinin izini sürer. Roman kahramanının otoriteye meydan okumaya dönük gençlik özleminin esin kaynağı, bireysel haklarla özgürlüklere oğlunu okula göndermeyi reddedecek kadar derinden bağlı babasıdır: "[burada] dayatılan disiplin... insan haklarına aykırı."[11] Özgürlüğe böylesi bağlılığı özümseyen oğul, önce karada sonra denizde bu bağlılığı ile vazifelerini nasıl bağdaştıracağını düşünmek zorundadır. *Mr. Midshipman Easy*'nin olay örgüsü ilerledikçe bireysel özgürlük arayışı ile keyfi anarşi arasında temel bir ayrım yapılır.

Bu gelişim romanının başlarında Easy'nin açgözlüce hareket ederek bir havuzdan balık çaldığı komik epizot, özgürlüğün sınırlarını tartar. Hırsızlık yaparken yakalanan Easy, Tanrı "dünyayı tüm insanlığa bahşetti"[12] diyerek aristokratik ayrıcalıklara saldıran John Locke'un retoriğini hiç vakit kaybetmeden kusmaya başlar. Easy, Locke'unkini andıran bir söz dağarcığıyla şöyle der: "Tüm varlıklar üzerinde tekel kurulsun diye değil insan—insan da bütün insanlık demektir—onlardan yararlansın diye bahşedilmiştir. Su da Tanrı'nın ihsanıdır ve herkesin kullanımına açıktır" (*ME*, s. 33). Easy bu yaratıcı sahiplenme çerçevesinde Locke'un bireysel haklar savunusuna temel oluşturan mülkiyet mefhumuna saldırır. Ne var ki bu gaf, liberalizmi yanlış bir biçimde temsil etmekten çok onun içsel çelişkilerini tekrarlar. Locke, Tanrı "dünyayı bütün insanlara bahşetti" dedikten sonra özel mülkiyeti meşrulaştırmakta çok zorlanmıştır. Bireysel mülkiyet hakkı ile kapitalizmin eşitlik gibi başka veçheleri pek uyuşmaz. Küçük bir hükümetin eşitlik veya özgürlüğü sağlamakta başarısız olduğunu inandırıcı bir biçimde savunan Thomas H. Green ve Leonard T. Hobhouse gibi sosyal liberallerin on dokuzuncu yüzyıl sonunda saptayacakları müşkül durum tam da budur.[13]

Bir liberalden iyi bir denizci kahraman olur, çünkü deniz motifi isyan ve bağımsızlığı ön plana çıkarır. Easy, ideallerini karada gerçekleştirmesinin mümkün olmadığını anlayınca denizin kendi düşleri için sıcak bir yuva olacağını umar. Ona göre deniz, devlet otoritesine meydan okuduğu için kardeşliğe dayalı bir düzen kurma fırsatı sunar: "Hiç kimse denizde hak iddia edemez—insanlar bir mütecaviz yerine konmadan istedikleri tarlayı sürerler. Savaş bile durumu değiştirmez; herkes istediği gibi hareket eder ve taraflar karşı karşıya geldiklerinde tarafsız bir zeminde dövüşürler" (*ME*, s. 47). Kurallarla kanunların askıya alındığı bir mekân olarak denize ilişkin bu yorumun temelinde Marryat'ın yaşadığı ortamın sunduğu türsel olanaklar vardır. Dönemin denizci serüvenleri gündelik deneyimi bir kenara bırakacaktır. Easy'nin öngörülemez davranışlarının gösterdiği gibi denetimden özgürleşme arzusu ulus olma haline alternatifler sunan tahayyülü şekillendirir. *Mr. Midshipman Easy*'nin kahramanı, hiyerarşik askeri disiplini takdir etmeyi çarçabuk öğrenir ama *The King's Own* ve *Snarleyyow*'da göreceğimiz gibi otoriterizm karşıtlığı dekadan hazlar üretir.

Britanya Romantizmi'nin doruklarından topu topu on, on beş yıl sonra denizci romanlarının daha da popüler hale gelmesiyle bu romanlardaki deniz motifi yüce zevkten, başka deyişle doğanın toplumsal yapılar karşısında zaferine ilişkin deneyimden yararlanır. Denizin gündelik toplumun ötesinde bir mekân olarak tahayyülü, Romantik şiirin ilk evrelerine de hakimdi. Charlotte Smith'in "12. Sone"sinde (1784) deniz, gündelik olan karşısında düşünümsel bir mesafe alınmasını sağlarken anlatıcı, "denizin derin ve vakur kükreyişine kulak verir" ve kendi zihinsel durumunu "bir kayaya savrulmuş zavallı denizcininkine" benzetir. Marryat'ın ilk romanından on, on beş yıl önce yazılan Byron'ın *Childe Harold's Pilgrimage*'ı (1812-1818) denizle ilintilendirilen soyutlanma ile ulusal sınırlar arasında bağ kurar. Deniz, ulus-devlet tarafından fethedilmeye direnir: "Dalgalan ey derin ve lacivert Okyanus—dalgalan!/ Boşuna çöküyor on bin filo üzerine." Byron için okyanus tam da "[insan] denetimini" aştığı için ulusallaştırılamaz. Filoların okyanusa diz çöktürememesi *Pilgrimage*'ın bireylerin ülkeleri için ölmeye can atmasını eleştiren ilk kantosu bağlamında gerçek karşılığını bulur. Yarımada Savaşı'nda "üç kuruşluk şarkılara konu olabilmek için" ölen "hırs manyağı aptallar"la birlikte bütün ülkeler "boşu boşuna savaşmaktadır."[14] Byron şiirinde olduğu gibi Marryat romanında da okyanusun ulusal güçlere direnişi, özgürlüğü perçinler.

Mr. Midshipman Easy, roman kahramanın neticede denize dair eski anlayışından vazgeçtiği bir olgunlaşma süreci izler. Easy'nin hayatında bir dönüm noktası teşkil eden epizot, eğitimine ve tayfadaki sofra arkadaşlarına yoğunlaşır. Henüz olgunlaşmamış Easy, gemileri limandan ayrılırken şu yorumda bulunur: "Gemi, özgürlüğüne yeniden kavuşuyor. Bir halat ve çapayla bağlanmak yerine dalgaların üzerinde süzülüyor" (*ME*, s. 170). Hareketlilik, gemidekilere özgürlük vaat eden dalgaların aralıksız hareketiyle birlikte bir özgürlük ölçüsü haline gelir. Gelgelelim Easy'nin sofra arkadaşlarından biri araya girer: "Şu anda gemi demir atmış halinden daha özgür değil, çünkü şimdi de kaptana itaat etmek, o nereye isterse oraya gitmek zorunda" (*ME*, s. 170). Geminin keyfi bir özgürlükten çok denetlemeye tabi itaatin simgesi olarak yeniden yorumlanması Easy'nin sıkı bir askeri düzenin parçası haline geldiğini anlamasını sağlar. Dalgaların fırtınalı serüvenlere meraklı okur ile okurun heyecanına yatırım yapan yayıncılar hesabına vaat ettiği neşeli özgürlük, *Mr. Midshipman Easy*'de sınırlandırılsa da Marryat'ın diğer romanlarında olay örgülerini şekillendirmeyi sürdürür.

Anlatının bastırmaya çalıştığı otorite karşıtı enerji tarafından sürüklenmesi çelişik bir durumdur. Neticede kazanan disiplin olsa da romanı

Easy'nin özgürlük arayışı var eder. İdeolojik yönelim ile biçimsel zorunluluk arasındaki bu uyuşmazlık, *Mr. Midshipman Easy*'deki karakterlerin özgürlüğe dair düşüncelerinde alttan alta kendini gösterir. Mekanik ve yeknesak askeri düzenin, romans serüvenlerine teslim olması mümkün değildir:

> "Gemide makine gibiyiz, tam bir asker gibi! Kurulu bir saat gibi yürüyor, konuşuyor, yiyor, içiyor, uyuyor, uyanıyoruz; tüm gün bunları yapmak için kuruluyor ve yeniden kuruluyoruz; tıpkı ihtiyar Smallsole'un kronometreleri ayarladığı gibi."

> "Çok haklısın [Easy]; ama bana öyle geliyor ki şimdiye dek iyi zaman geçirdin; biraz daha düzenli olmalısın." (*ME*, s. 170)

Denizci romanlarından aldığımız hazlar (tabii eğer alıyorsak) askeri rutinlerin öngörülebilirliğiyle çelişir: Marryat'ın öyküleri her fırsatta karşımıza yeni sürprizler çıkarır; okuru bilinmedik dünyalara götürür ve saçmalık ölçüsünde sergüzeştçi karakterlere yer verirler. Sıkıcı düzen ile fırtınalı serüven arasındaki karşıtlığın işaret ettiği gibi Marryat yaratıcı özgürlükleri aracılığıyla askeri disiplini delen anlatılar sunarken bir yandan da disiplini dayatan iktidara övgüler düzerler.

Tekel, Hareketlilik ve *The Phantom Ship*

Mr. Midshipman Easy'den sonra Marryat'ın romanlarında ticaret teması özgürlüğün sınırlarını müzakere etmekte belirleyici bir rol oynamaya başlar. *The Phantom Ship*'te (1839) ticaret, özneleri hareketli, anlatımı mümkün kılan zorunlu koşul olarak sunulur. Romanda olay örgüsünün ilerlemesi için kahraman seyahat etmelidir, bu da kıtalar arasında mekik dokuyan ticari gemilerin varlığını gerektirir. Yıldızı parladıkça parlayan ticaret, kısıtlamalara karşı özgürleştirici bir panzehir olduğu gibi bir ölçüsüz özgürlük göstergesidir.

The Phantom Ship lüks malların peşinde deniz yolculuklarına çıkan, âdeta her şeye erişebileceği bir dünyayı kibirlice dolaşan bir tüccarla ilgili meşhur bir Hollanda mitinin yeniden anlatımıdır. "Mükemmel bir gemide kıymetli bir yükle" ilerleyen Hollandalı tüccar denizci kendi evini egzotik kuşlar ve Asya menşeli yaylarla doldurur iftiharla.¹⁵ Sonra da lanetlenir. Kibrinin cezası olarak hayatı boyunca denizlerde dolaşmaya mahkûm edilir. Sırra kadem basan bu Hollandalı adamın oğlu yıllar sonra merhum babasının aslında gezgin bir hayalet olduğunu anlar. Bu lanete son vermeye karar verir, ama ironi bu ya, gösterdiği çaba babasının yolundan gitmesini gerektirir. Oğlan, dünya çevresinde dolaşmak için babasına dadanan lanetin ardındaki Hollanda ticaretinin şanını tecrübe etmeye mecburdur. Basra Körfezi ve Java Adası civarında sakız ve balmumu ticareti yapan gemiler ona seyahat etme olanağı sağlar. Oğlan, babasının bir hayalet olarak dolaşmasına son vermeye çalışırken kendi hareketliliği kısa bir süre sonra sonu gelmez bir kâbusa dönüşür. Hedeflediği sürekli hareket hali, üstesinden bir türlü gelemediği, âdeta sınırsız bir düğüm haline gelir. Bu kâbustan yabancı metalar edinerek de kurtulamaz; bilakis ticari uğraşlarının her biri anlatıyı uzattıkça uzatır ve bir sonraki arayış epizoduna zemin hazırlar. Bu romanda gıptayla bakılan ama ıstırap veren hareket, ticari faaliyetin aşırılıklarını gösterir.

The Phantom Ship'te ticari taşıtlar hareketliliğin teminatıyken kanunlar bu hareketliliği sınırlandırır. Hükümetin ticarete koyduğu yasaklar kahramanın babasını kurtarma arayışına sekte vurur; aslında meta dolaşımının tarihi seyrini belirleyen kanuni kısıtlamalar anlatıyı fiilen sona erdirir. Asıl sorun, sömürge mallarının kullanım hakkını elinde bulunduran Hollanda Doğu Hindistan Kumpanyası'nın tekelidir. Anlatıcı şöyle der: "Philip, Amsterdam'a vardı ve gerekli araştırmaları yaptıktan sonra Doğu Hint Adalarına giden bir gemi bulmasının birkaç ay boyunca mümkün olmadığını öğrendi. Hollanda Doğu Hindistan Ticaret Şirketi çoktandır kurulmuş ve özel ticareti tamamen bitirmişti" (*PS*, s. 47). Liberallerin tarihte serbest ticaret eksikliğinin iktisadi kalkınmaya zarar verdiğini ileri sürmeleri gibi korumacılık da denizci romanlarında olay örgüsünü durma noktasına getirme tehlikesine yol açar. Kahramanın yanı sıra heyecanlı okur da hayal kırıklığına uğrar, çünkü roman okumanın hazzı kahramanın arayışı ölçüsünde sürer. Hareketliliğin bir ayrıcalık olduğu gibi lanetli bir şey de olduğu bir romanda arayışın sona ermesinin beklenmedik bir cazibesi olsa da hareketsizlik halini simgeleyen tekel, ilginç serüvenlerin gelişmesini engeller.

The King's Own ve *Snarleyyow*'da Kozmopolit Kaynaşmanın Hazları

Birbirini var eden hareketlilik ve ticaret, denizci tahayyülünde yeni serüvenlerin üretilmesi için gereklidir. Bu bölümde, içinde yeraldıkları serüven öyküleri kadar vahşi denizci topluluklarıyla ilgili temsillere odaklanacağım. Otorite karşıtı hissiyatın birden fazla milliyetten müteşekkil gelişigüzel toplulukların oluşumunda anahtar bir rol oynamasını gemideki fırtınalı yaşamı inceleyerek tartışacağım. *The King's Own* ve *Snarleyyow* adlı iki romanda vergiden muaf meta dolaşımından faydalanmak için kanunları çiğneyen tüccar denizciler belirli bir uluslaraşırı ittifak modeli sunar: ulus-devletin etki alanının dışında var olan toplulukların bağlayıcı unsuru topluluk mensuplarının radikal bireyciliğidir.

The King's Own'da birbiriyle etkileşen iki tema söz konusudur: devlete isyan ve sadakat. Roman bir isyana katıldığı için asılmak üzere olan ve vücuduna koca başlı bir ok dövmesi işlediği bebek yaştaki oğlunu bir nedamet duygusuyla krala adayan bir adamın öyküsüyle başlar. Krala ait olan tüm mülkler tarihsel bir gelenek olarak bu şekilde damgalanmıştır dolayısıyla dövme, mülkiyet ilişkilerinin ulusal aidiyet duygusundan ayrıştırılmasının imkânsızlığını ortaya koyar. Henüz küçük bir çocukken vücuduna dövme yapılan oğlan, sonraları bir kaçakçı gemisine katılır ve kanunları çiğneyerek hayatını kazanır. Gemide karşılaştığı sevimli kaçakçılar hem oğlanı hem de okuru sadakatsizliğin hazlarıyla tanıştırır.

Askeri rutinden beklenmeyecek bir eğlence sunan kaçakçı gemisi gerek ulusal topluluğun mikrokozmik bir uzantısı gerekse onun bir alternatifi olarak faaliyet gösterir. Topluluk bir bütün olarak çokulusludur ama mensupları milliyetçi önyargılarını korumaktadır:

> Tayfa, gemideki toplam yüz otuz kişi arasındaki seksen veya doksan İngiliz'den oluşuyordu; geri kalanı Fransızlar ve diğer Kıta Avrupası

ülkelerinden serüvencilerdi. Hepsi farklı ülkelerden gelse de bütün uyruklar el sıkışmıştı, böylece kuralları çiğnemekte birbirlerine yardımcı olabiliyorlardı. Burada bir kraliyet gemisinin sessizliği ve baskısından eser yoktu, —gürültü ve yaygaranın egemen olduğu bir cümbüş ve bununla birlikte ara sıra birisi bir başkasının milli gururunu isteyerek veya bilmeden zelelediği için çıkan tartışmalar. Bazen dönüşümlü bazen eşzamanlı konuşulan Fransızca, İngilizce ve İrlandaca, kaptanın küçük meselelerde hafifçe dizginleri eline almasına neden olan bir parça karışıklığa yol açıyordu; genel bir davranış ve konuşma özgürlüğü olsa da kaptanın otoritesi kabul edilmişti. (*KO*, s. 81)

Birbirine düşman ulus-devletlere mensup bireyler, kârlı ticaretin sağladığı fırsatlardan dolayı kısa bir süreliğine birleşirler. Gemideki dillerin yol açtığı kakofoni, neşe ve tartışmanın birlikteliğiyle kendini dışa vuran çokuluslu topluluğun gelişigüzel bileşimi ve düzensiz yapısını yansıtır. İç çatışmanın gösterdiği gibi topluluğu bir araya getiren anarşi ruhu onun dağılmasına da neden olabilir. Tayfanın hiyerarşik organizasyonu, disiplini tekrardan dayatarak isyancıların laubali birlikteliğini sona erdirir.

Gemideki kalabalık, çokuluslu olduğu halde Kantçı anlamda kozmopolit değildir. Kant ve diğer Aydınlanma filozofları için kozmopolitizm belirli bir ulus bünyesindeki topluluklardan çok küresel insan topluluğuna bağlılık anlamına gelmiştir.[16] Scott romanlarındaki serbest ticaret erbabı kaçakçıların Aydınlanma'nın kozmopolit ticaretle ilgili görüşüne yeni bir şekil verdiğini bir önceki bölümde ileri sürmüştüm: Scott'ın kaçakçıları ne kendi vatandaşlarına ne de insanlığa bağlıdır. Scott'ın kaçakçıları gibi Marryat'ın tüccar denizcileri de bir bütün olarak insanlığa etik veya duygusal bir bağlılık sergilemezler—böyle bir ideal, tüccarların tavizsiz özerkliği ile bağdaşmaz. Gene de gemi, başka bir anlamda kozmopolittir: tayfa değişik milletlerden müteşekkildir. Tarihte Kantçı kozmopolitizm tanımı (küresel topluluğa bağlılık) bu alternatif tanımla ("çok farklı milletlerden müteşekkil olan" [Oxford İngilizce Sözlük]) birlikte var olmuştur, bunun sebebi muhtemelen etnik heterojenlik deneyimi ile küresel aidiyet duygusunun birbirini beslemesidir. Gelgelelim Marryat'ın romanları ütopik bir siyasi vazifeyi heterojenlikten arındırmakla bu iki anlamı ayrıştırırlar. Bu durum, tayfanın barındırdığı çeşitliliğin yanı sıra denizcilerin milliyetçi bir husumet sergilediği *Newton Forster*'da daha belirgindir. Roman kahramanı şöyle der: "Gemide şu bomboş gözlerle bakan Bengalliler ve Çinliler yerine yurtdışındaki İngiliz denizciler olsaydı… onlara [Fransızlar] gününü gösterirdik."[17]

Marryat, sıra dışı kaçakçı gruplarının mucizevî serüvenlerini anlattığı *Snarleyyow, or the Dog Fiend*'te de çokuluslu denizci topluluklarının özelliklerini incelemeyi sürdürmüştür—bir vergi memurları gemisinin tayfası. Herhangi bir otoriteyi tanımak istemeyen açgözlü vergi memurları, dış ticaret kanunlarını çiğnerler. Romanın anlatıcısı bize "revaçtaki ipekli ve parlak kumaşların ithalatı karşısında Majestelerinin çıkarını korumakla görevli"[18] bir geminin serüvenlerini anlatacağını bildirir. On sekizinci yüzyılda kadınların doyumsuz arzusuna[19] dair fantezilerden kaynaklanan bir durum olarak ithal meta tüketiminin kadınsılaştırılması, Marryat'ın meta dolaşımını denetlemenin olanaksızlığını anlatmak için tuttuğu pek çok yoldan yalnızca biridir. *Snarleyyow* korumacılığa çok az kişinin muhalif olduğu on yedinci yüzyıl başında geçer; fakat olay örgüsünü şekillendiren unsur yerli üreticinin yasak metalara canı istediğinde hemen ve her zaman erişmesiyle ilgili on dokuzuncu yüzyıldaki iktisadi kaygılardır. Britanya tarihinin muhtemelen hemen her döneminde kaçakçılık endişe verici bir şey olarak görülmüştür, ama ona on dokuzuncu yüzyıl başında atfedilen önemin nedeni sınır tanımaz meta dolaşımının arz ve taleple ilgili çağdaş ekonomi politik teorileri aracılığıyla kaçınılmaz ve doğal bir hal almasıydı. Ekonomi politikçilere bakılırsa kaçak ticari ağlar serbest piyasaların prototipik biçimiydi.[20]

Snarleyyow, vergi memurları ile kaçakçılar arasında ayrım yapılmasını olanaksızlaştırır. Vergi polisleri, Kıta Avrupası'ndan çıkan malları ve ihanet mektuplarını deniz yoluyla gizliden gizliye taşıma işini üstlenirler. Resmi iktidar ile suçlular arasındaki ayrım yok olurken ulusal kimlikler istikrarsızlaşır. Anlatıcı, mevcut kral 3. William'ın saltanatını şöyle anlatır: "İngiliz tahtına Kıta Avrupası'ndan çağrılan bütün prensler gibi William da kendi ülkesinin vatandaşlarını kayırmış, böylece İngiltere'ye Hollandalı cariyeler, saray adamları ve lordlar doluşmuştur" (S, s. 18). İngilizlerle Hollandalıların böyle geri dönülmez biçimde kaynaşması, kraliyete bağlı vergi memurlarının bileşimini de belirler. *Yung Frau* diye bir Hollandalı ada sahip olan İngiliz geminin Vanslyperken adında Hollandalı bir kaptanı vardır. Herkesin amansız ve acımasız bir şekilde kişisel çıkar peşinde koşması, romandaki mesleki ve ulusal farklılıkları eriten ortak zemindir—kaptan, Hollandalı sevgilisi, tayfa, karıları ve başka kaçakçılar. Karakterler para kazanmak için birbirini kandırır, öldürme planı yapar ve birbirine dost numarası çeker. Romanın başlığı—bir köpek adı—bu yozlaşmanın evrenselliğine atıfta bulunur: "Koca öyküde tek dürüst kişi gerçek hayatta çoğu zaman olduğu gibi en çok nefret edilen kişidir—Snarleyyow'dan söz ediyorum. Onun yalanı yoktur, bunun için romanın kahramanı olduğu gibi romanın adını adını taşımayı da sonuna kadar hak eder" (*S*, s. 253). Pasaklı köpek, sınırların yok olduğu bu karşı ütopyanın kahramanıdır, çünkü kimsenin başaramadığını başarır: sadıktır.

Snarleyyow'da metaların sınırsız dolaşımı, cinsiyet normlarını esneten ve ihlal eden bir cinsellikten ayrı düşünülemez. Belirli bir grubun otoriteye meydan okuması, cinsiyet rollerinin kısmen erimesine neden olur. Gizli meta ticareti kadınların ticari faaliyetlere öncülük ettikleri, geceleri ev dışında çalıştıkları yeni emek biçimlerini doğurur: "Mağaradan zirveye uzanan dolambaçlı yolu tırmanmaya alışkın kadınlar kaçak malları aracılara teslim edene dek zifiri karanlıkta taşıdıkları yükleri yukarılardaki kır evlerine bırakırlardı" (*S*, s. 89). Kaçakçılık dünyasında eril kadınların yanı sıra erkekliğini yitirmiş adamlar da yaşar. Bir bölümün kısa girizgâhında eski bir vergi memurunun akıbeti özetlenir: "Kralın adamı iken birden bire değişerek bir kaçakçıya dönüşen, ayrıca cinsiyetini de değiştiren Smallbones'un öyküsünü anlatan 63. Bölüm" (*S*, s. 287). Bir sıralama bağlacıyla yan yana konan ve *değişmek* fiilinin mükerrer kullanımı aracılığıyla bağlanan iki yancümle, kaçakçılık ile cinsel sınırların aşılmasına duyulan hoşgörüyü bağdaştırır. Bu epizotta kaptanının insafsızlığından dolayı denizin ortasında kalakalan Smallbones bir grup kaçakçı tarafından kurtarılır ve Wight Adası'nda kadın kaçakçılardan müteşekkil bir kolonide yeniden sağlığına kavuşur. Burada ciddi ciddi anlatılan cinsiyet değişikliği, Smallbones'un yırtık pırtık giysilerinin kadın giysileri ile ikamesinden ibarettir. Karşı cinsin kıyafetlerinin giyildiği bu epizodu, ithal meta tüketimini kadınsılaştıran o bilindik tutuma atıfla yorumlamak mümkündür. On sekizinci yüzyılda ithalatı zararlı gören muhafazakârlar yabancı metaların popülerliğini, kadınların arzularını tatmin etme eğilimine bağlamışlardır. Gelgelelim Smallbones'un cinsiyet değişikliği devlet otoritesine ve erkek cinselliği üzerindeki denetime temas eden kapsamlı meselelerin yer aldığı bir matriste gerçekleşir. Olay örgüsü, kanunsuz serbest ticaret pratiğinin toplumu denetleme çabalarına meydan okuduğunu varsayarak ithalat vergilerinden kaçma eylemi ile normatif cinselliğin kırılması arasında bağ kurar. Kaçakçının cinsiyet değişikliği, uluslararası meta akışının gündeme getirmesi muhtemel tehlikeleri gösterir. Görünen o ki vergi veya tarifelerin feshi cinsiyet ayrımını ortadan kaldırılabilir, tıpkı yabancı ve yerli tüccarı eşitlediği gibi.

Geçmişe baktığımızda uluslaraşırı ticari ağlar olarak adlandırabileceğimiz mekânda kaçakçılık yapanların müdavimi olduğu kerhanelere ilişkin betimlemeler de sınırsız dolaşımın toplumsal sonuçlarına temas eder. *Lust Haus*'da her milletten denizci haz arayışında birleşir: "Çok neşeli bir yer ve her milletten denizcinin yanı sıra denizci olmamakla birlikte eğlenmeyi seven bazı adamlar da sık sık uğruyor, onlarla dans etmeye, bira veya romlarını paylaşmaya hazır bir sürü kadın var" (*S*, s. 48). Metaların denetlenmesi olanaksız hareketi gibi cinsel haz arayışı da gümrük sisteminin korumaya çalıştığı ulusal sınırları iptal eder. Bu romanda özgül bir kozmopolit varoluş biçimi *The King's Own*'da olduğu gibi yekpare bir insan topluluğuna bağlılık gibi felsefi mefhumlardan çok bir dil ve milliyet kolajına dayanır: "Zamanın gözde dansı [vals] eşliğinde salonda dönen elliye yakın çift vardı. Bu kişiler giyim kuşam, ülke, dil ve görünüşleri bakımından o kadar çeşitliydi ki bunu bir maskeli balo sanmak mümkündü" (*S*, s. 53). *Lust Haus*'da farklı coğrafi arka planları olan bireyler hareketli bir kozmopolit kalabalık oluşturacak şekilde dans ederek kendilerini buraya getiren ticari dolaşımın yapısını yeniden üretirler.[21]

Otorite karşıtı hazzın kurmaca yapıtlardaki tayfaların bileşimindeki rolünü tartışırken küresel ticaret tahayyülünde bireyciliğin önemini vurgulamak istiyorum. Bazı çokuluslu toplulukların kapitalist ağların ürünü olduğunu belirtmek malumun ilamı olur ve bunu dile getirme için edebi tahayyülü incelemeye gerek yoktur. Ulusa alternatif kurgusal toplulukların, toplumsal yapıları aşan bireysel varoluş fantezilerine dayandığını düşünüyorum. Bu örüntünün temelinde gerek özerklik gerek serbest ticaret tasavvurunu şekillendiren liberal felsefe vardır. Bireysel özgürlüklerle hakları savunan liberalizm geleneği insan benliğini toplumsal ve siyasal ilişkilerden özerk bir şey gibi tasavvur eder.[22] On dokuzuncu yüzyıl serbest ticaret hareketi insan benliğine ilişkin bu özgül yorumu devralmıştır, nitekim ekonomi politikçiler bireysel ticaret özgürlüğüne devletin müdahale etmemesini savunmuştur. Ticari mübadele tahayyülünde özerklik vurgusunun sürekliliği, dünyadaki mallar ve kaynakların paylaşımını ön plana çıkaran bir retoriği olan iktisadi liberalizmin içsel bir çelişkisini ortaya koyar. Viktorya Çağı araştırmacılarının dikkat çektiği gibi liberal ilkeler çoğu zaman bu tür ikiliklere yol açmıştır. On dokuzuncu yüzyıl ortalarında, Britanya devletinin kendi uyruklarına bakmak zorunda olmadığı fikri yoksullara hayırseverlik kapsamında yardım edileceği beklentisi ile iç içe geçmiştir.[23] Marryat'ın romanları bireysellik ile topluluk arasındaki bu karmaşık etkileşimin, özerkliği uluslararası ittifakın çimentosu olarak benimseyen çelişik tutuma yol açtığı gibi hedonizmi çokuluslu toplulukların ayırt edici özelliklerinden biri haline getirerek küresele ilişkin tahayyülü etkilediğini ileri sürer.

Disiplinin Sona Erişi ve Romansın Özgürlüğü

Sınırsız mübadeleye bağlanan ahlaksızlığı ele alan Marryat denetleyici yapıları aşarak ulus-devletin etki alanının dışında yaşama çabasını ayıplar. Ama yazdığı romanların devlet iktidarını zayıflattığında kötü bir şeye dönüşen o meydan okuyucu tutumu seferber etmesi ironiktir. Olay örgüleri, yoldan çıkan tüccar denizciler kadar disiplinsizdir. Şöyle der: "Bir romana başladığımda hiçbir zaman bir olay örgüsü planlamam ve genellikle bir bölümü bir sonraki bölümde neyi kurgulayacağımı düşünmeden bitiririm" (*NF*, s. 4). Olay örgüsünün bütünlükten yoksun olması düzen verici bir planlama eksikliğinden ileri gelir. Kendi düzensizliğinden dolayı yarım bir özür dilediği bu açıklamasına rağmen Marryat başka bir yerde bu düzensiz yaratıcılığından gururla söz eder. Kendi yaratıcı çabasını tanımlamak için kullandığı tabir, başıboş dolaşmaktır:

Bir roman yazarı için gerekli olan özellikleri sayan "Cloudesley"nin yazarı şu gözlemde bulunuyor: "Bir yazar, yarattığı ideal karakteri halka tanıttığında bu varlığın nitelikleri ve eylemlerini belirleyen ilkeler ve bütün bunlara eşlik eden gerekli şeylerle ilgili önceden zihninde yer etmiş tasavvuru pratiğe dökmeye başlar." Böyle bir hazırlığın gerekli olduğunu reddedecek değilim; ama halk bu kurallara uymaya çalışmadığım için benim metnimi sorunlu bulmaz. Öbür türlüsü, benim söz dinlemez zihnim için son derece sıkıcı bir yolculuk olur; yola koyulacağımız atlar henüz gelmeden yoldaki uğrakları hesaplayacaksam bu çabadan vazgeçip evde sessiz sakin oturmam daha iyidir. Benim yolculuğum böyle sistemli bir tanımla anlatılamaz; Hayal Gücü eşliğinde başıboş bir dolaşmadır. (*NF*, s. 4)

Düzenden yoksun olay örgüsü, yaratıcı sürecin kendiliğindenliğini yansıtır. Marryat kurallara uymamakla gururlanarak kendini isyankâr bir yazar olarak görür. Kendiliğindenliğin estetiği, olay örgüsünden sapılmasını meşrulaştırır ve asker kimliğine kıyasla hedonist hazlara epey yakınlık duyan bir yazara işaret eder.

Marryat'ın edebi biçim üzerine karman çorman düşünceleri romans öykülerinin Romantik beğeniye etkisini akla getirir. Belki de en çok William Wordsworth'ün yüceltiminden bildiğimiz yaratıcı kendiliğindenliği, Marryat romansın ayırt edici özelliği olan epizodik yapı ile bağlantılandırır. Denizci romanlarında belirli bir akış izleyen olay örgülerinin olmaması yerindedir, çünkü bu anlatılar başka romans unsurlarına da yer verirler. Türün ayırt edici özelliğinin bilinmez diyarlarda serüvenlere atılmak için toplumsal düzeni geride bırakan yalnız bir kahraman olduğu düşünüldüğünde, Marryat'a özgü olay örgüsü bu durumun iyi bir örneğidir: Denizci (bir asker, sömürgeci ve vergi memuru olarak) kendi görevlerini boşlar ve en sonunda bu görevleri yeniden benimseyeceği veya itaatsizliğinden dolayı cezalandırılacağı heyecanlı serüvenlere atılır. Serüven öyküsünün kazananı, önüne çıkan her engeli aşan ticari dolaşımdır. Marryat'ın romanlarının, epizodik olay örgüsü, itaatsiz denizci ve kaotik ticaret arasında kurduğu paralellikler ideolojik anlamlarla yüklüdür. Bu romanlar ticari ağları anarşik enerji ile aynı doğrultuya sokar ve devlete bağlanan sıkıcı disiplin ile bu ikisi arasında karşıtlık kurar. Serbest ticaret sahiden serbest görünür, sanki kapitalist piyasaların temelinde Romantiklerin düşsel koşuklara atfettiği özgürleştirici kendiliğindenlik varmış gibi. Bırakınız yapsınlar düzenine içkin herhangi bir şey romansa yakın değildir. Düzen ve özgürlük, isyan ve kahraman birey arasında tahayyül edilen bu yakınlıklar serbest ticaretin iktisadi savunularındaki liberal unsurda temellenen retorik kurgulardır. Ekonomi politikçilerin kapitalizm savunuları devlet denetimindeki ticaret ile bireysel özgürlüğü zıt kutuplar olarak konumladığı için Viktorya döneminin başında romans türü küresel ticaretin temsili için uygun bir araç haline gelir.

Marryat'ın denizci romanlarında ticari hedonizm ile askeri hiyerarşi arasındaki gerilim gelişim romanının hedefe yoğunlaşan tarafları ile epizodik sapmaların iç içe geçmesinde biçimsel bir karşılık bulur. Marryat, romanın epizodik doğasını yolculukların öngörülemezliğine benzeterek olay örgüsünün dağınıklığını açıklarken mekânsal metaforlar kullanır. Şöyle der: "Evet bunun bir sapma olduğunu kabul ediyorum ama elimden bir şey gelmiyor; insanın doğasında sapmak var. Kim hayatı boyunca aynı yolu izlediğini söyleyebilir ki?" (*NF*, s. 217). Hayatın doğal akışına yönelik gönderme, anlatı yapısının konu dışına sapma eğilimini meşrulaştırır ve yazarın betimlediği yayıldıkça yayılan ticaret yollarını dolaylı biçimde de olsa doğallaştırır. Dolaysızlığın reddiyle birlikte sapmanın hazzı alttan alta ahlaksız bir tınıya bürünür. Bu uygunsuzluk iması, bir donanma subayı iken romancı olan ve kapıldığı kompulsif itkiyle kahramanları özdisiplin kazanarak olgunlaşan gelişimromanları kaleme alan yazarın kimliği ile dengelenir.

Marryat'a göre yazı yazmak, devlet otoritesine uluslaraşırı ağlar aracılığıyla meydan okuyan hedonist tüccarların faaliyetlerine benzer. Marryat roman yazma edimini denizciliğe benzetmek için çokeşlilik ve içki içme motiflerini kullanır; her ne kadar bunlar hayali bir askeri gemide gerçekleşse de. Epizodik anlatı yapısının temelinde kötü havanın olması yeterince gariptir:

> Ne zaman rüzgâr şimdi olduğu gibi sert esse ancak "Newton Forster" gibi bir şey yazabiliyorum, savaş gemisinde "şarapnel parçaları" adını verdiğimiz şeylere benzer biçimde ip gibi dizilmiş kırık dökük şeylerden oluşan,

konusundan saptıkça sapan şu aptal bölümü yazmamın nedeni de bu. Dedim ya, rüzgâr sert estiğinde böyle oluyor, ama kendime nasıl geleceğimi biliyorum, birazdan son çare ona başvuracağım—benim yakıtım brandy. Dünyanın bu köşesinde kumarbazlar, hırsızlar, deniz polisleri ve yazarlar hariç herkes uykuda. Karım, Morpheus'un koynunda—biz kocaların görmezden gelmek zorunda kaldığımız alegorik bir suçlu, üçkâğıtçı; ben de beynimin karanlık hücrelerinde tıpkı Lochiel onu çağırdığında her seferinde "Beni rahat bırak! Bırak da dinleneyim" diye inleyen o hayalet gibi uyandırılmak istemeyen fikirlerimi uyandırsın diye brandy şişesiyle sevişiyorum." (*NF*, s. 266)

Disipline meydan okuyan davranışların resmigeçidinde beliren savaş gemisi göndermesi ironiktir. Başka birisinin koynundaki kadın ve o uyurken brandy şişesiyle sevişen bir koca: Çiftin kural tanımaz cinselliği ahlaki kısıtlamalardan özgürlük belirtisidir ve bu durum Marryat'ın kendi akli melekelerine hâkim olmakta çektiği güçlüğü pekiştirir. Marryat'ın denizci romanlarıyla ilgili teorisi anlatının epizodik yapısını deniz yolculuğuna dair mecazlar aracılığıyla denizin asi enerjisinde temellendirir. Hedonist ticaretle bağlantılandırılan otorite karşıtı hissiyat, ahlaka mugayir olmakla birlikte bir estetik haz kaynağıdır.

Marryat'ın anlatılarındaki romans unsurları yazarın denetimsiz ticaret ile bağlantılandırdığı bazı hazlar sunar: Özgürlük duyusu ve kendiliğindenlik. Romanların içerikleri askeri düzeni kutsarken biçimleri disipline meydan okuma itkisini simgeler. David Quint'in *Epic and Empire*'da son derece iyi tanımladığı romansın yıkıcı enerjileri Viktorya Çağı başında ufukta beliren kapitalizmin yeni evresi küresel serbest piyasa ekonomisini betimler. Serbest ticaret hedefe odaklanır, en ateşli sebest ticaret destekçilerinin anlatımlarında dahi ülkenin ve bireylerin zenginleşmesi hedeflenir. Serbest ticaret anarşik değildir—sunduğu özel mülkiyet güvencesiyle bireysel girişimlere olanak sağlayan devleti silip atamaz. Romansın kural tanımazlığı ile serbest ticaretin kazanç odaklı yapısı arasındaki bariz karşıtlığa rağmen serbest ticaretin temsilinde romansın ayrıcalıklı bir rol oynaması nasıl mümkün olmuştur? Buradaki temel mesele romansın birliğe karşı çıkmasıdır, Quint romansın yıkıcı işlevinin temelinde bu unsurun olduğunu ileri sürer. Antik çağlar romansının tanım gereği heterojenliği homojenliğe yeğ tutan epizodik yapısı aracılığıyla imparatorluğun birleşme vurgusuna karşı direndiğini ortaya koyar. Quint bu argümanı ileri sürerek aristokrasinin egemenliğinin romansın gelişimine katkıda bulunduğunu savunan pek çok edebiyat eleştirmenine karşı çıkar.[24] İmparatorlukların "farklı halklardan... uyumlu bir siyasal bütün yaratmaya" çalıştığını vurgular: "Farklı halklar ve bölgelere aynı düzen" dayatılır. Çizgisel ve teleolojik yapısıyla birliği farklılığa yeğleyen epik ise imparatorluğu kutsar. "Anlatıda tutarlılık ve hedefin tekliği", "imparatorluğun ötekiyi aynıya indirgeyen" ve "farklı halklarla bireyleri zafer alayında birlikte yürüten mantığına"[25] tekabül eder. Diğer yandan romans, "anlatının taban tabana zıt bir biçimde düzenlendiği genel bir modeli" cisimleştirir. "Hiçbir yere akmayan, müstakil, bağlantısız epizotlar" ve anlatılara yer veren romans türü "görevlerin başarıyla tamamlandığı epik anlatılara" karşıdır. Quint "konusundan saptıkça sapan romans anlatısının, savaşçı epik ve onun dünya imparatorluğu arayışına alternatif"[26] olduğunu düşünür.

Quint'in üzerinde durduğu yönetim biçimi imparatorluk olduğu halde antik çağlardan on dokuzuncu yüzyıla uzanan bir zaman dilimine odaklandığını düşünürsek romans türünün konusundan sapmasına yol açan heterojenliğin imparatorluğun birleşik bütünlüğüne yönelik bir tehdit olduğu gibi bu tehdidin ulus-devlet için de geçerli olduğu söylenebilir. Açık uçlu olanı içe kapanık olana yeğleyen romans türü serbest ticaretin maddi yönleriyle ilgilenmezken liberal iktisatçıların serbest ticaret hakkında çizdikleri kuramsal çerçeveden derinlemesine etkilenir. İktisatçıların devlet egemenliğiyle karşıtlaştırdıkları bireysel ticaret özgürlüğü parasal kazanç arayışına anarşik değilse de otorite karşıtı bir boyut katar. Dolayısıyla Marryat'ın romanları tam da ekonomi politikçilerin küresel kapitalizm savunularının bireycilik felsefesine dayandırdıkları tarihsel momentte otorite karşıtı topluluk düşleri—ve kâbusları—sunarlar. Denizci romanslarının Viktorya Çağı başındaki popülerliğinin liberal iktisat teorisine özgü paradigmaların yanı sıra liberal iktisat karşısındaki muhafazakâr muhalefeti yansıtma ve uzun uzadıya irdeleme becerisinden ileri geldiğini düşünüyorum. Marryat kaçak meta dolaşımını denetleyici yapıların eksikliğine bağlayarak inceden inceye bu durumun ahlaksızlığına işaret etmiştir. Bununla birlikte liberal iktisadi konumu ayakta tutan bir estetik üreterek muhayyel ulusal bütünlüğün denetleyici mantığına karman çorman yapılar çerçevesinde karşı çıkan merkezsiz anlatılar ve çokuluslu muhayyel topluluklar aracılığıyla serbest ticaretin cazibesinden faydalanmıştır.

DÖRDÜNCÜ BÖLÜM

Harriet Martineau ve Mübadelenin Bereketliliği

İkinci ve Üçüncü Bölüm'de ulusal birliğe karşı serbest ticaret paradigmaları içinde tahayyül edilmiş alternatiflerin epey bireyci olduğunu ileri sürmüştüm. Britanya'da on dokuzuncu yüzyılın ilk yirmi otuz yılında sadakatsiz kaçakçı ve hedonist denizci edebi figürleri şunu ortaya koymuştur: küresel müşterek ilişkiler denetleyici mekanizmaları aşma arzusundan beslendiği sürece ticaret ağları içinde soyutlanmış ve otorite karşıtı bir öznellik türü gelişecek ve radikal biçimde özerk bireylerden müteşekkil çokuluslu topluluklar ortaya çıkacaktır. Yaratıcı yazındaki serbest ticaret erbabının asosyal karakteri, küresel ticarete ilişkin liberal retoriğe içkin sorunları ortaya koymuştur. Peki toplumsal yapıların ötesinde var olma özleminin küresel mübadele döngülerine temel oluşturması mümkün müydü? Kurgusal tüccarların soyutlanmış halleri ve söz dinlemezlikleri serbest ticaret savunucularının onca değer verdiği uzak ülkelerle dayanışma anlayışına ters düşmüştür. Aslında bu uyuşmazlığın temelleri ekonomi politik bünyesindeki çelişkilerdir. Ticaret özgürlüğünü savunan kimseler hem bireyci bir özgürlüğün söz dağarcığına başvurmuş hem de ilahlaştırılmış bir küresel bağımlılık ve özenden söz etmişlerdir. Şimdi Viktorya Çağı başında bu gerilimi saptama, eleştirme ve çözümleme çabalarına eğileceğim.

Özerklik ile müşterek bağımlılık arasındaki hassas denge, ticaret ile bireylerin birbirine yakınlıkları yoluyla kurulan mecazi benzerliklerle ifade edilmiştir; gerek iktisadi gerekse yaratıcı yazında ortaya çıkan bu benzerlikler didaktik öykü, siyasi broşür, gülünç komedi, karakterler arasınd çeşitli diyaloglar—duygusal, erotik, cinsel—gibi türlerle karşıtlık veya karşıtlık içinde var olmuştur. Sözgelimi, rastgele cinsel ilişki sınırsız ticaretin tehlikelerini, tescilli cinsel ilişki biçimi—evlilik sınırlarında, üreme amaçlı—ise faydalarını sergilemiştir: "Dawn Island: A Tale" (1845) adlı öyküsünde bir toplumsal bütünlük kaynağı olarak serbest ticarete yeniden saygınlık kazandırmaya çalışan Martineau bir sınırsız ticari akış metaforu olarak bereketliliği kullanır ve ticareti insanları birbirine ve doğaya bağlayan ilkel bir kudret olarak tarif eder. "Dawn Island"ı, Tahıl Yasası Karşıtları Birliği propagandasının yanı sıra meşhur politik şair Ebenezer Elliott'ın *Rhymes*'i gibi liberal kapitalizme ilkel bir hale atfeden başka metinlerle birlikte ele alacağım. Bu metinlerde serbest ticaretin aşikâr zamansızlığı izolasyon ve yabancılaşma gibi modern rahatsızlıklara göğüs gerer. Bu bölümde uzun uzadıya inceleyeceğimiz gibi Martineau'nun "Dawn Island"da romans unsurlarını kullanması, geleceği anlamak için geçmişe bakan özel bir uluslaraşırılık tarzının ortaya çıkması için biçimsel bir zemin sunar. Bereketli bitki yaşamı, ilkel ada ve hamile kadın figürü gibi mecazlar aracılığıyla uluslaraşırılığın tahayyülüyle ilgili analizimde kapitalist fantezilerin zamansal ayrışmayı ve coğrafi mesafeyi yok etme biçimlerini göstereceğim.

Özerklik ile Müşterek Bağımlılığın Liberal Ekonomide Çatışması

On dokuzuncu yüzyıl liberal iktisatçılarının serbest ticaret üzerine yazıları özerklik ile müşterek bağımlılık arasındaki çatışmayı gösterir. Söz konusu gerilimin temelleri ekonomi politik söyleminin öncülleridir. On sekizinci yüzyılda Adam Smith ve daha sonra onu takip edenler kendi kişisel çıkarlarının peşinde koşan bir iktisadi insan tahayyül etmişlerdir. Bu muhayyel özne ırk, cinsiyet ve sınıfa özgü olumsallıkların ötesinde âdeta mucizevî bir biçimde var olan rasyonel ve özerk bir özneydi. Feminist eleştirmenlerin belirttiği gibi iktisadi insan tarihsel olumsallıkların bireysel seçimleri şekillendirici ve sınırlandırıcı rolünü yok eder.[1] J.G.A. Pocock'a göre on sekizinci yüzyılda iktisadi insan popüler iken on dokuzuncu yüzyılda kapitalizmin esas katılımcısı bambaşka bir figürdü:

> Eril fatih kahraman olarak iktisadi insan on dokuzuncu yüzyılda endüstriyelleşmenin ürettiği bir fantezidir... Onun on sekizinci yüzyıldaki

selefi bir bütün olarak kadınsılaşmış, hatta efemine bir varlıktı; bu varlık kendi tutkuları ve isterileri ile boğuştuğu gibi Talih, Lüks ve sonlara doğru İffet gibi fitneci ve arketipik biçimde dişi Tanrıçaların simgelediği iç ve dış etkilerin açığa vurduğu fantezileri ve arzularıyla da boğuşmaktaydı.²

İktisadi insanın on sekizinci yüzyıldaki selefi biraz da ahlak filozofu Bernard Mandeville'in *The Fable of the Bees; or, Private Vices, Public Benefits* adlı yapıtı tarafından şekillendirilmiştir. Mandeville bu çalışmasında endüstri ve istihdam gibi kamu faydalarının kendini beğenmişlik ve lüks düşkünlüğü gibi kişisel kusurlardan doğduğunu provokatif bir dille ileri sürmüştür. Adam Smith ise Mandeville'in kişisel kusur addettiği lekeyi taşımayan yeni bir iktisadi özne tahayyül edebilmiştir, çünkü Smith kişisel çıkar arayışının bir bütün olarak topluma fayda sağlayacağını düşünüyordu. İnsanların parasal kazançlarını azamiye çekmek için rasyonel seçimlerde bulunduğu görüşü, ekonomi politiğin on dokuzuncu yüzyıldaki temel öncülü haline gelmiştir. Cilt cilt ekonomi politik metni en kazançlı pazarlığa yönelen ve akıllı yatırımlarda bulunan bu muhayyel iktisadi öznenin rasyonelliğine işaret eder.

Liberal ekonomi politikçilerin rasyonel seçim vurgusu bir süre sonra özerkleşmiştir. Ekonomi politik, insanların daima kendilerini zenginleştirecek yolları seçeceklerini farz etmiştir, sanki yaşadıkları çevre onları şekillendirmez ya da parçası oldukları farklı ideolojik yapılar onları etkilemezmiş gibi. Liberal ekonomi politikçiler bir yandan da ulusların müşterek bağımlılığı ve uluslararası mübadelenin kaçınılmazlığını vurgulamıştır. David Ricardo'nun yolundan giden J.R. McCulloch şu iddiada bulunmuştur: "Ticaret baştan sona karşılıklılık ilkesine dayanır ve adil ilkeler uyarınca evrensel ölçekte ticaret yapan bir ülke mutlaka refaha kavuşur."³ Ekonomi politiğin Aydınlanmacı ahlak felsefesindeki öncülleri bu serbest ticaret temsilinin küresel menzili ve hümanist üslubu aracılığıyla ortaya konur. Dostane ilişkiler çerçevesinde ticareti savunan bir tutuma özerkliğe ayrıcalık tanıyan bir söylem eşlik eder.

Liberal iktisatçılar dış ticareti küresel çapta işbölümü olarak tanımlayarak müşterek bağımlılığı sık sık övmüşlerdir. Örneğin James Mill şu satırları yazmıştır:

Bazı metalar yalnızca belirli yerlerde üretilebilir. Madenler, kömürler ve başka önemli metalar belirli yerlerin ürünüdür. Her toprak ve iklime uymayan bazı bitkisel ürünler için de aynı durum söz konusudur. Bazı metalar ise belirli yerlerle sınırlı olmamakla birlikte belirli yerlerde daha kolay ve ucuza üretilmeleri mümkündür.[4]

Mill müşterek bağımlılığı doğanın dayattığı kanısındadır. Farklı ülkelerce üretilen metaların birbirini tamamlayıcı doğasını vurgulaması retorik bir stratejidir—kendi argümanında analitik bakımdan gerekli bir basamak değildir. Mill'in David Ricardo'nun o ünlü *nispi fayda* teorisininin de habercisi olan meselesi şudur: A ülkesi X metasını B ülkesi ile aynı maliyette üretse de A'nın kendi çıkarı için en iyi seçenek X'i B'den ithal etmek olabilir. Dolayısıyla Mill'in madenlerle bitkisel ürünlerin eşitsiz dağılımından söz etmesi analitik bakımdan gereksizdir, ama bu sayede paylaşmanın ahlaki erdemini vurgular—kişi elindeki ürünü, bu üründen yoksun kimselerle paylaşmalıdır. Yeni yeni ortaya çıkan serbest ticaret eksenli iktisadi sistem bu strateji yardımıyla Kutsal Kitap'taki öyküler kadar bildik hale getirilir.

Mill'in malların paylaşımına yönelik vurgusu serbest ticaret savunucularının on dokuzuncu yüzyıl başında müşterek bağımlılığı kutsamalarına örnektir. On dokuzuncu yüzyılda bırakınız yapsınlar politikalarının hükümet tarafından yavaş yavaş benimsenmesi pratikte Britanyalı tüccarlar ve Britanya devletinin işine gelen kazançlı ticari uğraşlar yaratmıştır, buna karşılık küresel paylaşım retoriği Viktorya Çağı'nın ilk on yılından sonra da devam etmiştir. İktisadi insanın radikal özerkliği ve rasyonelliği, karşılıklılık ve merhamet gibi ahlaki değerlerin yüceltilmesi ile gerilim halinde var olmuştur. Söz konusu gerilimi aşmak isteyen serbest ticaret ideolojisi, dış dünya ile yakın bağlarından dolayı ticari ilişkilere daha iyimser bakan, özgüven sahibi iktisadi insana bir muadil yaratma ihtiyacı duymuştur. Harriet Martineau'nun anlatıları, topluluk ve doğa vurguları aracılığıyla tam da böyle bir karmaşık öznellik modeli sunmuştur. Martineau, "Dawn Island" uzak memleketlerden gelen metaları tüketen insanların zenginleşeceğini savlayan liberal ilkeyi yeniden olumladığında bile klasik ekonomi politiğin eril, rasyonel ve özerk *homo economicus*undan radikal biçimde farklı bir iktisadi özne tahayyül eder. Martineau'nun dünyasında serbest ticaretin simgesi doğa ile iletişim halinde olduğu gibi insanlığın geri kalanı ile barışık bir hamile kadındır: bireysel ticaret özgürlüğü arayışı ile kişisel ilişkiler kurma özlemini bağdaştıran bir figür.

Liberal dava gibi muhafazakâr ideoloji de serbest ticaretin doğurduğu toplumsal durumu kavramak ve ifade etmek için *homo economicus*tan farklı bir figüre ihtiyaç duymuştur. Muhafazakârlar, serbest ticaret düzeninde vatanseverlik ve yakınlık bağlarının feda edilebilirliğini eleştirmek için cinsel mahremiyetin söz dağarcığını kullanmıştır. 5. Bölüm'de göreceğimiz gibi gibi serbest dolaşımın ahlaksızlığına dikkat çekmek için *homo economicus*u erotik bedenlerle ikame etmişlerdir. Martineau'nun mitik bereketli kadını ile muhafazakârların rastgele cinsel ilişkiye giren birey figürü siyasi yönelimleri açısından birbirine karşıttır, ama bir arada düşünüldükleri zaman on sekizinci yüzyılın tepeden tırnağa cinsel bir kimlik taşıyan öznesini *homo economicus* ile ikame eden Pocock anlatısını tartışmalı hale getirirler. İktisadi insana sunulan alternatiflerin çoğalmasından anlaşıldığı gibi Pocock'un anlatısı olsa olsa kısmen doğrudur. Liberal iktisadi incelemeler toplumsal ilişkiler ve tutkulu arzulardan yoksun, rasyonel bir özne kurguladığı halde gerek yaratıcı yazında gerekse broşür gibi pek saygın olmayan iktisadi yazın türlerinde toplumsal temellere ve son derece erotik kimliklere sahip olan iktisadi aktörler belirmiştir. Liberal iktisadi düşüncedeki ikiliklerden dolayı—hem özerkliğe hem de müşterek bağımlılığa değer veren tutumdan dolayı—ortaya çıkan bu alternatif iktisadi özneler sınırsız bireysel paylaşım ideallerinin özerklik vurgulu bir bireycilikle bağdaştırılmasının mümkün olup olmadığını ve şayet mümkünse bunun nasıl yapılabileceği sorusunu cevaplamaya çalışmıştır.

Korumacı Sömürgecilik, Serbest Ticaret ve "Dawn Island"

Bereketlilik, "Dawn Island"ta bir ticaret metaforu olarak kullanıldığı için *homo economicus*a sunulan alternatiflerle ilgili tartışmamın merkezinde bu metin yer alıyor, ama Martineau'nun serbest ticaretin faydalarını sergilemeye çalıştığı tek öykü bu değildir. Martineau'nun *Illustrations of Political Economy* (1832-1834) adlı yapıtında yer alan pek çok öykü, korumacılığın tüm dünyada tüccar ve üreticiye, yurtiçi ve yurtdışında emekçilere getirdiği zorlukları gösterir. "The Loom and the Lugger" ile "Sowers not Reapers" ithalat yasaklarını ve dış ticarette tekelleşmeyi çekilen yoksulluk ve acıdan bahsederek eleştirir. Bu metinler Britanya'daki korumacı tutumun işçi sınıfına zarar verdiğini, Britanyalı tüccarı yabancı muadilleri karşısında dezavantajlı kıldığını savunurlar. Martineau dolaşımın kaçınılmazlığına duyduğu inancı dile getirerek korumacılığın yüksek bir kaçakçılık hacminden[5] başka bir şey sağlamadığını ileri sürer. Yine *Illustrations*'da yer alan "Cinnamon and Pearls" ile "Demerara," serbest ticaret düzenini sömürgeci ticaret ve kölelik bağlamlarında karşılaştırmalı olarak ele alır. "Cinnamon and Pearls," Doğu Hindistan Kumpanyası'nın kurduğu tekelin sömürgeleştirilmiş ülke ve uyrukları yoksullaştırdığını ileri sürerken "Demerara" serbest ticaretin yükselmesi sonucunda Batı Hint Adaları'nda köleliğin biteceğini savunur.

Tıpkı fikirlerinin yayılmasına katkıda bulunduğu ekonomi politikçiler gibi Martineau da serbest ticaret ve mevcut sömürgeci düzeni karşıt sistemler olarak görür. Daha çok da, on sekizinci yüzyıl iktisat kuramında dayanak bulan merkantilist sömürgeci düzeni eleştirir. Tarihçi Bernard Semmel'in kısaca belirttiği gibi "merkantilistlere göre sömürgeler anavatanın mamul mallarına karşılık hammadde temin ederdi ve iki taraf birbirinin piyasasında tekel kurardı." Viktorya Çağı'nın başında ve sonraki evrelerinde Martineau gibi serbest ticaret destekçileri "metropolün mamul mallarını yabancı rakipler karşısında korumak için vergiler"[6] koyan bu eski sömürgeci düzeni kıyasıya eleştirmiştir. Martineau, *British Rule in India*'da Britanya'nın kendi sömürgelerini farklı ülkelerin tüccarları ile ticaret yapmakta özgür bırakması gerektiğini savunmuştur. Ona göre sömürgelerin refaha kavuşmasının tek yolu buydu.[7] Dolayısıyla Martineau, Britanya'nın mevcut sömürgeci pratiklerini eleştirmesine rağmen antiemperyalist değildi. Sömürgelerin siyasi yönetiminin metropolün hâkimiyeti altında olmasını desteklediği gibi sömürgelerin sömürgeciler sayesinde zenginleşip uygarlaşacakları fikrini doğru bulmaktaydı. Başka serbest ticaret erbapları gibi Martineau da liberal felsefeye rağmen değil bu felsefeden dolayı emperyalistti ve liberal felsefenin evrensel ilerleme vurgusu ve fütuhat politikasını onaylıyordu.[8]

Martineau'nun emperyalist uygarlık fantezisinde serbest ticaret önemli bir rol oynar: "Hindistan halkının ticaret yapma özgürlüğünü talep etme ve kanunlaştırma hakkımız var... Bu büyük nüfus, ticaretin egemen olduğu bir dönemin koşulları ve karakteri hakkında çok az bilgi sahibiyken biz çok fazla şey biliyoruz. Hindistan'da böyle bir çağ açma görevini pekâlâ talep edebiliriz."⁹ Martineau, "Cinnamon and Pearls"te Doğu Hindistan Kumpanyası'nın Sri Lanka'daki acımasızlığından söz ederken bile serbest ticaret aracılığıyla gerçekleşeceğini düşündüğü sömürge ülke ve uyrukları uygarlaştırma misyonunu savunur. "Barbarlığın" panzehri, dizginsiz ticarettir:

> Sri Lankalıların kendi incisini istedikleri yerden istedikleri gibi toplamalarına, kendi kerestesini ve kendi boyasını istedikleri yerde istedikleri gibi satmalarına izin verelim... Bunun sonucunda görev algıları gelişecektir—bütün uygarlık projelerinin hedeflediği yeni bir yükümlülük bilinci.¹⁰

Bu anlatıma göre serbest ticaret ilerleme getirir; teknoloji, üretim ve iletişim alanındaki gelişmelerden güç bulan Batı uygarlığının simgesi haline gelir. Martineau, Britanya'nın Hindistan'daki ticaret tekelini gevşetmesiyle birlikte demiryollarının, kanalların, buharlı makine endüstrisinin ve telgrafın kullanıma girdiğini belirtir. Martineau'nun serbest ticaret ilkelerini sömürgeci sistemle bütünleştirme çağrısı o sıralar gerçekleşen tarihsel değişimler ile uyumluydu. Sömürgeler Britanya'nın resmi imparatorluk sınırları dışında kalan uzak ülkeler ile ticaret yapmasına olanak sağlayan limanlar olarak hizmet vermekteydi. Viktorya Çağı ortalarında sömürgecilik, serbest ticarete bir engel olmaktan çok aracıydı. Sömürge toprakları, serbest ticaretin bir başka ateşli destekçisi Thomas Babington Macaulay'ın "ülkemizi dünyanın yeni ve henüz işgal edilmemiş bölgelerinden ayıran büyük mesafe"¹¹ olarak adlandırdığı şeyi fethetmenin bir aracı haline gelmişti.

Martineau'nun modernleştirici bir güç olarak serbest ticaret analizi, emperyalist olduğu kadar geleceği doğru tahmin eden bir analizdir—liberal iktisadi ilkelerin benimsenmesi pek çok Britanyalı nezdinde kendi ülkelerini başka ülkeler karşısında üstün kılan bir ilerleme göstergesiydi.

Gelgelelim Martineau, "Dawn Island"da geleceği pek doğru tahmin etmeyen bir konum benimser. Tahıl Yasaları'nın feshinden kısa süre önce yayımlanan bu öykü, serbest ticareti modernlik, bilim veya teknolojiden çok mitoloji, doğa ve dine bağlar. Martineau, öykünün giriş bölümünde şunu belirtir: "Belirli bir amaç doğrultusunda yazılan bu öykü Tahıl Yasası Karşıtı Ulusal Birliğin Kermesi'ne *armağanımdır*."[12] Ayinlere özgü bu feda dili, öykünün kendi bütünlüğü içinde üstleneceği zorlu görevi burada bir mikro kozmos ölçeğinde yineler: Ulus-devlet gibi modern yapılarca yok edilmesi imkânsız bir doğal durum olarak serbest ticaretin sunumu. Martineau, korumacılığı başka bir yerde "gayri tabii bir düzen"[13] olarak adlandırmıştır. "Dawn Island"da ise bir adım ileri giderek serbest ticaretin doğallığını ortaya koymaya çalışır. Martineau'nun ilkel ticaret betimlemelerinde ileri sürülen tek önemli fikir bu özgül iktisadi düzenin normalliği değildir. Bence daha önemlisi, ilkel serbest ticaretin çözümlemeye çalıştığı krizi Martineau'nun sergilemesidir; ulusal bütünlüğe sunulan alternatifler bırakınız-yapsınlar düzeninde bireyci bir ethosa dönüşür. Modernliğin temel özellikleri olan yabancılaşma ve bireyleşmeye karşı tasavvur edilen düşsel ve modern öncesi zamanlar on dokuzuncu yüzyılda doğa ile insanlar arasındaki organik birliğin zaferine işaret eder. İlkel bir ada, küresel ticaret düşlerinde özerkliğin o sorunlu sürekliliğine karşı çıkan ideal bir mekân haline gelir.

"Dawn Island," modern kapitalizmi modern öncesine atfedilen bütünlük duyusu ile bağdaştırdığı gibi biçim bakımından da Martineau'nun diğer kurmaca yapıtlarından farklıdır: Gerçekçi unsurlardan büyük ölçüde yoksundur. Martineau, 1830'larda *Illustrations*'ta gündelik ev hayatı veya işle ilgili ayrıntıları temsil ederek, yoksulların zor yaşamlarını sergileyerek gerçekçiliğin gelişmesine katkıda bulunmuştur. Didaktik öykülerinde gerçeğe benzerlik ilkesini önemsemiştir.[14] Ne var ki "Dawn Island"da betimlenen düşsel dünyada ne işle ilgili gündelik temsillere ne de çağdaş Britanya toplumunun bir resmine rastlarız. Bereketli arazilerin ön plana çıktığı hayali bir adada geçen; mit ve kehanetin egemen olduğu bir topluma yer veren öykü, romans unsurlarıyla doludur. Öykünün kendine has iki özelliği –modern öncesi koşullara kucak açması, gerçekçiliğin eksikliği– romans, Viktorya Çağı sakinleri nezdinde geçmişe ilişkin vizyonlar sunan bir tür olduğu için birbirini var ederler. Ayrıca, Martineau'nun öyküsünde romans, en yeni liberal iktisadi ilkelerin anlatımına olanak sağlar. Dolayısıyla romansın bu bağlamda tıkır tıkır işlemesini sağlayan şey geçmiş ve şimdi ile arasındaki karmaşık ilişkidir: türe atfedilen mitik bütünlük, modern bireyin yükselişine atfedilen yabancılaşmaya karşı çıkarken diğer romans teamülleri—açık mekân duyusu, sınırsız hareketlilik, kısıtlamalar karşısında zafer—tam da kapitalizmin son evresinin kendi havarilerine vaat ettiği şeyi sunar.

Öykünün olay örgüsü, serbest ticaretin faydalarına dikkat çekmek için önceden böyleydi; şimdi böyle mantığına dayanan bir senaryoya yer verir. Doğanın halleri ile adalıların yaşamları arasında öykünün başında sarsıcı bir uyuşmazlık vardır ve serbest ticaret bu uyuşmazlığı son kertede ortadan kaldıracaktır. Öykünün başlıca karakterleri ihtiyar papaz Miava, onun himayesindeki Idya ve Idya'nın sevgilisi Motuaro, mensubu oldukları topluluğun yıkıcı göreneklerinden ötürü perişan haldedirler. Adalılar çoluk çocuk ayırt etmeksizin insan kurban ederler ve komşuları ile durmadan savaşırlar. İlk çocuğuna hamile olan Idya doğrudan doğruya bu göreneklerin tehdidi altındadır. Adalılar, tanrıları Oro'nun bitki ve deniz yaşamını yenilediği halde insanların yok olmasını istediğini düşündükleri için kendi kendilerine zarar verirler. Bitki örtüsünün serpilmesi ile insanların yok olması arasındaki bu uyuşmazlığı tersyüz edecek şey nedir? Cevap, serbest ticarettir. Britanyalı tüccar denizcilerin apansız çıkagelmesi, adalıları ticaret aracılığıyla dünyanın geri kalanına, birbirlerine ve doğaya bağlar. Adalılar başkalarına yardım eli uzatmayı ve başkalarından yardım istemeyi öğrendikçe önceleri kendi kendine zarar veren halk en sonunda doğa ile uyumlu bir bütün oluşturur.

Küresel ticaretin komünal birlik ve doğal uyumu geliştirdiğini savunan konum, bu iktisadi düzenin bireyci yönelimine ve doğayı tahrip etmesine dikkat çeken çağdaş kapitalizm eleştirilerine karşıttır. Endüstriyel kentli üretim, özellikle de Romantik tahayyülde pastoral kıra tamamen karşıt bir şey olarak ortaya çıkmıştır. Bu karşıtlığa itiraz eden "Dawn Island," serbest ticaretin izolasyon karşısında dış bağlantıya, bölünme karşısında serbest akışa değer vermesi sonucunda doğa ile uyumlu hale geldiğini ileri sürer. Martineau, sebep gösteren bir argümanı (fabrika dumanı, bitkilere zarar verir) metaforik bir argüman (serbest ticaret, bitkilere benzer) ile değiştirir. Kapitalizm ile doğayı bereketlilik metaforları—gerek bitkilerin serpilmesine gerek türün üremesine işaret eden metaforlar—aracılığıyla uyumlu hale getirir. Serbest ticaret Martineau'nun "Dawn Island"da tahayyül ettiği bereketli ilkel dünyada tıpkı bitkilerin serpilmesi ve insanların üremesi gibi süreklilik ve temas olanağıdır. Bir metafor olarak bereketlilik, kadınları serbest ticaret düzeni ile bütünleştirir ve kadınlık ile kapitalist faaliyeti bağdaştırır.[15]

Martineau'nun belli bir uyumu ön plana çıkaran serbest ticaret tahayyülünü kapitalizmin ürkütücü sonuçlarına çekilmiş sahte bir cila olarak göz ardı etmek kolaycılık olur. Martineau serbest piyasa ekonomisine geçilmesinin mekânın yeniden düzenlenmesi ve toplumsal etkileşimin yeniden şekillendirilmesiyle ilgili bir şey olduğunu anladığı için küresel kapitalizmin işleyişi hakkında değerli saptamalarda bulunmuştur. İlerleyen sayfalarda, Martineau'nun romansı kullanma tarzına dair analizimde ilişkin analizimde değindiğim gibi "Dawn Island" modern öncesi organizasyon ve duygulanım biçimlerini kapitalist modernlikten bir kaçış olarak görmek yerine bu düzenin dünya çapında bağlantılar kurmak için verdiği gelip geçici sözleri ve ulus-devletin dayattığı kısıtlamalardan özgürleşme halini betimlemek için kullanır. Tıpkı Scott, Marryat ve ondan önce yaşayan başka yazarlar gibi Martineau da küresel serbest piyasanın bir varoluş koşulu olarak yeni coğrafyalar ve öznelliklere gerek duyacağını ileri sürer. Diğer yandan Martineau'nun muallâktaki bu dönüşümlerle ilgili inatçı iyimserliği onu kapitalizmin vaatlerine daha kuşkucu veya kararsız bakan bu yazarlardan farklı kılar. Şimdi Martineau'nun çağdaşlarının ilkel serbest ticaret vizyonlarını Martineau romansını belirli bir bağlama oturtmak için kısaca inceleyeceğim.

Ebenezer Elliott'ın *Rhymes*'ında
İlkel Serbest Ticaret ve Tahıl Yasası Karşıtı Birlik Propagandası

Martineau'nun ilkel bir serbest ticarete ilişkin tahayyülü, serbest ticaretin 1820'lerle 30'ların edebiyat ve iktisat metinlerinde doğa ve kültürle olan yakınlığından doğmuş ve gelişmiştir. Kendi kendini düzenleyen bir piyasa ilkesine dayanan serbest ticaret, kapitalizmin gelişiminde özgül bir evreyi teşkil etse de kapitalist sistemin ideolojisi ebedi bir şey olarak yanlış anlaşılmasından yararlanır. Bu ideolojik görevi gerek ekonomi politikte gerek Tahıl Yasası karşıtı harekette doğal bir imge örgüsünün yanı sıra dinin söz dağarcığı üstlenmiştir. Her iki unsur da serbest ticarete kadim bir karakter atfedilmesine yardımcı olmuştur, oysa sistemin iktisadi ilkeleri (dolaşımın kaçınılmazlığı, ticaretten müşterek getiri sağlama olanağı) sadece yirmi otuz yıl önce icat edilmiştir.

Ekonomi politiğin ahlak felsefesindeki temelleri, dini söz dağarcıklarının serbest ticaret savunuculuğuna kolayca ve uyumlu bir şekilde soyunmasını kısmen açıklar. Meşhur bir örnek olarak Adam Smith'in görünmez el nosyonu ve uyumlu evreni, bir tanrıya işaret etmiştir. Smith'in insanın ilerlemesine duyduğu inanç, "son kertede bir inanç sıçramasına dayanmıştır: evreni tasarlayan iyiliksever bir tanrının varlığına duyulan inanç."[16] Tanrı'nın görünmez eli doğası gereği iyicil bir dünya tasavvur etmiş, ütopik bir geleceğe doğru süregiden bir evrimi olanaklı kılmıştır. Smith'in yapıtı ve başka yapıtlar bağlamında ekonomi politik alanında küresel serbest ticareti doğal ve tanrısal kabul görmüş bir şey olarak ele almak yaygın bir tutumdu. Muhtemelen en yaygın motif, mamul malların gerçek ihracatı ile meyve ve sebzelerin tahayyül edilen küresel dolaşımını birleştirmek amacıyla serbest ticaret tartışmalarında tarımsal mübadeleyi gündeme getirmektedir. James Mill, J.R. McCulloch ve Nassau Senior, dünya çevresindeki ticari akışı tanrının istediğini ve şekillendirdiğini ileri sürmüştür.[17] Mesela McCulloch, *Edinburgh Review*'a şu demeci vermiştir: "Bizi yönetenler bencil bir tutumla tekelleştirme eğilimi taşıyan şu sistemden vazgeçsinler; farklı uluslara değişik değişik topraklar, iklimler ve ürünler bahşederek onlara karşılıklı ilişki ve ticaret olanağı sağlayan Tanrı'nın iyiliksever bilgeliğine karşı çıkmaktan vazgeçsinler." Dolayısıyla klasik liberal iktisatçılar devletin üretim ve bölüşüm sistemlerine müdahalesini doğal bir özgürlük hâli üzerindeki yapay ve felaket kabilinden bir etki olarak tanımlamıştır.[18]

1830'ların sonlarıyla 1840'ların başında Tahıl Yasası'na karşı çıkan popüler hareket, bu iktisadi eğilimi dini düşünce adına devralmıştır.

Tahıl Yasası Karşıtları Birliği'nin lideri Richard Cobden'ın ahlakçı retoriği Hıristiyan desteğinden medet ummuş, ona bel bağlamıştır:

> O uzun serbest ticaret ajitasyonu döneminde bizimle işbirliği yapan en ciddi insanlar serbest ticareti salt topluluğa getireceği maddi avantajlardan dolayı değil aynı zamanda milletler arasında sürekli barışı güvenceye almak gibi daha yüce bir saikten hareketle tutarlı bir şekilde savunanlardı. (Alkışlar) İlerlememize büyük güç katan din görevlilerini bizim safımıza çeken unsurun bu kaygı olduğunu düşünüyorum.[19]

Cobden'ın konuşmasının ekümenik tonu, uluslararası barışa verdiği destekle at başı gider. Birliğin kozmopolit ideallerini din görevlilerinin serbest ticarete destek vermesinin tek gerekçesi olarak gösteren Cobden, kendi örgütüne verilen destekte yaygın yoksulluğun payını göz ardı eder.

Serbest ticaret savunuculuğunda dini retoriğin muhtemelen en etkileyici kullanımının mimarı korumacılığı eleştiren şiirleriyle tanınan ve Tahıl Yasası manzumecisi olarak bilinen Ebenezer Elliott'tır. Elliott, Britanya'daki açlık ve kıtlık meseleleriyle yakından ilgilendiği gibi serbest ticaretten bütün dünyanın faydalanacağını ileri sürmüştür. Ona göre Tahıl Yasaları "bizzat Hıristiyanlığı temsil eden kutsal ilkeyi, kutsal eşdeğerlerin serbest mübadelesini" ihlal etmiştir. Mübadele yasağı, Hıristiyanlığın paylaşım ilkelerini çiğner:

> Acele edin, miskin serseriler! Ticareti yasaklayın,
> Dürüst kazancı yasaklayın;
> Tanrı'nın yarattığı bütün iyiliği
> Korku, nefret ve acıya dönüştürün.
> Hepimiz dilenci, hepimiz katil,
> Hepimiz yamyam olana dek
> Ve bir gemisiz denizden diğerine
> Bütün ölüler cenazesiz kalkana dek.[20]

Elliott, malların mübadelesinden söz açmak için Tanrı'nın yarattığı iyiliği gündeme getirir. Sayılabilen metaların (mallar) sayılamayan bir adla (iyilik) ikamesi, tanrısal iyilikseverlik aracılığıyla pürüzsüzce birleştirilmiş bir dünyaya işaret eder. Gemilerle potansiyel olarak birbirine bağlanan ayrı ayrı coğrafi bölgeler, Tanrı çağrışımıyla organik bir bütün oluşturmaya başlar. Kapitalizmin bilfiil eşitsiz gelişime yol açtığı bir bağlamda ironik olan bu pürüzsüz süreklilik vizyonu, Elliott'ın *serbest ticaret*i iki kelime arasında hiç soluklanmadan telaffuz etmesinin temel nedenidir:

> Gelmiş geçmiş en büyük, en faydalı, en günahsız Devrimin öncüsü ve şairi olduğumu iddia ediyorum—Ben Serbest Ticaretin ozanıyım ve serbest ticaretin neticede getireceği refah, bilgelik ve şefkat düşünüldüğünde Evrensel Barışın Ozanıyım.[21]

Bu tipografinin temsil ettiği süreklilik, coğrafi mekânda uyum vizyonuna paraleldir. Elliott'ın kozmopolit vizyonundaki süreklilik fantezisi, serbest ticaretin tarihsel olarak işaret ettiği sistemik iktisadi değişim ile karşıtlık halindedir. Elliott, kendi endüstriyel çevresi ile peygamberlere yaraşır hitabetin mazide kalan günleri arasında bağ kurmak için ozan unvanını nostaljik bir şekilde sahiplenirken mekânsal bütünleşme (coğrafi, tipografik) tahayyül edilmiş zamansal sürekliliğe dönüşür.[22]

Serbest ticaretin dini bir söylem aracılığıyla uzak bir geçmişe konumlandırılması, Kutsal Kitap kaynaklı anlatılara zemin hazırlamıştır.[23] Sözgelimi Tahıl Yasası Karşıtları Birliği'nin faaliyetlerine samimi bir inançla katılan bir serbest ticaret yanlısının, Edmund Kell'in retoriğini düşünün. Gerçek Hıristiyanlığın Britanyalıları daha da Hıristiyanlaştıracak serbest ticareti gerektirdiğini ileri süren Kell, küresel serbest piyasanın temsilinde çarpıcı söylemsel stratejilerin icat edilmesine katkıda bulunmuştur. Kell'e sorulursa kapitalizmin gelişimindeki bu yeni evre, tanrısal iradeyi hayata geçirmiştir: "Onun büyük tasarımlarının başarısını engellemek için araya insan elinden çıkma engeller koyarak Tanrı'nın amaçlarını sekteye mi uğratacağız?" Böyle düşünceler 19. yüzyılda küresel serbest piyasanın tarihsel olumsallığını inkâr etmiştir. Kell, "Sur kenti bir zamanlar mor ve koyu kırmızı boyalarıyla meşhurdu" der, "o kent ki, tüccarları prenslerdi, iş adamları dünyanın saygın kişileriydi (Yeşaya 23: 8)." Tahıl Yasaları'ndan dolayı İngiltere yaşanmaya değer bir yer olmaktan çıkacaktır, tıpkı ticaretin durmasıyla birlikte Sur kentinin akıbeti gibi.[24] Kell'in dini retoriğinde, açlıktan kırılan işçi sınıfına yönelik yardımsever bir duyarlıktan farklı bir şey vardır. Bu serbest ticaret savunusu yoksulluğun önünü alma ihtiyacından çok ulusu teşkil eden iki büyük muhayyel cemaat olan Hıristiyanlık ile kapitalizmin doğaları gereği bağdaşır olduğu fikrine dayanır.[25] Ticari kalkınma yanlısı bir başka din adamının abartılı bir vurguyla "Hıristiyanlığın kozmopolit ruhu" adını verdiği şey devletin piyasalarla işlemleri şekillendirme rolünü sınırlamaya çalışan kişilere seslenmiştir.[26]

Tahıl Yasası Karşıtları Birliği'nin başka destekçileri gibi Martineau da dünyayı bir bütünlük olarak tahayyül etmek, ulusal sınırların ötesinde olan biteni kavramak ve onunla duygudaşlık kurmak için dine bel bağlamıştır. Anlatıdaki serbest ticaret erbabı karakterin epey dini bir adam olduğu "Sowers, Not Reapers[Biçiciler Değil Ekiciler]"de Martineau'nun dünyanın enginliği ve bütünlüğünü temsil etmeye dönük aralıksız çabasına tanıklık ederiz. Yeryüzündeki Tanrı vergisi bereketi anlamak için uçsuz bucaksız bir toprak parçasına bakmamız gerektiğini, daha dar bir perspektiften bakarak Tanrı'nın iyiliğini kavramanın mümkün olmadığını ileri süren Chatham, "Tanrı'nın yarattığı şu dünyada tohumların serpilmediği, hasatların olgunlaşmadığı bir gün yoktur" der. Öyküdeki serbest ticaret erbabı karakter, tanrının "dünyanın dört bir yanına erişen" cömertliğine şükreder:

> Vaktiyle söylendiği gibi tarlalarımızın üstünde melekler dolaşıyorsa ve dünya onların altında bir harita gibi boylu boyunca uzanıyorsa bu melekler şurada veya burada bereketli bir yere işaret eder ve söyledikleri şarkıya asla ara vermezler... otlaklar sürülerle, vadiler tahılla dolu.[27]

Tahıl bolluğuyla ilgili doğrudan doğruya Mezmurlardan yapılan bu alıntı, korumacılığın ahlaksız ve gayri tabii olduğunu ima eder. Aralarında mesafeler olan bereketli yerleri kadri mutlaklığıyla birbirine bağlayan tanrısallığın ulu perspektifi, dünya tahayyülünü bir bütün haline getirir. "Sowers, Not Reapers" gibi "The Loom and the Lugger" de ulusal vatandan daha geniş mekânları tarif etmek için Hıristiyan bir söz dağarcığından yararlanır. Bir serbest ticaret yanlısı bu metinde şöyle der: "Tanrı... ortak bir mülk olarak çiçeklerin yeryüzünün her köşesinde yetişmesini sağladı."²⁸ Serbest ticaretin temellerinin özel mülkiyet ve biriktirilmiş sermaye olduğunu gizleyen *Illustrations*'daki dini ve komünal söz dağarcığı, Tahıl Yasaları karşıtı kamusal ajitasyonun tavan yaptığı dönemde kaleme alınan "Dawn Island"da daha da zenginleşmiş bir şekilde yeniden ortaya çıkar.

Martineau'nun Temas Etiği

Tanrısallık ile ticaretin örtüşmesi, serbest ticaret hareketinin kendini ekonomi politiğin yeni ortaya çıkan söyleminden çok daha eski söylemlerle bağlantılandırmasını sağlamıştır. Serbest ticaretin "Dawn Island"da din ve doğa ile bağdaşmasını anlamlandırmak için odaklanabileceğimiz en elverişli bağlam budur. Serbest ticareti ilkel bir adaya konumlandıran, ticaretin doğa ile uyumunu vurgulayan, modern iktisadi ilkelerin ebediliğini romans unsurları aracılığıyla dile getiren Martineau, Ebenezer Elliott'ın 1830'larda oldukça ilgi gören *Rhymes*'ına şekil veren bir zamansal salınım yaratır. Bu metinler bir yandan da ilerlemeden söz ettikleri halde serbest ticaret erbabının mesafeleri aşmaya yönelik vurgusunun zamansal mesafeyi yok etme arzusu ile ne ölçüde iç içe geçtiğini gösterirler. Britanya'nın küresel ticaretteki kozunun, ticaret ortakları bunu başaramazken kendisinin teknolojik bakımdan kalkınması ve devasa bir sermaye biriktirmesi olduğu düşünüldüğünde şimdiki zamanın anakronik bir deneyimine duyulan özlem ironiktir.

"Dawn Island," birlik vurgusu yapan dini retoriğini olumlayan ve geliştiren tutarlı bir çerçeve sunar. Martineau serbest ticaret, doğa ve dinin hepsini bir temas etiğinin kutsanması olarak görerek aynı felsefi yelpazede toplar. "Dawn Island"daki temas etiği, bereketliliğin adalılarca kuşaktan kuşağa aktarılan bir kehanette karşılık bulan bir metafor olarak kullanılmasına dayanır: "Ormandaki ağaçlar büyüyecek; mercanlar dal budak salacak; ama insan türü tükenecek." Bitki yaşamının simgelediği yaygın bereketlilik, insan neslinin bu kehanette öngörülen sonuna tezat oluşturur ama Britanyalılar gelene dek kehanetin doğruluğunu sorgulamayan adalılar için bu uyumsuzluk doğaldır. Sonu gelmez savaşlarda birbirini öldüren, insan kurban eden, bebek katleden adalılar göz önüne alındığında insan türünün tükenmesi gerçek bir ihtimaldir. Britanyalı tüccarlar ve verdikleri serbest mübadele dersleri bu trendi terse çevirip insanların yazgısını adadaki bitkilerin yaşamı ile aynı doğrultuya sokar. Ormandaki ağacın büyümesi ve mercanın dal budak salmasına benzer şekilde adalılar da Britanyalı ziyaretçiler ile ticarete başladıktan sonra nüfuslarının artmasına sevinmeyi öğrenir. Ağaç ve mercan bereketliliği, serbest ticaret erbabı bir dünyanın koşullarına tekabül eder. Peki bu yeniden üretim mecazları niçin serbest ticaret ilkesini temsil eder? Bereketliliği bir ticaret metaforu haline getiren temel paradigma nedir?

Yeniden üretim mecazlarını yaşamı sürdürmeye yönelik iktisadi kaygılara atıfla açıklamak akla yatkın görünüyor. Adalıların insan türünün tükeneceğine ilişkin kehanetini Martineau'nun hükümsüz kılması Malthus'un adı kötüye çıkmış, kötümser teorisine temas eder: denetlenmeyen nüfus, geçim imkânlarından daha hızlı artacaktır. Kendilerini bekleyen kötü sonun farkındaki adalıların karamsarlığı Malthusyendir. Martineau, adalıların kendilerine zarar veren pratiklerini eleştirerek herkes için yeterli geçim imkânlarının sadece serbest ticaretin egemen olduğu bir dünyada mümkün olabileceğini savunan Tahıl Yasası Karşıtları Birliği'ni destekler. İrlanda'da 1845'teki patates kıtlığının ardından serbest ticaretin bu trajediyi engelleyebileceğini öne süren liberallere göre İngiltere'de gıda kıtlığı yaşandığı bir dönemde gıda ithal etmek makul bir seçenekti. Serbest ticaret ile bolluğun liberal yoldan eşitlenmesi, birliğin yayınlarındaki kapak tasarımında beliren bir bereket estetiğine dönüşmüştür. Bu tasarımın merkezinde dünyayı birleşmiş bir nesne olarak resmeden bulanık bir harita mevcuttur. Eşzamanlı olarak endüstriyel döşeme borularını ve doğal bir bitki örtüsünü andıran eğri silindirik çizgiler yeryüzünü son derece düzenli bir şekilde doldurur. Tasarımın merkezinden sökün eden dekoratif mecazlar, sayfanın bütün köşelerine dizginsiz bir büyüme eşliğinde dağılır. En altta, boynuzlarından mahsuller saçan kadim Yunan imgeleri aracılığıyla muhayyel küresel coğrafyayı yerel coğrafyaya bağlayan bir bereket ikonografisi belirir.

"Dawn Island"daki bereketlilik, tarımsal ticaretle ilgili iktisadi tartışmaları çağrıştırırken bile serbest ticaret ile bolluk arasında kurulan nedenselliği epeyce aşar. Martineau doğal büyüme ve yeniden üretim temsilleri aracılığıyla her türlü sürekliliğin—mekânsal, zamansal, öznelerarası—sistemik bir şekilde kapsandığı bir durum kurgular. İhtiyar papaz

Miava, insan türünün tükeneceğini bildiren kehanet üzerine düşünürken bitkilerin büyümesini gözlemler:

> "Bundan daha doğru bir kehanet olamaz. Babam otuz kişilik vadilerden, onun babası elli kişilik vadilerden geçti. Bense elli kişiden otuzunun perişan olduğunu gördüm. Gençlerimiz, çoluk çocuğa karışamamış serseriler olarak dağlardaki mağaralarda ölüyor; giden savaşçımız geri dönmüyor. Ağaç ise her zamanki gibi çalımlı çalımlı büyüyor ve mercan karada yayılan sarmaşık gibi denizde yayılıyor;" bir o yana bir bu yana baktı, ağaçların arasında can çiçeklerinin kaplamadığı ufak bir boşluk bile göremedi—"ama insan türü günbegün azalıyor ve çok geçmeden tamamen kaybolacak." (220)

Babadan oğula geçen soyağacının zamansal sürekliliği, karaya sarmaşık gibi yayılan bitkiler ile denize yayılan mercanın temsil ettiği mekânsal yakınlığı yansıtır. Sonraları serbest ticaretin yükselişiyle önü alına mağaralardaki münzevi ölümler, sarmaşıkların pürüzsüz sürekliliği ile karşıtlık halindeki zamansal ve mekânsal bölünmeleri belirler. Sarmaşık gibi yayılan bitkiler arasında biten can çiçekleri muazzam mekânsal sürekliliği pekiştirir ve yeniden üretim temelli bir büyüme aracılığıyla mekândaki her noktayı yakınındaki bir başka noktaya bağlar. Serbest ticaret erbabının küresel mübadeleye verdiği siyasi destek ağaç, çiçek ve mercan aracılığıyla doğaya yönelik bir bağlılığa dönüştürülür.

Serbest ticareti mecazi yoldan temsil eden doğal bağlara bir kadın kimliği atfedilir. Adanın zararlı kültüründen mustarip genç kadın Idya, bitki yaşamında cisimleşen karşılıklı bağlılığı simgeler. Idya, Motuaro'nun eşi olduğu kadar doğanın da eşi gibidir:

> Kocası bir akşam onu yere uzanırken buldu—çimin ve mercan kumunun üzerine, deniz kıyısına kadar yayılan beyaz sarmaşığın çiçekleriyle oynuyordu. Motuaro onu fırının başında, akşam yemeğini pişirirken görmeyi ummuştu, bu manzaradan pek hoşnut değildi. Orada boylu boyunca uzanarak ne düşündüğünü sordu Idya'ya. Idya yavaşça ayağa kalkarak Miava'nın yakında bir çocuğu olacağından acaba haberdar olup olmadığını düşündüğünü söyledi. (228)

Hamile Idya'yı kara ile denizi bağlayan beyaz çiçekler çevreler ve genç kadın böylece doğanın ayrılmaz bir parçası haline gelir. Sınırsız bir coğrafya tahayyülünde kadınsı olana temel bir rol veren bu huzurlu sahnede Martineau'nün temas ettiği kadın figürü aracılığıyla dolayımlanır. Oğlu ve kocasının gelecekteki ölümleri Idya'nın bereketli doğaya derin bağlılığını ironik hale getirir, ama kısa bir süreliğine. Çok geçmeden serbest ticaretin yükselişiyle birlikte anlatıdaki çatışma çözümlenecek ve ölümlerin önüne geçilecektir. Adalılar, yabancılarla yaptıkları ticaret sonucunda paylaşmanın değerini öğrenirken kadınlar anneliğin keyfini sürecektir.

Martineau, serbest ticaretin zararları ve faydalarını kadın figürü üzerinden tartarak çok sık sapılmış bir yola girer. On dokuzuncu yüzyılda gerek ulusun gerek imparatorluğun inşası ve bekası, genellikle kadınlığa yönelik söylemsel göndermelere dayandırılmış, kadının siyasi düzeni motive ettiği ve meşrulaştırdığı anlatılar üretilmiştir. Ulus, kadının namus bekçisi olmuş; sömürgeci fütuhat, kadının ahlaki etkilerini ev sınırlarının ötesine taşımıştır.[29] Martineau da "Dawn Island"da yönetim mevzularını değerlendirirken cinsiyet ideolojisine başvurur; gelgelelim o, kadın ile ulus arasındaki geleneksel metonimik ilişkiyi tersyüz eder. Martineau'nun anlatımında kadın figürü, kozmopolit bir dünyanın—bağlı bölgelerin izolasyona karşı koyduğu bir dünya—neye benzeyeceğini gösterir. Serbest ticaret erbabının sınırsız coğrafyasını simgeleyen kadınlıkla birlikte kozmopolit olan kadınsı bir hal alır.

Ulus olma hali ve imparatorluk gibi kapitalizm de tarihte kadın figürü aracılığıyla dolayımlanmıştır. Kadınsılık, kapitalist düzenin tarihi seyrinde tüketim arzusunun doyumsuzluğunu dile getirmiş, sermayenin birikimci doğasını simgelemiştir.[30] Martineau'nun kapitalizmi kadınsılaştırması kayda değerdir, çünkü tüketim deliliğini kadın arzusunun doyumsuzluğuna referansla açıklayan o bilindik on sekizinci ve on dokuzuncu yüzyıl anlatılarından farklıdır. Bu tür anlatılar kapitalist piyasa ilişkilerini eleştirirken Martineau kapitalist mübadeleyi meşrulaştırmak ve tüketimi aklamak için kadınsılıktan yararlanır. Onun uzun vadeli projesi ihraç malları desteklemektir. "The Loom and the Lugger"da kadınların lüks meta tüketiminden açık açık söz eder. Öyküdeki kadın, Fransız mallarına özenir; bilge bir serbest ticaret erbabı, uzun ve didaktik bir konuşmayla bir kadının "Honiton danteline yeğliyorsa Brüksel dantelini arzulamakta özgür bırakılması" gerektiğini anlatır.³¹ Tüketim arzusunun yoğunluğunu bir ahlaksızlık olarak görmeden ele alan Martineau, liberal iktisadi retorik ile kadınların tercihleri arasında ilişki kurar.

Romans Coğrafyaları

Uluslara bölünmüş modern bir dünyada sınırsız mekânı kavramsallaştırmak nasıl mümkün olabilir? Martineau'nun bu muhayyel coğrafyayı tanıdık kılma stratejilerinden biri metafor kullanmaktır. "Dawn Island"ta serbest ticaret, sürekliliği ürettiği ölçüde bitkilerin büyümesini veya türün çoğalmasını andırır. Martineau'nun yeni ortaya çıkan iktisadi düzenin ayırt edici özelliği olarak gördüğü şeyin temsili için başvurduğu bir diğer strateji romans türüne içkindir: Öyküdeki romans unsurları bütün canlılar için geniş mekânlar ve organik bir bütünlük tahayyül edilmesine yardımcı olmuştur. Sözgelimi adaya serbest ticareti getiren Britanya bandrollü gemiyle ilgili betimlemeleri düşünün. Anlatıcı, Batı'nın endüstriyel ve bilimsel başarısının simgesi adeta bir büyü yoluyla ilerliyormuş gibi gemiyi "uskundrasız bir kano" olarak tanımlar. Idya gemiyi gördüğünde "kanatlarını çırparak yüzen bir ada" ya da "aydan gönderilmiş kocaman bir kuş" gördüğünü sanır (s. 229). Britanya edebiyatında temas alanlarıyla ilgili bu tür kurgusal temsiller genellikle teknolojiyi büyüyle karıştıran bir "yerli"ye yer verirler; ama bu mecaz, Martineau'nun öyküsünde sıra dışı bir biçimde etkinlik gösterir. Britanya'dan gelen serbest ticaret erbabı adalılarla doğayı bir bütün haline getirirken anlatı kendi bütünlüğü içinde Idya'nın bakış açısını pekiştirmektedir.

1840'larda Scott ve Marryat'ın romanları, romans biçimini ulusal bir nitelik taşımayan mekânın tahayyülünde anahtar bir unsur olarak kullanmıştır. "Dawn Island"taki kapitalist gelişmelerin modern öncesi ile ilginç etkileşimini bu bağlamda anlamlandırabiliriz: Büyü ve mit, sınırsız bir coğrafyanın tahayyülüne imkân verir. Öykünün dekoru bizi bilinmedik bir fantezi dünyasına götürür. Öykünün geçtiği, ona adını veren ada özel bir isme sahip olmasına rağmen soyuttur. Adanın "Pasifik'in ufak tropik adalarından biri" olarak tanımlanması kurgusal mekân ile okurun içinde bulunduğu dünyaya ilişkin bilişsel haritanın çakıştığı gerçekçi bir coğrafyayı ima etse de mekân belirsiz bir hal aldığı için bu izlenim temelsizleşir: "Denizciler adayı henüz keşfetmemiştir." Bu mekân şu veya bu ulus-devlete ait değildir.

Öykünün dekoru Mihail Bahtin'in özgül coğrafi veya siyasi göstergelerin eksikliğinden hareketle "soyut" olarak adlandırdığı mekân türünü somutlaştırır.[32] Soyut mekânı bilişsel düzlemde önceden görmüş veya işitmiş olabileceğimiz özgül mekânlarda keşfetmemiz olanaksızdır. Birinci ve İkinci Bölüm'de değindiğimiz gibi soyut mekân, kahramanların genellikle merkezi otoritenin yetki alanı dışında kalan keşfedilmemiş diyarlara gitmekten çekinmedikleri romans tarzının temel özelliğidir. Dawn Island böyle bir yerdir. Ne dağların özel adları ne de coğrafi konumlara ilişkin kesin tanımlamalar vardır; adalıların görenekleri saçma değilse de tuhaftır; bitki yaşamının bereketliliği doğanın olağan kanunlarının sınırlarını zorlar, adeta ada büyülü bir yermiş gibi. Bu soyutlama, Britanya bandrollü ticaret gemisi daha adaya varmadan serbest ticaretin kozmopolit ilkelerini barındıracak şekilde inşa edilmiş, ulusal bir kimlik taşımayan bir mekân yaratır. Başka deyişle, bu mekân hiçbir zaman ulusal bir kimlik taşımadığı için tam da serbest ticaretin aşılanacağı ideal yerdir. "Dawn Island," William Spence gibi muhafazakârların serbest ticarette saptadıkları örtük tehlikeyi—devlet otoritesine meydan okuma—stratejik bir tutumla ortadan kaldırır. O halde Martineau külliyatında sınırsız mekânı tahayyül eden öykünün Britanya dışında geçmesi şaşırtıcı değildir. Bu romansın muhayyel gerçeküstü manzarasının asıl mimarı ulusal kurumlardır.

"Dawn Island"da mekânın soyutlanması, din ve doğa temalarıyla uyumludur. Romans mecazları gibi din ve doğanın söz dağarcıkları da kanun koyucu otoritenin yükünden arınmış, ilkel bir dünyayı çağrıştırır. Ne adaya gelen Britanyalı tüccarların Hıristiyanlığı ne de adalıların adı konmamış inancı ulus-devlet ile benzerlik taşır. Tüccarların sofu Hıristiyanlığı ırksal, etnik, ulusal kökeni ne olursa olsun, evrensel bir insanlık çağrısıdır. Adalıların dini, farklı sebeplerden ötürü bir sınırsızlık çağrışımı yapar. Arkaik kehanetleri, kadim papazları ve insan kurban etme pratikleriyle birlikte bu inanç sistemi ilkel görünür. Şu haliyle, sınırsız bir dünya tehdidi altındaki bir ulus-devletin yerinde yeller esen modern öncesi bir ortamdır. Fakat öykünün sonunda Britanyalı tüccarların adalıları Hıristiyanlaştırmayı ümit ettiklerini görürüz, bu da sınırsız düşsel manzaranın sınırlarına işaret eder.

Romantik dil Martineau'ya sadece din değişikliği anlatısıyla mümkün olmayacak özgünleştirici bir enerji sağlar. Anlatının bereketli dekoru "gür bitkilerin dalgalanması", "dağdan süzülen derelerin gürüldemesi ve fışkırması", "ansızın yeşeren bereketli bir bahçe" gibi sınır tanımaz yazar tahayyülünün belirtisi olan bir imge örgüsü aracılığıyla yaratıcı bir aşırılık ortaya koyar (s. 214). Romans unsurlarının hâkim olduğu bu öyküye romans öykülerinin kimi özelliklerini benimseyen Romantik dilin hâkim olması bir rastlantı değildir. Martineau'nun öyküsündeki yaratıcı enerji, sınırsız ticaret temasına tekabül eder. Bir dizi temel ilkeyi (piyasa ilkeleri) başka ilkelerle (devletin ilkeleri) ikame eden liberal iktisadi ilkeler aslında serbest akışı perçinlemezler, ama böyle bir iddiada bulundukları için Romantik beğeni onları cezbedici bulur. Martineau nezdinde mit ve büyü dünyası, kapitalizme ne güç veren bir deva ne de onun saygınlığını azaltan bir alternatiftir. Bilakis küresel kapitalizm, adanın bereketli ve büyülü ortamıyla uyumludur. Martineau kapitalizm ile romansı uyumlu bir bütün olarak tasavvur etmekle H. Rider Haggard gibi emperyal romans üstadlarının on dokuzuncu yüzyıl sonunda tasavvur ettikleri dinamiğe kıyasla öngörülmesi çok daha güç bir dinamiğe temas eder. *King Solomon's Mines* gibi katıksız emperyal romanslarda mevcut olan romans mecazları kapitalist kalkınma sınırlarının ötesinde bir dünya betimlerken "Dawn Island"ta romans, kapitalizmin dilidir. Romans unsurları ile kapitalist değerler (sınırlara muhalefet, hareketlilik) arasındaki etkileşim Britanya'da on dokuzuncu yüzyılda ortaya çıkan tarihsel bir formasyon olarak küresel piyasa ekonomisinin temsili, kavranması ve analizinde romansın oynadığı önemli rolü ortaya koyar.

"Dawn Island," Tahıl Yasası Karşıtları Birliği'nin ileri sürdüğü iktisadi ilkelere bağlanan bir üslup ve türsel biçim oluşturur. Birlik propagandası kozmos ve doğanın işleyişine benzettiği serbest ticaretin ebediliğine dikkat çekerken ticareti belirlediği varsayılan kendiliğindenlik, doğaya yapılan referansların sınırlı ve bastırılmış tonundan dolayı somut bir şekilde temsil edilmemiştir. Tahıl Yasası Karşıtları Birliği propagandası doğa ile serbest ticaret arasında mevcut olduğu düşünülen paralelliği ele aldığı durumlarda kendi tezine estetik bir biçim vermekten büyük ölçüde âciz kalmıştır. Birlik yanlıları tıpkı Martineau gibi serbest ticareti kadınsılaştırarak onunla doğal olaylar ve tanrısal uyum arasında bağ kurmuştur. Fakat onların tasavvur ettiği kadınsılığa yumuşak başlılık ve özkısıtlama o derece damga vurmuştur ki Idya'nın modernlik sınırlarını aşan bir ada ile kurduğu mitik bağ ile bu kadınlığın hiç ilgisi yoktur. Birliğin resmi organlarından *The Bazaar Gazette*, iktisadi propagandanın serbest ticareti kadınsılaştırması ve bunun sınırlarına işaret. Hedef kitlesi kadınlar olan *Gazette*, Tahıl Yasası Karşıtları Birliği'nin Viktorya Çağı başında Britanya'daki parasal kazanç arayışının yarattığı saldırgan bencillik ile serbest ticaret arasına mesafe koymak için kullandığı belki de en dolaysız araçtı. *Gazette* kadınlara Tahıl Yasaları'nın halkı yoksullaştırdığı ve dolayısıyla hayır işlerini de ilgilendirdiği gerekçesiyle seslenmiştir. Kadınları yoksullara yardım etmek için para toplamaya ve serbest ticarete destek vererek "acıları hafifletmeye" çağırmıştır.[33] Ne var ki *Gazette*'de doğa imgelerinin ön plana çıkması kadınlardan destek bulmanın aynı zamanda yeni iktisadi paradigmaları doğallaştırma aracı olduğunu ortaya koyar. *Gazette*'nin hedef kitlesini oluşturan orta sınıf mensubu Britanyalı kadınlar kendilerini kısıtlayan, mütevazı bireyler oldukları için serbest ticaret davasının kendini meşrulaştırmak için ihtiyaç duyduğu romansın şehvetli enerjisine sahip olmaları mümkün değildi.

Gazette'nin editörlerinin gönül rahatlığıyla "bir hanım arkadaşın" yapıtı olarak tanıttıkları isimsiz katkılar genellikle yaratıcı yazınsal ürünlerdir—daha çok da doğal bir imge örgüsüne yer veren ölçülü, uyaklı şiirler. Bir yazar, korumacılığın tanrısal iradeye karşı çıktığını sezdirmek için ışık ve gölgeden söz etmiştir:

> Tekelin o karanlık gölgesi mi
> kaplamalı mı yeryüzünü?
> Tanrı'nın ışığı düştüğünde dünyaya,
> Bulutlara mı boğmalıyız onu?[34]

Yayılma imgesinin işaret ettiği gibi Tanrı'nın ışığı yeryüzüne ulusal sınırları aşacak şekilde düşer. Bir başka yazar ise küresel hareketliliği tahayyül etmek için deniz imgesini kullanmıştır:

> Gökte hava ve
> denizde mağrur dalgalar hep özgür
> Her canlı doğanın özgürlüğü ile güzelleşir
> ve insan özgür değilse insan değildir.[35]

Dünyanın bölgelere ayrıştırılmasına karşı çıkan ve gitgide genişleyen coğrafi sürekliliğin tahayyülüne doğal unsurlar yardımcı olur. Ayrıca bu unsurlar iki ayrı özgürlük duyusunu (yükümlülükten özgürlük ve özgürlüğün keyfini sürmek) bir araya getirerek hareket etme özgürlüğü ile eşit erişimin komüniter ilkeleri arasında ilişki kurarlar. Editörlerin "hanım arkadaşlar" olarak söz ettiği yazarlar kapitalist faaliyeti ısrarla güneş, hava ve denizin hareketine benzetirler fakat yazdıkları şiirler ithalata konan yasal engellere atfettikleri yapaylıklla maluldür. *Gazette*'de yayımlanan şiirlerin düzenli uyak, tekdüze ölçü ve şematik içerik gibi bayatlıkları "Dawn Island"ın sahici kendiliğindeliği ile taban tabana zıttır; "Dawn Island"ın gür romantik tonu, betimlediği adanın el değmemişliğini yansıtır.

Martineau'nun romans unsurları aracılığıyla kapitalizmin son evresini serbest ticaret ile özdeşleştirmesinden bahsederken romansın serbest ticaret eleştirilerinden ziyade serbest ticaret savunularında ön plana çıktığını ileri sürüyor değilim. Romans unsurları aracılığıyla dile getirilebilen şeyler—sınırlardan özgürleşme, sınırların iptali—gerek liberal gerekse muhafazakâr yaklaşımları kapsayacak kadar müphemdi ve romans türünün küresel dolaşımı tahayyül etmekte ortaya koyduğu başarının ardında esnekliği vardı. Sözgelimi, ticarete atfedilen kendiliğindenlik Martineau'nun serbest ticaret savunusuna zemin oluşturmuştur, ama bu durum 3. Bölüm'de tartıştığımız gibi Marryat'a serbest ticaretin ahlaksızlığını ima etme imkânı da verir. Romanstan mülhem anlatılarda bireyin özerkliği veya bağımlılığı ticari ilişkilerin ana hatlarını çizer; ulus-devletin yetki alanı "dışında yapılan ticari faaliyet," isyanı teşvik ettiğinde de yabancılaşmaya karşı çıktığında da durum aynıdır.

Modern öncesinin ulusal bütünlüğe karşı alternatifler üretmek için kullanılmasının ardında ulus öncesi ulus sonrasının yakınlaşması vardır: Ulus-devletler geçmişte yoktu ve serbest ticaret egemenlik kurarsa gelecekte de olmayacaklar. Bu bölümde, ulusaşırılık tahayyülünde modern öncesini önemli kılan bir başka nedenden daha söz ettim. Serbest ticaret savunucularının karşılıklı yardım retoriği küresel müşterek bağımlılığın tahayyülü için modern öncesine dönerek birtakım çelişkiler yaratmıştır, çünkü kapitalist modernlik parçalanma, tecrit ve yabancılaşmaya yol açmıştır.[36] Aslında on dokuzuncu yüzyıl serbest ticaret erbabının mirasını yirmi birinci yüzyılda doğrudan doğruya devralan kimseler de—sağ liberterler—ilkel bütünlük ve organik birlik imgelerini kullanıyorlar. Bu kimseler bir yandan bırakınız yapsınlar düzenini doğallaştırmaya çalışırken diğer yandan modern iktisadi paradigmalar ile güzel bir geleceği muştulayan kehanetleri bağdaştırmaya çalışıyorlar; tıpkı Martineau, Elliott ve Tahıl Yasası Karşıtları Birliği genelgelerini yazan kimseler gibi. Klasik liberalizmin ilkelerinin ("bireysel haklar, serbest piyasalar ve sınırlı yönetime dayalı bir felsefe") bütün dünyada uygulanması gerektiğini ileri süren ünlü liberter David Boaz, on dokuzuncu yüzyıl iktisadı ile mistik aşkınlık alametlerini harmanlıyor: "Sınırsız bir geleceğe öncülük etmek için sınırlı bir yönetime ihtiyacımız var."[37] Boaz'ın şu aralar basılan *The Libertarian Reader* adlı derlemesi, arkaik ve doğal olana duyulan hayranlığı yeniden canlandırıyor. Boaz "yeryüzünde doğal bir uyum varsayan" liberter ilkenin İÖ altıncı yüzyılda yaşamış Çinli filozof Lao-tzu'nun yazdıklarında halihazırda mevcut olduğunu ileri sürüyor. Boaz'ın derlemesinde bir sürü biyolojik mecaz var: "Biyoloji, bir organizma olarak adlandırdığımız bir tür kendiliğinden düzeni ele alsa da kendiliğinden düzenlerin incelenmesi epeydir iktisat teorisinin görevi."[38] Martineau'nun anlatısını ve teorik strajelerini konumlayabileceğimiz soyağaçlarından bir liberal siyaset iken diğeri edebi üretimdir. Bu edebi soyağacının izini süren 5. Bölüm edebiyatta sınırsız varoluş ve ticaret mecazlarını Viktorya Çağı başında yazılan oyunlar ışığında incelerken 6. Bölüm Viktorya Çağı ortalarında yazılan gerçekçi romanlarda mit ve büyünün hayırsever ticaret fantezilerine aracılık ettiğini gösteriyor.

BEŞİNCİ BÖLÜM

Viktorya Çağı Başında Yazılan Oyunlarda Çokeşlilik ve Ticaret

Cinsellik söylemleri, kişinin kendi ayakları üzerinde durmasını öğütleyen bir iktisadi sistem aracılığıyla küresel müşterek bağımlılığın kurulmasının mümkün olup olmadığını, mümkünse ne ölçüde mümkün olduğunu sorgulamak için bir söz dağarcığı sunmuştur. Bu bölümde bir metafor olarak cinselliğin özerklik ile dayanışma arasındaki hassas dengeye nasıl aracılık ettiğine dikkat çekerek söz konusu dinamiği incelemeyi sürdürüyorum. Fakat liberal iktisadi ilkelerin savunusundan çok eleştirisine odaklanıyorum. Bereketlilik, liberallerin serbest ticaretle ilişkilendirdiği sınırsız uyum duyusuna işaret ederken rastgele cinsel ilişki, çift eşlilik veya homoerotizmle ilgili temsiller iktisadi korumacılığın tedricen ortadan kalkmasının gündeme getirdiği tehditlere işaret etmiştir. Mübadele ilişkilerini yöneten vesayetçi bir devlet olmadan bireylerin ilişki kurmaları mümkün müydü? Yabancı metaların ulusal sınırlar arasında hiçbir sınırlamaya tabi olmadan aktığı kapitalizmin yeni evresinde başka tür sınırlar—ahlaki veya bedensel—bakir kalabilir miydi? İktisadi ve edebi yazında böyle acil sorunlar üzerinde duran ticaret betimlemelerindeki cinsel hazcılık mecazı, serbest ticaretin uzak memleketler arasında yarattığı toplumsal ilişkilerin gelip geçiciliği ve dayanıksızlığına göndermede bulunmuştur.

Sözgelimi denizci romanlarının popülerleşmesine katkıda bulunan romancı William N. Glasscock'un "The Breeze at Spithead"inde (1836) serbest ticaret ile rastgele cinsel ilişki arasında kurulan benzerliği düşünelim. Bu öykü denizci erlerin ağzından 1737 Spithead ayaklanmasını anlatır. Askerler krala karşı başlatılan ayaklanmadan bir kadını sorumlu tutar. Kadın, hükümetin askerlere ihanet ettiğini belirterek ayaklanmayı kışkırtmıştır. Erler, bu kadından şöyle söz eder: "Filonun öfkesini kabartan bu baştan çıkarıcı kadın ne birinin karısıydı, ne de dul, bakire veya anneydi. Jones, "şu durumda bu kadın bir serbest ticaret erbabıydı" diye haykırır. Kadının bir fahişe olduğunu kanıtlamaya çalışan arkadaşı "aynen öyle—özgür bir kadın" diye karşılık verir.[1] Bu metafor, fahişelik nasıl gelgeç bağlara dayanıyorsa yeryüzünde serbest ticaret aracılığıyla kurulan bağların da süreksiz ve dayanıksız olduğunu ima eder. Bir serbest ticaret erbabı olarak fahişe temsili, serbest piyasanın temel özelliği olan anlık alışverişler ile evlilik, annelik, ulus olma hali ve sözümona kalıcı sömürgecilik bağları arasında bir karşıtlık kurar.

Serbest ticaret ile cinsel ahlaksızlık arasında kurulan mecazi benzerlik, ekonomi politiğin sınırsız rekabet saplantısının yanı sıra devlet müdahalesinin beyhudeliği vurgusu tarafından da biçimlendirilir. Adam Smith'in formüllediği görünmez elin işleyişine göre metalar akışlarını durdurmaya ya da tersyüz etme amaçlı bütün yasal çabalara rağmen bol oldukları bölgelerden seyrek oldukları bölgelere doğru dolaşmayı sürdürürler. Liberal ekonomi politikçiler, karşısına çıkan her şeyi harekete geçiren serbest dolaşımın zaferini ilan ederek[2] bütün sınırların ortadan kalktığı, sürekli meta akışının egemen olduğu bir duruma dair kaygıları arttırmışlardır.

Bu bölümde rastgele cinsel ilişkiye giren tüccar figürünü on dokuzuncu yüzyılda genel geçer bir hal alan iktisadi ilkeler (kendi kendini düzenleyen piyasalara destek, ticari tekellere muhalefet) ile bağlantılandırıyorum, ama kapitalizm ile cinsel aşırılık arasında çok eskilerden beri bağ kurulduğu unutulmamalıdır. Bernard Mandeville'in *The Fable of the Bees*'inin ortaya koyduğu gibi on sekizinci yüzyıl ahlak felsefesinde ahlak nosyonları, ticaret ahlakını sorgulamıştır. On sekizinci yüzyıldaki tüketim kültürleriyle ilgili araştırmaların ortaya koyduğu gibi cinsellik mecazları kapitalist sistemde siyasi topluluğun yaşadığı yozlaşmayı dışa vurmuştur. Lüks malların tüketimini kadınsı veya efemine addeden yaygın tutum, "bedensel isteklerin azaltılmasının" refahın kaynağı olduğunu ileri sürmüştür.[3] Tüketim eğiliminin erotikleştirilmesi bir yandan kapitalizmin ahlakçı bir eleştirisine olanak sağlarken öbür yandan metaların satın alınmasını mistifiye ederek kapitalizmin cazibesine cazibe katmıştır. Tüketicinin doymak bilmez arzusu, lüks tüketimin kadınsılığı, ırksal ötekinin abartılı cinselliği: En azından on sekizinci yüzyıla uzanan bu tür iktisadi mefhumlar uluslararası ticaretin yıkıcı bir cinselliğe zemin hazırladığını ima eder.[4] Kapitalizmin azgın bir cinsellik ile bağlantılandırılmasının uzun bir tarihi olduğunu kabul ediyorum ama benim argümanım on dokuzuncu yüzyılın ilk yarısına özgü iktisadi paradigmalara yoğunlaşıyor. Kendi kendini düzenleyen piyasaların kaçınılmazlığı, merkantilist sömürgecilik ile serbest ticaret arasındaki karşıtlık gibi yepyeni iktisadi paradigmalar bazen vesayetçi devlet bazen orta sınıf aile babası biçimindeki merkezi otoritenin iflas ettiği fikrine yol açmıştır.

Rastgele cinsel ilişkiye giren tüccar figürü, Harriet Martineau'nun "Dawn Island"ta ticarete özlem duyan hamile kadın figürüne karşıttır. Bu figürlerden biri serbest ticareti eleştirirken diğeri destekler. Ne var ki bu belirgin siyasi yönelim farklılığına rağmen gerek Martineau'nun bırakınız yapsınlar düzeninin simgesi olarak bereketliliği kullanması, gerekse Glasscock'un bir fahişeyi bir serbest ticaret erbabıyla özdeşleştirmesi on dokuzuncu yüzyıl ekonomi politiğinde rasyonel, özerk "iktisadi insan" olarak yorumlanan iktisadi öznenin yanı sıra cinsel bir kimlik atfedilmiş iktisadi bir özneye işaret eder. Tarihçi J.G.A. Pocock gibi yazarların izahlarına göre on sekizinci yüzyıla hâkim doymak bilmez tüketici figürünün yerini on dokuzuncu yüzyılda kendi kendinden soyutlanmış iktisadi insan almıştır. Bir önceki bölümde Pocock'un izahında on dokuzuncu yüzyılın cinsel kimlik atfedilmiş muhayyel iktisadi öznesinin göz ardı edildiğini ileri sürmüştüm. Tıpkı "Dawn Island"taki hamile kadın gibi rastgele cinsel ilişkiye giren tüccar figürü de Viktorya Çağı başında her türlü mübadele etkinliğini rasyonel bir hesaba indirgeyen soyut iktisadi insanı aşma arzusunu ortaya koyar. Toplumsal olanı iktisadi etkinliğin zorunlu bir unsuru addeden cinselleştirilmiş iktisadi özne, iktisadi yazın kanonunun sınırlarını aşan yaratıcı yazında ve David Ricardo gibi saygın ekonomi politikçilerin sevdiği bilimsel üsluptan yoksun muhafazakâr siyasi broşürlerde boy göstermiştir. Bu bölüm *homo economicus*a karşı kurgulanan alternatifleri birbiriyle bağlantısız görünen iki bağlama konumluyor: Viktorya Çağı başlarında sahnelenen müstehcen oyunlar ve korumacı propaganda. Oyunların müstehcenliği, korumacı propagandanın ahlakçılığına karşıt olduğu halde iki tür de sınırsız ticaretin getirileri ve götürülerine ışık tutmuştur. Korumacı broşürleri kaleme alan kimseler devlet müdahalesini tartışmaya açmayı hedeflerken Viktorya Çağı başı oyun yazarlarının da aynı konuyla ilgilenmek için güçlü bir saiki vardı: Devlet, oyunların içeriğini ruhsat kanunu aracılığıyla belirlemekteydi.

Cinsel bir kimlik atfedilmiş iktisadi öznenin iktisat yazını kanonu dışında boy göstermesi serbest ticaretle ilgili ek mali kaygıların nasıl ve ne zaman dile getireceğine ilişkin soruları gündeme getirmiştir.[5] Sınırsız ticaret ile yoğun cinsellik arasındaki kinayeli ilişkinin serbest piyasalardaki özneler arası ilişkilerin ufukta beliren yazgısını temsil ettiği bir ortamda sermayenin akışkanlığı anlatılabilir hale gelirken bu akışkanlık ile öznelliğin inşasının örtüşmesini gözle görülür kılan türsel ve biçimsel koşullar nelerdi? Muhafazakâr propagandanın yanı sıra fars türü komedi ve aile melodramı gibi türlerde *homo economicus*a karşı kurgulanan alternatifleri çözümlerken bu türlerin serbest ticaretin yarattığı toplumsal ilişkilerin mahiyetine ışık tutmayı nasıl başardıklarını sorguluyorum. Hem iktisadi yazında hem edebiyatta cinsellik metaforlarının çoğu zaman otoritenin erişemediği eşikteki mekânlara yer veren erotik kaçamaklara ilişkin romantik temsiller kullanarak devlet müdahalesinin sona erişini epey etkileyici bir biçimde tahayyül ettikleri kanısındayım.

Küresel kapitalizm ile yıkıcı cinsellik arasında kurulan bağa odaklanma amacıyla ilkin Thomas Serle'ün *A Ghost Story*'sini (1836) inceleyeceğim; bu popüler melodramda çokeşlilik, serbest ticarete koşuttur. Benim analizim daha çok bir tema olarak ticaret ile biçimsel bir örüntü olarak kapanım arasındaki karşıt ilişkiye odaklanıyor. Dolaşımı—metalar ve bedenlerin dolaşımını—sona erdirme tehdidi arz eden anlatısal kapanım göz önüne alınırsa karakterler arasında serbest ticaret, ancak dramatik çatışma sürdüğü müddetçe olanaklıdır. Anlatısal kapanım, 3. Bölüm'de epizodik yapı analizimde ileri sürdüğüm şeyin tersini sunmaktadır: Yoldan sapan, konu dışına çıkan olay örgüleri serbest ticaret bağlamında sınırsız görünen dolaşımı somutlaştırırken kapanım, malların birer mülkiyet olarak sabitlendiği alternatif bir duruma işaret eder. Kapanım ve erteleme unsurlarının serbest ticaret tartışmalarındaki paradigmalara nasıl göndermede bulunduğunu ayrıntılı bir şekilde incelemek için hem siyasi broşür hem oyun yazarı olan yeminli korumacılardan John Lettsom Elliot'ın yapıtlarına odaklanıyorum. Elliot'ın iktisadi yazınına ticarete cinsel bir kimlik atfeden mecazi bir dil hakimdir, fakat Elliot'ın serbest ticaret ile rastgele cinsel ilişkiyi özdeşleştirmesi en net karşılığını *Three to One* (1850) ve *Five to Two* (1851) adlı fars türü komedilerinde bulur. Bilimsel incelemeler gibi nispeten resmi iktisadi yazın türlerinde seyrek rastlanan yoğunlukta cinsel figürler ve mecazlar kullandığı ve edebiyat ile iktisadi yazını doğrudan doğruya karşılaştırma imkânı sağladığı için Elliot'ın yapıtlarını ele aldım. Romans tarzında yazıldıkları için anlatının sona ermesine direnen, son noktayı ertelemeye çalışan Elliot'ın oyunları uzatmalı ve amaçsız flört epizotları aracılığıyla sınırsız dolaşım temasını formelleştirirler.

İkinci ve Üçüncü Bölüm'de romanları, bu bölümde ise oyunları ele almam, somut bir değişiklik olsa da argümanımın türsel ve formel odağı aynı. Serbest ticaret paradigmalarının romans tarzında anlatımını irdelemeyi sürdürüyorum. Romans unsurları—gündelik gerçekliğin aşkınlığı, merkezi otoriteden uzaklaşma duyusu, son noktanın ertelenmesi—Viktorya Çağı başı romanlarının yanı sıra oyunlarda da mevcuttu. Bu iki türden hangisinin romans unsurlarına daha açık olduğunu sormak yanlış bir ikilik kurmaktır. Bunun için iki türü de çözümleyip romans unsurlarının farklı türlerde belirdiğini göstermek ve dış ticaretin kurgusal ve dramatik mecazları arasındaki örtüşmeye dikkat çekmek istiyorum.

Serle'ün *A Ghost Story*'si: "Öpücüklerin Serbest Ticareti"

William ve Mary döneminde geçen tarihi bir melodram olan *A Ghost Story*, mütevazı bir kadın, onun bir o kadar mütevazı, süpürge imalatçısı kocası ve küstah kaçakçıları konu eder. Oyun ilkin 1836'da Londra'nın ünlü Adelphi Tiyatrosu'nda sahnelenmiş ve vergilendirme, ticaret, denizcilik gibi siyasal ve iktisadi meselelerle ilgili oyunlar ve incelemelerde uzmanlaşmış bir yayınevinin sahibi olan John Miller tarafından yine 1836'da yayımlanmıştır.[6] Anlatı, mesken tuttukları harap binanın metruk kısmına musallat olduğunu düşündükleri hayaletlerle ilgili gevezelik eden safdil bir karı kocayla açılır. Olay örgüsü ilerledikçe çift, hayaletlerin aslında insanların dikkatini çekmemek için saklanmaya çalışan kaçakçılar olduğunu anlar. Oyunun ikincil olay örgüsü civardaki saygın bir köşkte geçer; bu köşk, yakında evlenmek üzere nişanlanan bir kızı olan epey zengin bir adama, Everard de Vesci'ye aittir. Nişanlı çift eski bir âşığın birdenbire peyda olmasıyla bu rahat köşkten ayrılmak, "kuşatma altındaki" harabeye sığınmak ve şiddetli arzularla baş başa kalmak zorunda kalırlar. Ailevi unsurların yanı sıra denizci unsurlarını da barındıran bu melodram, dönemin en popüler türlerini birleştirir.[7] Oyun, Everard de Vesci'nin köşkünün güvenli iç kısmı ve rahat bahçesinde geçen sahnelere yer vererek "tanıdık çevreye ilişkin dolaysız bir farkındalık yarattığı" ölçüde aile melodramı türünün teamüllerini yeniden üretir; ne var ki Sally, Robin ve kaçakçıların mesken tuttuğu tuhaf harabe, geleneksel aile deneyimini aşan serüvenleri tetikler. Bu mekânda kaçakçı, Sally'i kocasının gözü önünde arsızca öpmek ister ve nişanlı çift erotik bir üçgenin parçası haline gelir.

İkinci Bölüm'de uzun uzadıya tartıştığım, kaçakçıları cesur serbest ticaret erbabı addeden yaygın algı bu oyunda iktisadi ve cinsel göstergelerin iç içe geçmesine neden olur. Kaçakçıların on sekiz ve on dokuzuncu yüzyıllarda çoğu zaman "serbest ticaret erbabı" olarak adlandırılması onları hükümetin zorbalığına cesurca meydan okuyan, bırakınız yapsınlar düzenini kanun dışı yollardan destekleyen kişiler haline getirmiştir.[8] *A Ghost Story*'nin coşkulu ve fırsatçı kaçakçılarının şişirilmiş bir prestij duyusuyla kendi misyonlarını ciddiye almaları ironiktir. Metaların sınırsız dolaşımını kutsayarak "serbest ticaretin şeref ve şanına" kadeh kaldırır, "serbest ticarete... yeni evlatlar yetiştirmenin"[9] yolları üzerine mağrurca düşünürler. *A Ghost Story*'nin yazıldığı ve sahnelendiği gerçek tarihsel bağlamda durum farksızdı. *A Ghost Story*, Britanya ekonomisinin hâlâ korumacı olduğu ve kaçakçıların devlet tarafından korunan tekeller dünyasında kanundışı yollardan serbest ticaret yaptığı bir dönemde yazılmıştır.

1830'larda devlet tekeli ve düzenlemeleri, tiyatro seyircisinin yanı sıra oyun yazarları ve tiyatro yöneticileri için de önemli bir sorundu. Devlet denetimi ve tekel özellikle dramatik üretim alanında gittikçe provokatif bir hal almıştı, zira on yedinci yüzyılda yürürlüğe giren o berbat ruhsat kanunları oyunların sahnelenme tarzını belirlemeye devam etmiş ve Drury Lane tekelini perçinlemişti. Ayrıcalıklı tekel olarak tanımlanan bu durum, "meşru ve gayri meşru tiyatro" arasında bir gerilime neden olmuştu. Adelphi Tiyatrosu gibi kuruluşlarda sahneye konan oyunlar bir anlamda kaçak oyunlardı; tıpkı popülerlikleriyle on dokuzuncu yüzyıl tiyatrosuna damga vuran melodramatik kaçakçıların yükleri gibi. Ayrıcalıklı tiyatroların rakipleri ise sahneye koydukları komedi ve melodramların tiyatro yapıtı sayılamayacağı gerekçesine sığınarak devletin ruhsat düzenlemesini atlatmaya çalışmıştı.[10]

Bu devlet denetiminden ötürü ağır koşullarda üretilen *A Ghost Story* kaçak ticaretin dinamiklerini, özellikle de yaygın kaçakçılığın işaret ettiği kaçınılmaz görünen dolaşımı hayli iyi kavrar. Denizci kaçakçı figürünün tamamen farklı bir tür olan hayalet öyküsüne girmesi biraz da bundan dolayıdır. Kaçak ticaret erbabı çoğu zaman hayalet kılığına girdiği için gece mesailerini hayaletlerin musallat olmasına yoran söylentiler yayılmıştır; ama *A Ghost Story*, serbest ticaretin hayaletimsi niteliğine mecazi bir önem atfeder. Kaçak ticaretin yol açtığı denetimsiz dolaşım, *A Ghost Story*'de sınırlar ve sınır ihlalleriyle ilgili temsilin bütününe yayılır. Hayaletler sınırlara sızar ve onların hareketini denetleme çabası beyhude kalır. Sally şöyle yakınır: "Onlarla bu kadar içli dışlı olmamak için elimizden geleni yaptık; harabede bulduğum sürgüleri, çubukları, kilitleri kapıya iliştirdim, belki gözleri korkar diye. Hayaletlerin böylelikle uzak tutulabileceği söylenir." (I, s. 2) Gelgelelim ne ironi ki bu "hayaletler" evin bir bölümünü merkez üsleri olarak kullandıkları için gerçekte yalnız kalmak isterler; onlara göre aslında tüm engelleri aşıp kendi kaçak mekânlarına sızan, yöre sakinleridir.

A Ghost Story'de mekân, olay örgüsünün gelişiminde kilit bir unsurdur. Hem Sally, Robin ve kaçakçıların liderinden oluşan tehlikeli üçgenin mesken tuttuğu mezbelede hem de nişanlı çiftin birbirine tatlı sözler sarf ettiği Everard de Vesci köşkünde bütün sahneler bir mekân tarifiyle başlar. Oyunda mekân, romans etkisi taşıyan bir örüntünün içinde var olur: Karakterler, yetkili iktidarın sınırlandırdığı yerleri seyirciye zevk verecek çılgın ve heyecanlı serüvenler yaşamak üzere geride bırakırlar.

Viktorya Çağı ailesinin kısıtlayıcı idealleri açısından aşırı şehvetli olan her şey, kaçakçının Sally'i öpmek istediği, nişanlı çiftin başka insanların arzularıyla baş başa kaldığı mezbeleye aktarılır. Erotik arzunun eşik mekânlara aktarılması, sihirli ormanlar ve adaların yer aldığı kadim romanslara uzanan köklü bir anlatı stratejisidir elbette, fakat *A Ghost Story* erotik kaçamakların kalbine metaların dolaşımını yerleştirerek mevcut örüntüyü yeniler.

Serle, romans ile ticaret arasında varsayılan karşıtlıkla alay eder. Oyundaki karakterler için duygu ve tutkuyu ticaretten ayrıştırmak bir yanılsamanın tuzağına düşmektir. Vesci'nin kızının nişanlısı bütün temiz kalpliliğiyle aşkını ilan etmek için geleneksel anlatılara başvurur: "Benimkisi sözcüklerle taşınmayacak kadar ağır bir yük. Sana duyduğum aşk, bir romansa konu olur." Buna karşılık genç kadın nişanlısına duyduğu aşkı piyasadan ayrışmış, muhayyel bir alanda bir kez daha olumlar: "Gerçek aşk nedir? Genç kızların alınıp satıldığı bir dünyada alışveriş sıradan bir şey olabilir; ama aşk, hayatın okuduğu şiirdir. Sıkıntılı bir genç kadının yüreğine su serperek tam bir romans kahramanı gibi davrandın" (II, s. 10). Sally'nin bu açıklaması ironiktir, çünkü genç kadın, sözünü ettiği türden bir şövalye romansına layık değildir. Nişanlısının Sally'nin gönlünü kazanmak için tek yapması gereken genç kadının atını sürmektir. *A Ghost Story*'de büyüleyici bir serüven arayan seyirci, Vesci'nin güvenli köşkünden uzaklaşmalı ve piyasa ile romansın ayrıştığı bağlamı incelemelidir.

Nişanlı çiftin beklentisinin aksine oyundaki erotizmin motoru ticaret ve dolaşımdır. Baştan çıkarılma sahnesi, aristokratın sabit mülkünde değil koca, baba ve devlet otoritesinin eridiği bir eşik mekânı olan kaçak ticaretin üssünde gerçekleşir. Kaçakçıların sınırsız mübadeleye bağlılığı, ticaretin sınırlarını aşar. Sally ve Robin mezbelede gerçekleşen gizli faaliyeti keşfettiklerinde sarmal gibi gelişen olaylar, kaçakçının Sally'i bağışlamak için önerdiği teklifle doruğa çıkar: "Bütün kusurlarını affettirmek için bana bir öpücük verebilirsin" (II, s. 29). Serbest ticaret erbabının rastgele cinsel ilişkiye yatkınlığı bir denetim türünün (devletin iktisadi denetimi) başarısızlığı ile bir başkasının (geleneksel cinsiyet ideolojilerinin cinsel denetimi) başarısızlığı arasında benzerlik kurar. Kaçakçının teklifi son derece müşkül bir duruma yol açar. Robin karısının namusunu korumalıdır, ama kaçak ticaretin sunduğu yabancı metalardan zevk aldıkça, bu iş göründüğünden daha da zorlaşır. Ahlaki kriz, ülkenin içinde bulunduğu müşkül durumu kişisel ölçekte yeniden üretir. Toplumun bir yandan devlet denetimine karşı çıkarak serbest ticareti benimsemesi, öbür yandan ataerkil otoriteyi ve tekeşliliği koruması mümkün müdür? Aslında rastgele cinsel ilişkiye giren kaçakçı figürünün simgelediği ahlaki sorun epey ironiktir, çünkü bırakınız yapsınlar düzeni aslında denetimsiz ticarete dayanmaz. Devlet, 1840'lardan sonra, henüz sömürgeleşmemiş bölgeleri denetlemek için serbest ticaretle ilgili bazı önlemler almıştır. Dolayısıyla hesaplı bir dış siyaset stratejisine dönüşen serbest ticaret ile serbest ticaretin denetimsiz kendiliğindenliğini ön plana çıkaran retorik çelişir. Rastgele cinsel ilişkiye giren tüccar mecazı serbest ticareti doğaçlama bir şey olarak yanlış sunmakla bugün klasik liberalizm adını verdiğimiz ve bireysel özgürlüğü ticaret özgürlüğüne indirgeyen tutumun iç çelişkilerini yansıtır.

Robin sınırsız ticaretin ek mali tasarruflarının ortaya çıkardığı krizi çözmek için özgür seks ile bırakınız yapsınlar mantığı arasında bir ayrım yapmaya çalışır:

[*Kaçakçı*]: Sus, sus! Kendi meselelerimizi kendimiz halledelim. Kira ödemeden yaşıyorsun, çünkü insanlar buraya hayaletlerin dadandığını düşünüyor, haksız mıyım?

Gizli bir yerdesin şu anda; —ben kendi geçimimi buradan sağlıyorum, sen de öyle. İnsanlar bizden daha mı akıllı yani şimdi? Bir de içki fıçısını bulursak—

Robin: Evet, evet! Bir anlaşma; altı üstü bir madde daha—o da benim karım! Öpücüklerin serbest ticareti yapılmadığı sürece serbest ticarete karşı değilim! —anlıyor musun, ama onu yapmaya çalışırsan—

[*Kaçakçı*]: —Ah şu namus ah! (II, s. 38)

"Öpücüklerin serbest ticareti yapılmadığı sürece:" Burada serbest ticareti sınırsız cinsel ilişkiyle ilgili rahatsızlık verici çağrışımlarından ayrıştırmaya yönelik güven tazeleyici bir fanteziyle karşılaşırız. Oyundaki sözlü anlaşma, sınırsız dolaşıma bir son verme vaadinde bulunarak serbest ticaretin tehlikelerini ortadan kaldırmaya çalışır. Serbest ticareti sınırsız cinsel ilişkiden potansiyel olarak ayrıştıran bir anlaşma kulağa hoş gelir, ama bu anlaşmanın zorunlu olması, dizginsiz serbest ticaretin her türlü ilişki biçimini içerecek biçimde genişleyeceğini gösterir. Sally'nin kocası kaçakçının verdiği anlaşılmaz cevabı iyiye yorar, ama seyirci kaçakçının herhangi bir anlaşmaya bağlı kalacağından şüphelenecek kadar hilesiyle karşılaştırmıştır.

Oyunun son perdesi bu yarı güven tazeleyici anlaşmayla kapanır. Eşikteki mekânlar ataerkil otoritenin bertaraf edilmesine olanak sağlarken oyunu sona erdiren anlaşma, libidinal enerjiye karşı koyar. Anlatının sonu, bedenleri mekânda sabitleyerek istikrarsızlığı belirsiz bir süreliğine ortadan kaldırır ve hareketi askıya alır. Şu haliyle, sınırsız dolaşımın tehlikelerine karşı bir panzehir olur ve sınırsız ticaretin çaresine bakar. Kapanımın—romans serüvenlerinde son noktanın ertelenmesinin—serbest ticaret tartışmaları paradigmalarında nasıl ele alındığını incelemek için şimdi John Lettsom Elliot'ın iktisat ve edebiyat metinlerine odaklanacağım. Elliot'ın broşürleri rastgele cinsel ilişkiye giren tüccar figürünü sahiplenmiş, oyunları ise metaların dolaşımını daha da erotikleştirmiştir. Viktorya Çağı Britanyası'nda serbest ticaretin en büyük zaferi olarak görülen hadisenin—Tahıl Yasaları'nın feshi—ardından kalem oynatan Elliot'ın metinleri yaklaşan bir felaketi açığa vurur.

Elliot'ın *A Letter*'ında Şehvetli Ticaret

Yeminli bir korumacılık yanlısı, 1847'de Tahıl Yasaları'nın feshinden kısa süre sonra Westminster'lı seçmene devlet gözetiminde ithalatı destekleyen açık bir mektup yazmıştır. *A Letter to the Electors of Westminster from a Protectionist* [Korumacılık Yanlısı Birinden Westminster'lı Seçmene Mektup] başlıklı bu mektup, tarım sermayesi yatırımı ve ulusal vergi tasarrufu gibi iktisadi meseleleri içeren geniş bir yelpazeyle ilgilenen Londra merkezli bir yayınevinin başındaki John Hearne tarafından yayımlanmıştır. Yazar John Lettsom Elliot, *Letter*'da kendini şimdilik "halinden memnun" olmakla birlikte yasaların feshinden sonra "ucuz ekmek ve düşük ücretlerden dolayı... [kendi] yıkımını sessizce bekleyen zavallı bir imalatçı"[11] olarak tanıtır. Felaket tellallığı yapan bu metin Tahıl Yasaları'nın feshini kınar, sonuçlarına ağlar, gelecekteki sonuçlarıyla ilgili tahminde bulunur. Tahıl ithalatını serbest ticaret politikalarının tedricen benimsendiği nispeten geniş bir bağlamda değerlendiren *Letter*, Kübalı ve Brezilyalı tüccarların işine yarayan şeker vergilerinin feshi, yabancı ticaret gemilerine dönük ayrımcılığından dolayı Britanyalı korumacıların takdir ettiği Denizcilik Yasaları gibi meseleleri ele alır. Serbest ticaret çağında yabancı ve yerli tüccar arasındaki sınırsız rekabete odaklanan Elliot hemen hemen aynı tarihlerde Karl Marx'ın da dikkat çektiği bir dinamik saptar. Marx, sermaye "her türlü mekânsal engeli aştığı için mübadelenin fiziksel koşullarının—iletişim ve ulaşım araçlarının—yaratılması" bir zorunluluk haline gelmiştir der.[12] Elliot kapitalizmin doğası hakkında genellemeler yapmaz, ama sınırlara meydan okunmasıyla ilgili endişeleri rastgele cinsel ilişki metaforları aracılığıyla dile getirir.

Britanya'nın küresel ticarette kuracağı hegemonyayı tahmin edemeyen Elliot'ın *Letter*'ı serbest ticaretin vatanseverliğe ters düştüğü konusunda ısrarcıdır. Elliot, 1846'dan önce Tahıl Yasaları'nın feshedilmemesi için mücadele eden muhalefeti çağrıştıran sözcüklerle şöyle der: "Rakiplerimizi bizleri soymaya davet ediyoruz, onları kâr ortağı yaptığımız gibi kaderimizi de ellerine teslim ediyoruz" (s. 79). Bu yabancı düşmanı eleştiri, piyasa ekonomisi ile sömürgeci ticaretin bağdaşmazlığını savlayan on dokuzuncu yüzyıl varsayımına dayanır. James Mill ve William Spencer gibi muhafazakâr ekonomi politikçilerin yüzyıl başında belirttikleri gibi o tarihlerde Britanyalı tüccarlar için sömürgeci düzen, sömürgelerden gelen metaları sömürge olmayan topraklardan gelen muadillerine göre daha kârlı hale getirerek kendi kendini düzenleyen piyasaların gelişimine sekte vurmuştur. Sömürgeci düzende bir sömürgeden metropole aktarılan mallara yüksek vergiler konmamış, dolayısıyla tüccarlar rakip devletlerden mal ithal etme ihtiyacı duymamıştır. Serbest ticaret düzeni ise sömürge mallarına tanınan ayrıcalığı ortadan kaldırmayı amaçlamıştır. Serbest ticaret ile sömürgeci ticaretin görünürdeki bağdaşmazlığı geçmişe bakıldığında ironik görünür. Nitekim serbest ticaret en az sömürgeci düzen kadar hegemonik çıkmıştır; ayrıca on dokuzuncu yüzyılın sonraki seyrinde Britanya'nın denizaşırı topraklarında serbest ticaret politikalarının uygulanması için sömürgecilik yeniden şekillendirilmiştir. Ne var ki Elliot ülke için bir ölüm kalım meselesinin söz konusu olduğunu düşünür, bu yüzden sömürgeci ticareti savunur, Kıta Avrupası ile kurulan ticari ilişkilere karşı çıkar. "Reform, Sınırların Yeniden Çizilmesi ve Serbest Ticaret"in "Britanya İmparatorluğu'nu halihazırda başka ülkeler arasında böldüğünü" ve "sömürgelerden gelen şekere konan verginin" ulusal birliğe daha fazla zarar vermemesi için "yabancı şekere konan vergiden" daha düşük tutulması gerektiğini vurgular (s. 71). Ulusal gelirler, giderler ve tarifelerden söz eden ve bunları planlayan Elliot, hükümeti sömürgelerden gelen şekeri Britanyalı tüccar ve tüketici için daha ucuz hale getirerek dengeyi sömürgecilik lehine bozmaya çağırır.

Elliot liberal iktisadi önlemleri kınamak için serbest ticaret ile rastgele cinsel ilişki arasında bir benzerlik kurar. Yıkıcı cinsellik ve erotik arzuyu temsil etmek için edebi mecazlara başvurur ve aile denetiminden özgürleşmeye çalışan âşıklara yer veren o bilindik dramatik olay örgüsünü kullanır. Richard Sheridan'ın *The Rivals*'ına göndermede bulunarak şu satırları yazar: "Her Lydia Languish, annesinin bunaltıcı himayesinden kurtulmak için laubali bir iktisatçının 'bırakınız yapsınlar' düzenine özlem duyar" (s. 61). İktisadi ve ailevi olanın ortak söz dağarcığına dikkat çeken bu gönderme, hükümetin ticaretle ilgili düzenlemelerinin yerli tüccarı yabancı ile rekabet etmekten koruduğu iktisadi korumacılık sistemini genç kızların anneleri tarafından cinsel serüvenlerden korunmasına benzetir. Ekonomi politikçilerin serbest ticaret coşkusu, genç kahramanın romantik kaçamak arzusuna benzer. Elliot'ın benzetmesi yerindedir çünkü serbest ticaret erbabı, Britanyalı veya yabancı olması fark etmeksizin bütün tüccarların istedikleri kişi ile ticaret yapma hakkını savunmuştur. Elliot şunu ima eder: Bir tüccar ticaret ortağını seçerken devletin iradesine meydan okursa, bir genç kızın annesine meydan okuyup münasebetsiz ilişkiler yaşamasını ne engelleyebilir ki? Elliot'ın retorik stratejisinin çağrıştırdığı gibi serbest ticaret erbabının devlet müdahalesine muhalefeti, özellikle cinsiyet ve cinsellik ideolojilerinde disiplin ve denetime değer vermeyi alışkanlık haline getirmiş bir toplumda gerçekleşmiştir.

İktisadi yazındaki cinsellik metaforları bireysel özgürlük kavramı etrafında zengin düşünceler üretir. Tümüyle mali anlatımlarda böyle bir durumla karşılaşmak olanaksızdır. Bu metaforlar ticaret özgürlüğünü ufuktaki liberal devrimin bir veçhesi olarak sunarlar. Liberalizmle ilgili bu tür kapsamlı formülasyonlar, 1830'lar ve 40'larda yeni yeni ortaya çıkmıştı. Bırakınız yapsınlar tartışmalarının tarafları, iktisadi ilkelerin John Locke ya da Mary Wollstonecraft gibi önceki yüzyıl yazarlarının görece kapsamlı felsefi düşüncelerinde temellendiğini kabul etmeye pek yanaşmıyorlardı. Tahıl Yasası Karşıtları Birliği önderlerinden Richard Cobden ve John Bright gibi Manchester liberalizm ekolünün temsilcileri, devlet müdahalesine muhalefetlerini Protestan bireyciliğine ve Aydınlanma'nın mutlakıyetçilik eleştirilerine borçlu oldukları halde bireysel özgürlükle ilgili sistemik analizler üretmemiştir. Ulus olma duygusunu asırlardır parlamentosundan ve Protestanlığından damıtan bir ülkede Cobden ve Bright özgürlüğün o dokunulmaz statüsünden yararlanmıştır. Cobden uzun süredir ayakta olan iktisaden korumacı düzeni ortadan kaldırmaya dönük radikal çağrısını geleneksel Britanyalı değerlerle süsleyerek yeni bir şeyi bilindik bir şey gibi pazarlamıştır:

> Dünyaya her çağda bir şekilde örnek olduk; temsil sistemini armağan ettik. Bu meclisin kuralları ve düzenlemeleri uygar dünyadaki bütün temsilci meclisler tarafından model olarak benimsendi; özgür bir basın, yurttaş özgürlüğü, dini özgürlük, kısacası özgürlük ile uygarlığın parçası olan tüm kurumlarımızla örnek olduk. Şimdi bir kez daha örnek olmamızın zamanı geldi; endüstriyi özgürleştirerek örnek olacağız—kendi endüstrimizin özgürlüğüne güvenerek, iklim, enlem ve koşulların taşıdığı tüm avantajları kullanarak dünyaya örnek olacağız. Evet, onlara bu dersi de vereceğiz.[13]

Cobden'ın abartılı vaazına hakim kibirli üslubun gösterdiği gibi serbest ticaret emperyalizmi eşitlikçi retoriğe zarar verse de seçme özgürlüğüne yönelik vurgusundan dolayı serbest ticaret, genelgeçer değerleri bir kez daha olumlar. Tahıl Yasası Karşıtları Birliği yanlılarının genel popülist talepleri ve rastgele cinsel ilişkiyle ilgili muhafazakâr metaforlar, ekonomi politiğin liberalizmi eksik bir biçimde kuramsallaştırmasından dolayı açılan boşluğu doldurur.

Elliot'ınki gibi muhafazakâr retoriklerde bırakınız yapsınlar ilkesine cinsel bir biçim verilmesi serbest ticaret hareketi ivme kazandıkça ortaya çıkan müşkül bir ideolojik durumu açığa vurmuştur: Cinsellikle ilgili görgü kurallarına ters düşen bir iktisadi paradigmayı Britanya'nın ulusal bir politika olarak benimsemesi mümkün müdür? Serbest ticaret ile cinsel ahlaksızlık arasında ilişki kuran çarpıcı örneklerden biri Tahıl Yasası tartışmalarının en yoğun olduğu dönemde *Fraser's Magazine*'de yayımlanan "The Anti-Corn Law League and the Country" başlıklı imzasız bir yazıdır. Mütevazı bir başlık taşıyan bu eleştirinin meçhul yazarı potansiyel bir eleştirinin önünü almak için metni özgürlük ilkesinin önünde eğilerek açar: "İngiltere'ninki gibi özgür bir anayasanın temel özelliklerinden biri herkesin kendi siyasi görüşlerini açıklama hakkına sahip olmasıdır." "Öznenin özgürlüğüne" saygı duyduğunu belirten yazar ardından Radikalleri sonuçları "mutlak bir kötülüğe" tekabül eden "aşırı bir özgürlük" uygulamakla suçlar. En soyut haliyle "öznenin özgürlüğünden" memnun gibi görünen yazar, Cobden'ın önderlik ettiği Tahıl Yasası Karşıtları Birliği'nin benimsediği özgürlükleri zehir zemberek eleştirir. Birliğin toplantısında duyumsal bir haz keşfeden bu meçhul yazar, toplantıyı bir orjiye benzetecek kadar ileri gider.[14] Devlet müdahalesine karşı çıkan liberal muhalefetin her türlü denetimi yok edeceği sanılmıştır.[15]

Viktorya Çağı ortalarında John Stuart Mill, ekonomi politiğin bilimsel savlarının yapay bir biçimde ayrıştırdığı liberalizmin farklı disiplinlere dağılan—iktisadi, toplumsal, hatta psikolojik—boyutlarını yeniden birleştirmiştir. Elliot'ın Lydia Languish benzetmesi, John Stuart Mill'in *The Subjection of Women*'ındaki mantık akışını tersten de olsa yirmi yıldan fazla süre önce öngörür. Elliot iktisadi korumacılığı cinsel denetim metaforu aracılığıyla meşrulaştırırken Mill 1846'da Tahıl Yasaları'nın feshinden sonra serbest ticaretin Britanya'da bulduğu desteğe atıfla kadın özgürlüğünü savunacaktır: "Modern kanı… şu ki bireyi doğrudan ve şahsen ilgilendiren meseleler hiçbir zaman yolunda gitmese de onun kendi takdirine bırakılmalıdır… Zamanla varılan bu sonuç… bugün (endüstriyel dünyanın ileri ülkelerinde) geçerlidir." Parantez içindeki ifade,

Manchester ekolünün Viktorya Çağı başında bırakınız yapsınlar düzenine dönük talebinden beslenen iktisadi liberalizm ile "bireysel seçim özgürlüğü" çağrısını ustaca bütünleştirir.[16] Mill'e şöhret kazandıran sistemik özgürlük analizini örnekleyen bu bütünleştirme, iktisadi korumacılık ile kadınların kanun karşısında ezilmesi arasında kurulan benzerliği biçimlendirir. Mill'in kadın ve erkeğin kanun karşısındaki eşitsizliğine itiraz etmek için kullandığı dili düşünelim. İktisadi terimlere referansla konuşan Mill, günümüzde olumlu addedilebilecek bir şeyi o tarihlerde önemli bulmaz: "Kadınların lehine primler veya koruyucu vergiler konmasını isteyen kimse yok; tek istenen erkekler lehine yürürlükte olan primler ve koruyucu vergilerin feshedilmesi."[17] On dokuzuncu yüzyıl ortalarında liberalizm, bırakınız yapsınlar düzenini temel özgürlük modeli olarak benimsediği için kadın özgürlüğü ancak bu model çerçevesinde anlam kazanıyordu.[18] Gerek Mill'in özgürlüklere dair fikirleri gerekse John Lettsom Elliot'ın Lydia Languish metaforu, kadın özgürlüğü ile dış ticarette bırakınız yapsınlar mantığı arasında bağlantı kurar. Mill kendi yapıtlarında cinsiyet ayrımcılığı ve iktisadi korumacılık paradigmalarını açık açık ele alırken Elliot'ın kurduğu bağlantılar daha çok mecazidir. Elliot'ın metaforları serbest ticareti halihazırda bilindik bir kaygı olan kadın cinselliğini denetleme ihtiyacından hareketle değerlendirmek isteyen kompulsif bir dürtüyü açığa vurur.

Muhafazakâr serbest ticaret metaforlarının işaret ettiği cinsel bakımdan ihlalci beden kadınsılaştırılmadığı anlarda homoerotikleştirilir. Elliot, 1846'ya referansla şöyle der: "Sir Robert Peel iki yıl önce şu hafifmeşrep serbest ticaret ile kol kola girmiş, kasıla kasıla şehri turluyor ve sokağa çöp gibi para saçıyordu" (s. 69). Bu metafor, Tahıl Yasaları'nın feshinden önce Tory Başbakan Peel ile radikal serbest ticaret destekçileri arasında kurulan geçici ittifaka işaret eder. Ama sözkonusu olan yalnızca siyasi ittifaklar değildir. Erotik lüks tüketime yönelik on sekizinci yüzyıl eleştirilerini akla getiren bir kinaye yapılır. Serbest ticareti, gay addedilen kadınların erkek muadili olarak kişileştiren Elliot seks ticaretine eşlik eden sokakta dolaşma eylemine de göndermede bulunur. Homoerotik yürüyüş fantezisi, metaların sınırsız dolaşımını ihlalci bedenlerin sınırsız dolaşımı ile ikame eder. Serbest meta ticaretine ilişkin liberal anlatımı muhafazakâr bir mercekten yansıtan erkek fahişenin sokakları arşınlamasında serbest ticaret ekonomisinin özgül doğası farklı bir karşılık bulur. Dolaşan fahişe figürü, liberallerin savunduğu serbest dolaşım fikrinde örtük biçimde mevcut olan tehdidi sergiler.

Cinsel bir anlam katılan yürüyüş, serbest ticaret ile korumacı sömürgecilik arasındaki karşıtlığa tekabül eder. Serbest ticaret, tüccarların istedikleri kişi ile alışveriş yapabildikleri bir iktisadi düzen tasavvur etmiştir. Tanım gereği bu düzen, kalıcı iktisadi ilişkiler karşısında geçici iktisadi ilişkilere öncelik tanımıştır. Korumacı düzen, tüccarların ticari işlemlerde önceden belirlenmiş taraflara—yerli veya sömürgeci tedarikçi—sadık kalmasını istemiştir. Oysa serbest ticaret erbabı, tüccar ve tüketicinin en iyi fiyatı kimin verdiğine bakarak yerli veya sömürgeci tedarikçilerin yanı sıra ABD'li ve Kıta Avrupası'ndan tedarikçilerle de iş yapması gerektiğini savunmuştur. Adam Smith'in *Milletlerin Zenginliği*'nde karşılaştığımız serbest ticaret vizyonu, sömürgeci ticaretin gerek sömürgeci gerek sömürülen hesabına zararlı etkilerini ortaya koymuştur:

> Ticari düzenin başka değersiz ve zararlı imkânları gibi... sömürgeci ticaret tekeli de bütün ülkelerin, ama esasen sömürgelerin endüstrisinde en ufak bir gelişmeye katkıda bulunmadığı gibi güya fayda sağlamaya çalıştığı ülkeyi geriletir ve buhrana sokar.[19]

Smith ve takipçilerinin savunduğu serbest ticaret düzeni, sömürgeci ticaret ağında kurulan uzun süreli ortaklıkların yerine kendiliğinden kurulan kısa süreli ticari ilişkileri koymuştur. Smith'in sömürgeci ticaret analizine alttan alta karşı çıkan David Ricardo birden fazla ortakla iş yapmanın önemi konusunda Smith ile hemfikirdi: "Bir tüketici için tek dükkândan alışveriş yapma mecburiyeti nasıl bir dezavantajsa bir ulus için de tek ülkenin mallarını satın alma mecburiyeti ciddi bir dezavantajdır" (s. 238). McCulloch'un *Edinburgh Review*'da yayımlanan Tahıl Yasası'na muhalif yazıları "Doğulu ülkeler"in yanı sıra Fransa ve Baltık ülkelerini kazançlı ticaret ortakları olarak görmüştür: "İthal ettiğimiz çeşitli metalar arasında... dünyanın herhangi bir bölgesinde bir dış güç tarafından ihracı yasaklandığı için o bölgeden veya başka bir bölgeden edinemeyeceğimiz herhangi bir meta yoktur."[20] Bir ticaret ortağının bir diğeri ile değiştirilebileceği inancının yansıması olan birden fazla ticaret ortağı çağrısı, dergi veya broşür gibi popüler medya organlarında yapılan tekel eleştirisini şekillendirmiştir.

Serbest ticarer ideolojisinin önemli bulduğu sürekli değişen ortaklıklar Elliot'un *Letter*'ından anlaşılacağı gibi çokeşlilik çağrışımı yapıyordu. Serbest ticaretin çokeşli mantığına ilişkin kaygılar Richard Cobden'ın kozmopolitizmi talebiyle alay edilmesinde en net karşılığını bulur. Aydınlanma'nın dünya vatandaşlığı idealini benimseyen Cobden serbest ticaret savunusunu ticaretin ülkeler arasında barışçıl ilişkileri pekiştireceği fikrine dayandırmıştır. Cobden gibi Elliot da uluslararası ticaretin kozmopolit hissiyatı pekiştireceği kanısındadır ama Cobden'ın aksine Elliot, topluluklar, insanlar ve diller arasındaki küresel kaynaşmanın ne kadar arzu edilir bir şey olduğunu sorgular: "Ah! Richard, dünyadaki tüm dertlerin kâhyası—"*Notre Richard*"—"*El nuestro Ricardo*"—"*Carissimo nostro Riccardo*"—"*Unser liebigste Richard*"—zavallı çokdilli Richard!" (s. 6). Bu sarkastik ve küçümseyici üslup, kozmopolitizmin dünyada barışı ve müşterek anlayışı yüceltme iddiasını göz ardı ederek onu bir dil kolajına indirger. Cobden'ın Fransızca, İtalyanca, İspanyolca ve Almanca'dan aldığı söz öbeklerinden oluşan bu çokdilli nakarat, serbest ticaret erbabının yerli ve sömürgeci tekel yerine geçici ticari ortaklıkları yeğlemesine cinsel bir anlam yükler. Tüm dertlerin kâhyasının sunduğu hizmetin belirli bir biçimden yoksun olması kozmopolit bireyin değişken kimliğini perçinler (Richard, Ricardo, Riccardo, Reichard). Serbest ticaret, cinsel alışverişe tekabül eder, her ikisi de sınırsız mübadelenin yarattığı birden fazla ortaklığa dayanır.

Eros, Romans ve Elliot'ın Oyunu

Elliot, yazdığı zehir zemberek *Letter* birkaç yıl içinde birden fazla baskı yaptığı halde pek başarılı olamayacağı bir uğraş seçerek oyun yazarlığına başlamıştır. 1850'lerde bir iki oyun yazıp yayımlamıştır. Tiyatro tarihi açısından önemsiz olmalarına karşın[21] bu oyunlar küresel kapitalizmin on dokuzuncu yüzyılda geçirdiği paradigma değişimini ele alan edebi ve iktisadi söylemlere açılan önemli pencerelerdir. Cinselliğe bundan böyle yalnızca satır aralarında değinmek zorunda olmayan Elliot, *Three to One* (1850) ve *Five to Two* (1851) adlı iki fars türü komedisinde kur yapma ve zina konularını uzun uzadıya irdelemiştir. Oyunların adlarından anlaşılacağı gibi ilk oyun tek adam için çekişen üç kadın, diğeri ise iki kadın için çekişen beş erkek taliple açılır. Olay örgülerini sınırsız rekabet—serbest ticaretin temel ilkesi—şekillendirir. Şimdi, tutku dolu bir aşkın sınırsız dolaşım meselesine temas ettiği *Five to Two*'ya odaklanacağım. Bu oyunda evli kadınlar, bu kadınları bekâr sanan bazı adamlarla flört eder. Çokeşlilik imkânı bütün sahnelerde gündeme gelerek sınırsız rekabet ve ticaretin tehlikelerini ortaya koyar.

Doğrudan doğruya aşk çağrışımı yapan romans gibi bir terimin kahramanların sıradan hayattan vazgeçtikleri serüven anlatılarına göndermede bulunması rastlantı değildir. Romans öykülerinin ortaya çıkışında eros önemli bir rol oynamıştır. Bu öykülerin erotik arzularla baştan çıkan kahramanları genellikle gündelik vazifelerini savsaklayıp düşsel bir dünyaya ayak basarlar.[22] Anlatıda gündelik olanın askıya alınması ile eros arasındaki karşılıklı ilişki günümüzde Harlequin anlatılarının gelişigüzel bir biçimde "romans" olarak adlandırılmasında karşılık bulur. Erotik arzu ile mucizevî serüvenin örtüşmesi biraz da anlatılan ilişkilerin gayri meşruluğundan kaynaklanır. Arthur mitinde Lancelot ile Guinevere arasındaki ilişkinin gösterdiği gibi eros, romansta temel bir ihlal eylemidir. Romans tam da eros statükoya meydan okunmasını sağladığı için serbest ticaretin ulus-devleti istikrarsız kıldığı, onun sınır bütünlüğünü tehdit ettiği kurmaca anlatılara zemin hazırlar.

Five to Two'da korumacılık yanlısı bir oyun yazarının gözünde, vesayetçi devletin ortadan kalkması için ataerkil otoritenin de askıya alınması gerektiğini görürüz; erotik arzu temsilleri bu durumu romans aracılığıyla dışavurur. Baştan çıkarıcı ve gayri meşru bir nitelik taşıyan flört sayesinde karakterler—ve seyirci—sıradan deneyimleri aşar. İlk sahnenin başında bir otelde kocalarının Hindistan'dan gelmesini bekleyen Clara ve Bell adlı iki kız kardeş görürüz. Burada mekân gibi zaman da eşiktedir: Olaylar muvazzaf asker olan kocaları uzaktayken gerçekleşir. Oyun onların geri dönmesiyle bitecektir. Ne var ki otorite tekrardan tesis edilene dek kahramanlar ahlaken şaibeli ve kaosun kıyısında bir dünyada gezinirler. Clara ve Bell onlarla evlenmeye can atan beş adamla flört eder. Clara ve Bell'in eşikteki bir zaman ve mekânda salınan kaçamakları ataerkil yapıları bertaraf eder. Kız kardeşlerin orta sınıfın gündelik varoluşuna, maceraperest bir şekilde meydan okumaları köklü romans geleneğini çağrıştırdığı gibi, kaba imalar ve hafif davranışlar yoluyla dramatik bir komedi biçimini de alır. Viktorya Çağı oyunlarında komedinin "dramatik motoru", "evliliğin getirdiği saygınlığın hakkından evlilik dışı seks hülyalarıyla gelme çabalarıydı."[23] Oyunun zina ekseninde ilerlemesiyle birlikte komedi gitgide fars halini alır—ve fars halini aldıkça otoritenin ortadan kalkışı ve denetimin imkânsızlığını daha iyi dile getirmeye başlar.

Five to Two'da arzu, söz dinlemez. Hedefe odaklanmak yerine bocaladıkça bocalar ve dolayısıyla korumacı oyun yazarının metaların küresel kapitalizmdeki denetlenemez, sonsuz akışı olarak gördüğü şeyi dile getirir. Oyundaki erotik arzu mekânının kız kardeşlerin kaldığı otel ve Büyük Sergi olması ironiktir; Büyük Sergi Britanyalıların tümü değilse bile pek çoğu için ticari başarı ve teknolojik kalkınmanın simgesidir.[24] Paul Young'ın ileri sürdüğü gibi Büyük Sergi "döneme damgasını vuran kapsamlı zorunluluklar ve iktisadi dönüşümlerin bunaltıcı doğası" ile baş başa kalan Britanyalılara dünyanın geri kalanı ile ilişkilerini düşünme fırsatı sunmuştur. Dünyanın her köşesinden getirilen, Britanya mamulleri ve sanayi makineleri ile birlikte Crystal Palace'ta sergilenen metalar karşısında Britanyalılar, "endüstriyel kapitalizmin Avrupa dışındaki dünyaya nüfuz etmesini" sağlayan "yeni bir dünya düzenini keşfetmiş ve anlatmaya başlamışlardır."[25] Gelgelelim Elliot'ın tahayyülünde Büyük Sergi, siyasi ilişkileri düzenleyen veya Viktorya Çağı'nın emperyal vizyonunu ifade eden bir mekândan çok denetleyici düzeni baltalayan bir mekândır. Clara ve Bell'in taliplerinden Jobbins ve A'cute, Crystal Palace'ta epey erotik bir deneyim yaşayan ortak bir tanıdıklarıyla ilgili dedikodu yaparlar. Bu tanıdıklarının hizmetçisinden onunla ilgili şehvetli serüvenler işitmişlerdir:

Jobbins.
Beni dinlesene: Onun çamaşırcısının kızı benim uşağımın sevgilisi.
A'cute (gülerek)

Senin gibi imrenilesi bekârlar ufak sırları böyle sızdırır işte!
Jobbins.
Adam her cuma ve cumartesi öğle yemeğinin ardından yıkanıp uzun uzun üstünü başını düzeltiyormuş, kızcağız da sevgilisine beyefendinin büyük ihtimalle evleneceğini söylemiş.
A'cute.
Peki gerçekten evlenecek miymiş?
Jobbins.
Hayır. "Sergi"ye gidiyordu ve öğleden sonrayı orada aylak aylak dolaşarak geçiriyordu. Avrupa'nın bir köşesinden diğer köşesine kasıla kasıla yürüyor, Avusturya'dan gelen heykele arsız bir kabalıkla bakıyordu, heykellerin "örtülü" olduğuna şükrediyordum, o derece.[26]

Hizmetçi kız, üstünü başını düzelten adamın bir kadına kur yaptığını düşünmekle yanılır. Ama tamamen değil: Adam, Büyük Sergi'de aylak aylak dolaşmaktan başka bir şey yapmasa da oradaki eylemleri erotik bir arayışı andırır. Sergi'de arsız bir kabalıkla etrafa bakan ziyaretçi, ithal tüketicilik ve erotik arzuyu bütünleştirir. Aylak aylak dolaşmanın tüm olumsuz çağrışımları metaların küresel hareketinden izler taşır ve gösteriş düşkünü züppenin kasıla kasıla yürümesi düzensiz hareketliliğin tehlikelerine işaret eder. Elliot'ın muhafazakâr tahayyülünde dolaşma eylemi, ticaret ve erosun yolları Viktorya Çağı'nda Britanya'nın yeni dünya düzenini henüz dayatmasa da keşfettiğini gösteren Büyük Sergi'de birleşir.

Oyunun neden olduğu daha kapsamlı salınımların merkezinde anlatıya adını veren beş adamla iki kadın vardır. Bu insanları bir araya getiren sayısız değişim momenti seyirciyi huylandırdıkça huylandırır ve bu imkânların ne kadar akla yatkın olduğu sorusunu sordurur. Kadınlar evlenme teklifi aldıklarında cevabı ertelerler—oyun bu belirsiz durum sona erdiğinde biteceği için zorunludur bu. Taraflar birden fazla yakınlığın mümkün olduğu bir serbest ticaret oyunu oynarlar:

Jobbins.
Bayanlar baylar hepimizin katılacağı bir oyuna ne dersiniz?
Bell.

Ben de bunu önerecektim.
A'Cute (Clara'ya dönerek)
Satranç oynar mısın?
Frank.
Ne! —hepimizin katılacağı bir oyun olarak satranç mı! Ey sen *tekelci*!
Hem de şu serbest ticaret döneminde. (III. IV. s. 96, vurgu bana ait)

A'Cute, Clara'nın sadece kendisinin olmasını istediği için satranç oynamak ister. Tekeşliliğe yatkın olmayan kadınlar ise herkesin katılacağı bir oyunu yeğler. Tekeşlilik ve çokeşliliğin dinamikleri iktisadi metaforlara davetiye çıkarır. Tekel, bire bir etkileşimlerin (evlilik veya satranç gibi) metaforu iken serbest ticaret, çokluğu (herkesin katıldığı bir oyun veya rastgele cinsel ilişki gibi) temsil eder. *Letter*'da olduğu gibi burada da azgın cinsellik ile serbest ticaret arasında kurulan benzerlik bu ikisinin sınırları içinde kurulan ortaklıkların geçiciliği ve çokluğuna işaret eder. Clara ve Bell itaat etmeleri gereken ataerkil otoriteye herkesin katıldığı bir oyun oynayarak ihanet ederler, tıpkı Elliot'ın gözünde serbest ticaret erbabının devlet otoritesine zarar vermesi gibi.

Flört epizotları istikrarsızlığı zorunlu kıldığı için kendini düzenleyen piyasalara atfedilen sürekli akış halini temsil ederler. Dalgalanma hali flört ve serbest ticaretin temel özelliklerinden olduğu gibi bir öykü anlatma eylemiyle de yakından ilişkilidir aslında. Hareketlilik, bir anlatı üretmenin koşuludur. A.D. Miller'a göre eros tam da anlatımın omurgasını oluşturan dalgalanma haline bel bağladığı için öykü anlatıcılığına uygundur. Miller şöyle der: "Flört," anlatı üretmek için "çok uygundur" zira "cinsel çekimin aşk ve evlilikte sabitlenmesine" karşı çıkar. Ayrıca flörtün gerektirdiği "dalgalanma ve çeşitlilik", "bir olay örgüsü kurgulamak" için gerek duyulan akışı yaratır.[27] Ben burada küresel kapitalizmin son evresini anlamlandırma çabası sınırsız bir biçimde değişken veya dinamik—kuşkusuz muhafazakârlar için değişken, liberaller için dinamik—bir sistem olarak serbest ticaretle ilgili Viktorya Çağı başındaki algının anlatma eylemi ve kaos temasını ne denli önemli bir unsur haline getirdiğini göstermek istiyorum. Kendini düzenleyen piyasaların istikrarsızlıkları ve dengeye dirençleri onlara anlatı üretme gücü verir.

Dalgalanma, tıpkı piyasada olduğu gibi anlatma eylemi ve eros temasında da temel bir unsur olduğu için serbest ticaret düzeni—bazıları tarafından ulus, imparatorluk ve ataerkil aile gibi istikrarlı sayılan yapıların aksine bir istikrarsızlık simgesi olarak yorumlanan sistem—kolayca bir anlatı konusu haline gelir. Ticaret ile cinsel hazcılık arasındaki kinayeli ilişkinin müphemliği burada gizlidir. Söz konusu müphemlik serbest ticarete ahlaki bir eleştiri yöneltirken bile onun zihinlerde yer etmiş azgınlığını bir kez daha olumlar. Muhafazakârlar, serbest ticaretin istikrarsız olduğunu beyan ederek farkında olmadan onu cazip kılmışlardır.

Eros ve serbest ticarette dalgalanma ve dolaşımın merkeziliği anlatının sonunun üstlenilen ideolojik vazifeye ışık tutar. Miller dalgalanma ile son arasındaki karşıt ilişkiyi şöyle özetler: Anlatıların ortaları "potansiyel olarak bitimsiz dalgalanmalar" sunar ve "doğaları gereği... ereklilikten yoksundurlar; anlatıyı sonlandıran kapanımlar ise olayların kesin bir biçimde bitişine işaret eder."[28] Sonun gerektirdiği sükûnet hali ne liberal iktisatçıların kendini düzenleyen piyasalara atfettiği kapsamlı dinamizm ile ne de muhafazakârların vesayetçiliğin zayıflamasına bağladığı kaos ile uyumludur. Genellikle otoritenin tekrardan tesisine hizmet eden kapanım, dolaşımın bitişine işaret eder. Kapanımın, sonun ertelenmesi ise yeni küresel ticaret düzenlerinin temsiline ve araştırılmasına katkıda bulunan amansız dalgalanmalar gerektirir. 3. Bölüm'de merkezi örgütlenmeye tanım gereği karşı çıkan denizci romanlarındaki epizodik yapının serbest ticaretin otorite karşıtı olduğu varsayılan ruhunun biçimsel bir sonucu olduğunu göstermiştik. Denizci romanlarında olduğu gibi fars türü komedilerde de sonun ertelenmesi, serbest ticaretin temsiline olanak sağlamıştır: Flört ile ilişkilendirilen dolaşma ve dalgalanma hali, sınırsız dolaşımın tehlikeleriyle hazlarının dile getirilmesini sağlamıştır.

Five to Two'daki dramatik çatışmanın çözümünde tepeden tırnağa disipline dayalı bir düzen yeniden kurulur ve serbest ticaretin tehlikeleri frenlenir. Liberallerin eleştirdiği vesayetçi ve korumacı devlet gibi Clara ve Bell kardeşlerin kocaları da tehlikeden koruma iddiası taşıdıkları kadınlar üzerinde denetim uygular ve onların askeri hizmet için bulundukları sömürgelerden dönmesiyle düzen yeniden kurulur. Tahıl Yasaları'nın yeni feshedildiği ve küresel piyasadaki serbest rekabetin ülke ekonomisini şekillendirici işlevinin devlet düzeyinde kurumsallaştırıldığı bir dönemde yazılan bu oyunun sonunda sınırsız rekabeti sona erdiren otorite figürleri bir kez daha dayatılır. Kız kardeşlerin kocaları otelin bir zamanlar kaosun eşiğindeki mekânına geldiklerinde karılarının beş talibi sırra kadem basar. Serbest ticaret oyunu sona erer, tekeşlilik zafer kazanır, edebi romansa nokta konur. Sınırları ve mübadeleyi denetlemeye muktedir bir ataerkinin geri dönüşü devletin korumacı politikalardan vazgeçmeye, yabancı metaları yerli ekonomiye buyur etmeye başladığı bir dönemde vesayetçi bir fantezidir. Ne çelişkidir ki oyunun sonunda ticaretin ürpertici tehlikeleri frenlenirken bırakınız yapsınlar düzeninin hem özgürlük anlamına geldiğini hem de serbest ticareti romansın kaçamak hazları ile uyumlu hale getirdiğini savlayan mite ister istemez katkıda bulunulur.

ALTINCI BÖLÜM

Müştereklik, Evlilik ve Charlotte Brontë'nin Serbest Ticaret Erbabı

İktisadi yazında ve edebiyatta serbest ticaretin mecazi yoldan çokeşliliğe benzetilmesi korumacılığın çöküşüyle birlikte Britanyalıların dünyanın geri kalanı ile ilişkilerinin nasıl bir hal alacağı sorununa temas etmiştir. Serbest ticaret düzeninde ülkeler arasında kurulan değişken ve dayanıksız ittifakların sömürge tekelleri ve diğer korumacı politikaların kalıcı bağlarının yerini alacağı düşünülmüştür. Serbest ticaret, muhafazakâr retorikte acımasız rekabeti simgelerken liberallerin gözünde bireyler ve ülkeler arası işbirliği ruhunu simgelemiştir. J.R. McCulloch ve Harriet Martineau'nun yapıtlarıyla ilgili analizlerimin gösterdiği gibi serbest ticaret savunucuları ticari mübadelenin karşılıklılık temelinde faydalı ilişkiler kuracağını ileri sürmüşlerdir. Rekabetçi ve işbirlikçi ticaret modelleri Britanya'nın serbest ticarete tedricen ve kısmen geçtiği tarihi seyirde her köşesi mübadele aracılığıyla birbirine bağlanan bir dünyaya dair çelişik vizyonlar üretmiştir. Metaların sınırsız dolaşımı bir yandan devletin—ve onun kinayeli bir uzantısı olarak kocanın—vesayetçi otoritesini tehdit ederken bir yandan da uzak memleketlerin halkları arasında müşterek bir bağımlılık kurmayı taahhüt etmiştir.

Bir önceki bölümde, rastgele cinsel ilişkiye giren tüccar figürünün piyasadaki rekabetin tehlikeleri ve hazlarına işaret ettiğine değinmiştim; bu bölümde de birer edebi tema olarak evlilik ve ev yaşamının ticari işbirliğinin fayda ve zararlarının ortaya konmasına yardımcı olduğunu göstereceğim. Evlilik, iki bireyin müşterek fayda temelinde birleşebileceğini gösterdiği için iktisadi ve siyasal bağlamlar dahil her bağlamda karşılıklılık imkânını simgelemiştir. Evlilik iki bireyin—karı koca—çıkarlarına aynı anda hizmet ettiği için evlilik eksenli olay örgüleri, serbest ticaret savunularının ana unsurlarından müştereklik mefhumunu tartışmaya açmıştır. Şimdi serbest ticaret tartışmalarına yönelik derin ilgisi edebiyat eleştirisi tarafından pek ciddiye alınmayan Charlotte Brontë'nin romanlarını, uluslararası ticaretin tüm ülkelerin çıkarına hizmet ettiğini savlayan iktisadi ilke bağlamında evlilik ve ev yaşamının oynadığı rolü tartışmak için ele alacağım.

Charlotte Brontë korumacılığın çöküşünü simgeleyen olaydan—Tahıl Yasaları'nın feshi—hemen önce ve kısa süre sonra serbest ticaretle ilgili çağdaş retoriğe yakından değinen iki roman yazmıştır: *The Professor* (1846'da yazılmıştır) ve *Shirley* (1849). Bu iki romanda da küresel kapitalizmin mantığı ailevi ilişkiler ve ev yaşamı aracılığıyla belirgin hale getirilir. Bu romanların romansal içsellik ile liberal iktisat arasında bir ilişki kurduğunu düşünüyorum: Romanlardaki tüccarların aşk çıkarlarıyla, emirlerinde çalışan yoksul emekçiler ve uzak memleketlerdeki halklarla ilgili köklü endişeleri bu karakterlerin ticaretin bir bireysel kazanç meselesi olduğu kadar işbirliği meselesi olduğu görüşünü savunan serbest ticaret retoriğini içselleştirdiklerini gösterir. Uluslararası ticaret söylemleri, karşılıklılık ve işbirliğini önemsemeleri bakımından evlilik kurumuna benzerler. *Shirley*'de iktisadi olay örgüsü ile evlilik eksenli olay örgüsünün iç içe geçişini bu söylemsel örtüşmenin şekillendirdiğini düşünüyorum. Brontë'nin romanlarının ev yaşamı ideolojisi ile kapitalist ideolojinin uyumunu dışa vurma tarzını incelerken romanlardaki serbest ticaret erbabının coşkulu bir söz dağarcığıyla dile getirdikleri zengin iç dünyalarının İngiltere'nin durumunu konu eden gerçekçi romanın dokusuna romans unsurlarını soktuğunu ortaya koyacağım.

Romanda İçsellik ve İşbirlikçi Ticaret

Kapitalizm ile cinsiyet ideolojilerinin uyumu, Viktorya Çağı romanının gelişiminde asli bir rol oynamıştır. Birbirinden ayrışmış alanlar ideali, kadın öznelliğini bir duygulanım daha çok da şefkat ve sempati alanı olarak tanımlayarak kadınlığı ev yaşamıyla ilişkisi üzerinden tarif etmiştir. İş dünyası ise hayırsever hislerden yoksun bir alan; rasyonel, özerk ve "iktisadi insan"ın boy gösterdiği bir dünya olarak sunulmuştur. Bu duygusal iktisat Viktorya Çağı romanının gelişimini belirlediği gibi Viktorya Çağı romanı tarafından da belirlenmiştir.[1] Romanlardaki olay örgüleri kapitalizm ile ev yaşamını birbirini var eden unsurlar haline getirmiştir: İş dünyası şefkat veya sempati telkin etmez, fakat erkek karakterlerin karıları ve annelerinden görecekleri ufak bir yardımla bu duyguları deneyimlemeleri mümkündür. Nancy Armstrong'un belirttiği gibi ev romanları erkekleri bir yandan faal bir iç dünyaya sahip olan diğer yandan özerklik ve rasyonelliği ön plana çıkaran işyerlerinde faal olan özneler olarak konumlamıştır. Romanlardaki kadın figürü ise duygusal bir motor işlevi görmüştür. Onun eksikliği halinde erkek öznelliği duygulanma gücünden yoksun boş bir içselliğe dönüşmüştür. Armstrong, *Jane Eyre*'in "sosyoekonomik alanın ayrı ayrı unsurlarını anlatı bilincinde yapay bir birlik oluşturacak şekilde yeniden düzenlediğini"[2] ileri sürerek kadın öznenin zengin içselliğinin inşasında Charlotte Brontë'nin romanlarına önemli bir rol atfeder. Armstrong'un tarif ettiği cinsiyetlendirilmiş öznellik, kapitalist sistemin zaferini simgeleyen erkeklerin başka yollardan ulaşamadığı duygusal yoğunluğun kadın öznelliği tarafından üretildiği Elizabeth Gaskell'in *North and South*'u gibi toplumsal sorunlara eğilen romanların temel özelliğidir. Mary Poovey'e göre iktisadi insanın bu yoldan sağaltılması Viktorya Çağı ortalarında yazılan romanın önemli işlevlerinden biridir: "Bir kadının başlattığı, bir başka kadının mükâfatlandırıldığı kişisel gelişim anlatıları" erkek öznelliğinin mustarip olduğu içsel yabancılaşmanın aşılmasını sağlamıştır.[3]

Armstrong, Poovey ve başka yazarların tanımladığı duygusal alışverişi Charlotte Brontë, *Profesör* ve *Shirley* romanlarında ufak değişiklikler yaparak kullanır.[4] Bu iki romandaki tüccar karakterlerin anlatı başındaki duygusal soğuklukları belki de en iyi örneğini annesinin kendi yetişmesindeki rolünü reddedecek kadar özerk ve bağımsız Charles Dickens karakteri Mr. Bounderby'de bulduğumuz iktisadi insanın yaşadığı soyutlamaya işaret eder.[5] *Profesör*'ün, karısı olmadığı gibi olmasını ister gibi de görünmeyen dünyaca ünlü tüccarı Mr. Hunsden ilk bakışta koca bir duygusal boşluğu andırır. Tanıdıkları tarafından "bencil, duygusuz bir adam" olarak anlatılan *Shirley*'nin fabrika sahibi Robert Moore'u da bundan farksızdır.[6] Bu karakterlerin duygusal soğuklukları önceki bölümlerde ele aldığım örüntüyü akla getirir: Yaratıcı yazında sınır tanımaz ticaret ile kronik duygusal soyutlamanın özdeşleştirilmesi. Walter Scott'ın sadakatsiz kaçakçıları ve Marryat'ın söz dinlemez denizcileri gibi Brontë'nin tüccarları da yabancı metaları yerli piyasada, Britanya metalarını yurtdışında erişilir hale getirirler. Walter Scott ve Marryat'ın karakterleri gibi onlar da duygusal bağlardan yoksundur. Bu karakterlerin duygusal boşlukları bazen anavatanını fiziksel olarak geride bırakan bazen de yerliye yabancı karşısında ayrıcalık tanımayı reddeden kozmopolit öznenin yaşadığı soyutlanmayı yansıtır, bu durumu bir kez daha tasdik eder. Dünya vatandaşı olmaya meraklı serbest ticaret erbabı Mr. Hunsden belirli bir ülkenin vatanseveri değildir; tüccar bir ailenin karışık etnik mirasını devralan Robert Moore yaşadığı ülkenin başka ülkeler ile girdiği savaşta galip gelip gelmemesini umursamaz. Mr. Hunsden ve Robert Moore kendi duygusal boşlukları ile çelişecek ölçüde duygulanma kudretine sahip kadınlar ile ilişki kurarlar; ama bu romanlardaki tek duygusal derinlik kaynağı kadın etkisi değildir. Hunsden ve Moore, serbest ticaret erbabına bağlılıklarından dolayı zamanla başkalarını da önemsemeye başlarlar. Brontë, bir yandan serbest ticaretin müşterek bağımlılık etiğine dikkat çekerken diğer yandan müşterekliği hemen hemen imkânsız kılan iktidar yapılarını inceleyerek serbest ticaretin müştereklik iddiasını sorgular.

Brontë'nin kapitalizm ile ev yaşamının müşterek ilişkisini bu kadar iyi kavraması, ticari kozmopolitizmi bu kadar kayda değer bir biçimde analiz etmesi yeni iktisadi paradigmaların birbirini nasıl biçimlendirdiklerini doğru anlamasından ileri gelir. Liberal iktisadi söylem bir yandan serbest ticaret erbabını küresel barış elçileri olarak pazarlarken diğer yandan kendi kendini var eden insanın özerkliğini överek hayırseverlik ile kapitalizm arasında tarihsel bir ittifak kurmaya çalışmıştır. Brontë'nin romanlarında özerklik ile müşterek bağımlılık arasındaki uyuşmazlığın bir anlatı malzemesine dönüştürüldüğünü görürüz: Duygusal soğuklukla malul serbest ticaret erbabı, olay örgüleri ilerledikçe ya duygusal bağlar kurma becerisi kazanır ya da kendi manevi dünyasında bu beceriye en baştan beri sahip olduğu ortaya çıkar. Böylece ülkeler arasında işbirliği ideali, evlilik yaşamı düşlerine paralel bir doğrultuya girer. Yakın okumayla uzun uzadıya ele alacağım gibi sonuçta kapitalizmin özgül bir evresinin ev yaşamı ile uyumlu hale geldiği bir durum ortaya çıkar, zira bu ikisinin müşterek bir empati iddiası vardır.[7] Dünya çapında iş yapan kapitalistin kısa süre önce edindiği duygulanma kudreti, duygusal soyutlanmaya karşı koyan bir kozmopolitizm tarzı yaratır.

Brontë'nin romanları iktisadi insandan daha ikna edici bir duygusal iktisadi özneye duyulan ideolojik gereksinimi saptayarak liberal iktisadi düşüncenin iç çelişkilerini yansıtırlar. *Profesör* ve *Shirley*, Viktorya Çağı ortalarında yazılan romanların ustaca tahayyül ettiği içselliğin, kapitalizm için neden gerekli olduğunu ortaya koyarlar. Serbest ticaret ideolojisi, iktisadi insana dair kaygıları hafifletmek için (kadınlara atfedilen bağıntısal özerklik ile karşıtlık halinde tanımlanan bir özerkliğe sahip cinsiyetlendirilmiş eril) ticaret ile empatinin zıtlaşmadığı bir vizyon sunmuştur. İlkin Adam Smith tarafından ileri sürülen bu vizyonu, 19. yy'da sınıf çatışması tüm gücüyle yadsımıştır. Ayrıca kentlerde yoksulluğun artmasıyla birlikte sınıfsal çıkarların esasen antagonist bir hal aldığını ortaya koyan David Ricardo gibi ekonomi politikçiler bu iyimser vizyonun çelişkilerine dikkat çekmiştir. Modern yabancılaşma ve endüstriyel üretimin acımasızlığına dair kaygıların hakim olduğu bir dünyada romancıların tüccarlara atfettiği zengin iç dünyalar, kapitalist gelişmenin neden olduğu travmaları sergiledikleri bile Aydınlanmacı iyimserlikte dayanak bulan, işbirliği temelli bir ticaret tarzının sınırlarına işaret etmişlerdir.

Britanya toplumu Brontë romanları yazılmadan çok önceleri serbest ticaret erbabı tüccarın duygusal yapısını merak etmiştir. 2. Bölüm'de belirttiğim gibi on dokuzuncu yüzyıl başında kaçakçı figürü anavatana duyulan vatansever bağlılığın ortadan kalkmasıyla birlikte sanki insanlar bütün duygusal bağlarını yitirmişçesine içsellikten yoksun kalmıştır. Roman karakteri tüccarın içselliği serbest ticaretin yükseldiği dönemde kozmopolitizmin anlamını ve içerimlerini tartışmaya açmıştır. Vatanseverliğin eksikliğinde insan ruhunun hali nice olacaktır? Yerli ile yabancıyı ayırmayan bireyin arkadaşlarına ve ailesine bağlı kalması mümkün müdür? Duygudan yoksun serbest ticaret erbabı ile onun duygusal muadillerinin temsil ettiği iki kozmopolitizm türü arasındaki gerilimi aydınlatmaya çalışırken bu ikisinden birinin tarihte mutlak bir şekilde bir diğerinin yerini aldığını iddia etmiyorum. Scott ve Marryat'ın soyutlanmış denizcilerinden sonra ortaya çıkan empati kurmaya muktedir kozmopolit figür belki de en çok Adam Smith'in *Theory of Moral Sentiments*'inde kutsanan bireyin fenomenolojik ötekiye bağlılığına dönük Aydınlanmacı vurguya dayanır.[8] Bağlılık vizyonlarının karmaşık tarihleri olduğu gibi soyutlanma da on dokuzuncu yüzyıl boyunca küresel ticaret tahayyülünün asli unsuru olmuştur. Kaçakçı figürünün yabancılaşması bir duygusuzluğa işaret ederken soyutlanma da genellikle eleştirel mesafe ve hatta bilimsel nesnellik ile bağlantılandırılıp olumlu terimlerle formüllenmiştir.[9] Dolayısıyla çizgisel bir değişimden ziyade kozmopolit öznelliğin ana hatlarının uzun on dokuzuncu yüzyıl boyunca durmaksızın müzakere edildiği bir süreç yaşandığını ve içselliğin—ya da onun eksikliğinin—edebiyattaki temsillerinin bu sürecin yarattığı bir imkân olduğunu düşünüyorum.

Profesör'de Serbest Ticaret Erbabı ve Kozmopolit Ailesi

Brontë'nin sömürgeci ticaret analizi bilinse de serbest ticarete olan ilgisi pek bilinmez.[10] *Profesör* ve *Shirley*'de mevcut olan serbest ticaret retoriği Brontë kız kardeşlerin mali durumundan kaynaklanmış olabilir. Özel mektuplarında uzun uzadıya değindiği gibi Charlotte 1840'ların başında demiryolu hisselerine yatırım yapmıştır. Brontë kardeşler bu yatırımın kısmen denizaşırı ülkelerde özellikle de Birleşik Devletler'deki demiryollarına yönelik ticari spekülasyon patlamasından dolayı potansiyel olarak yüksek maliyetli geri dönüşleri olan riskli bir yatırım olduğunu biliyorlardı. Charlotte Brontë demiryolu balonu patladığında eldeki seçenekleri gözden geçirmek için konuyla ilgili yayınları dikkatle izlediğini belirtmiştir.[11] Charlotte'un denizaşırı ülkelerdeki ticari ve mali yatırımlara yönelik ilgisi, yazdığı romanlarda serbest ticaretle ilgili meselelerin ön plana çıkmasına yol açmış olabilir. Öldükten sonra yayımlanan ilk romanı *Profesör*, tıpkı gerçek hayattaki muadilleri gibi küresel uyumdan bahseden bir serbest ticaret erbabına yer verir. Edebi kariyerinin başında serbest ticaretle ilgilenen Charlotte üçüncü romanı *Shirley*'de aynı konuya geri dönmüştür.

Mali panik sorununu gündeme getiren *Villette*'de ise ticari genişlemenin duygusal ve toplumsal boyutları ele alınmıştır.

Metaların sınırsız dolaşımının aidiyet duyusuna yönelttiği tehdit, on dokuzuncu yüzyılın ilk yirmi otuz yılında sadakatsiz kaçakçı ve otorite karşıtı denizci figürleri aracılığıyla temsil edilmişti. Aynı tehdit Brontë'nin *Profesör*'de yaptığı vatanseverlik analizini de şekillendirir. Brontë bu romanı Tahıl Yasaları'nın feshedildiği 1846'da tamamlamıştır. Romanın yazıldığı ortamı şekillendiren serbest ticaret tartışmaları olay örgüsünde de ön plandadır. Romandaki olayların çoğu Tahıl Yasası Karşıtları Birliği önderi Richard Cobden'ın kendine bir hayran kitlesi yarattığı; serbest ticaret davasının güçlü bir destek gördüğü Belçika'da geçer.[12] Romanın Britanyalı serbest ticaret erbabı Mr. Hunsden sık sık Belçika'ya gider ve anlatının erkek kahramanı Crimsworth ile arkadaş olurlar. Mr. Hunsden'ın dünya vatandaşlığı iddiası, Crimsworth'ün İngiliz bir anneden İsviçre'de doğan ve Belçika'dan İngiltere'ye taşınmak isteyen nişanlısının vatanseverliği ile çelişir. Crimsworth'ün nişanlısı ve Hunsden karşılaştıklarında Hunsden'in anavatanına bağlılık duymaması, kadını hayal kırıklığına uğratır: "Avrupa'daki herhangi bir ülkeye değer vermediğine göre Ay'da veya Ütopya'da doğmuş bir annenin çocuğu olmalısınız?" Buna karşılık zengin tüccar, vatansever bağlılıkların olmadığı yerde başka bağlılıkların olduğunu ima ederek şöyle der: "Ben evrensel bir vatanseverim: Bütün dünya benim vatanım."[13] (s. 264)

Tüccarın kozmopolit idealleri göçebe bir hayata tekabül eder. Mr. Hunsden "on iki ayın beşinde İngiltere'de yaşar; geri kalanında ülkeden ülkeye dolaşır ve kışların bir kısmını şehirde geçirir: Hangi şehirdeyse oraya sık sık misafir getirir ve bu misafirler genellikle yabancıdır" (s. 282). Bu karakter özellikleri, kozmopolit kimlikle Viktorya Çağı'ndaki ev hayatını karşıtlaştırır; adeta sık sık seyahat etmek ve yabancılarla arkadaşlık kurmak evliliğe engelmiş gibi. Mr. Hunsden başlarda romantik aşktan anlamaz gibi görünür. Zoraide diye bir kadının Crimsworth'ü boynuzladığını düşünerek şöyle der: [İlk başta] daha iyi bir teklif olmadığı için o [Zoraide] sana gelmeye istekliydi, fakat... işleri rayında giden bir okulun yöneticisi... daha yüksek bir teklif vererek devreye girdi" (s. 229). Hunsden'in romans ve evliliği nakit işlemlere indirgemesi soğuk, sevgisiz ve sinik bir karaktere işaret eder.

Profesör'ün olay örgüsü ilerledikçe serbest ticaret erbabının kozmopolitizmi ile sevgi eksenli bağlılık arasındaki uyum özellikle vurgulanır ve böylece ulus ile aile arasındaki metonimik ilişki ortadan kalkar. Hunsden, Frances'in hiç görmediği annesine duyduğu bağlılıkla alay etmesine eder ama bir yandan da Crimsworth'ün evlat sevgisine saygı gösterir. Hunsden'ın az sevmekten değil çok sevmekten bekâr kaldığını öğreniriz. Bir kadın başını betimleyen minik bir minyatür fildişi heykeli arkadaşlarına göstererek sevdiği kadına duyduğu uzun süreli bağlılığı belli eder. Bu romans, kozmopolit öznenin küresel insan topluluğuna olan bağlılığının soyutluğundan dolayı içine düştüğü müşkül durumu Hunsden'ın arzu nesnesinin erişilmezliği aracılığıyla ortaya koyar ve bağlılık ile soyutlanmayı dokunaklı bir biçimde örtüştürür. En sonunda gördüğümüz gibi Hunsden'ın sorunu, içsellikten yoksunluğu değil ruhunun derinlerindeki duygular ile dış dünyanın ona sunduğu şeylerin uyuşmamasıdır.

Hunsden'ın duygusal kudretinin yavaş yavaş ortaya çıktığı süreç kendi akrabası olmayan kimselerle dahi akrabalık bağları kurmasıyla doruk noktasına ulaşır. Crimsworth ve karısıyla arasından su sızmaz, oğulları Victor'ın ikinci babası gibidir. Crimsworth bu durumu şöyle anlatır:

> Victor'a bakıyorum; kayınların altındaki çimlerde Hunsden ile oturuyorlar; Hunsden'ın eli çocuğun omzunda ve kulağına kim bilir neler fısıldıyor... Victor, Hunsden'i seviyor... benim bu adama hiç duyamadığım kadar güçlü, açık ve farklı bir sevgiyle. (s. 29)

Omza sevgiyle konan el, fısıldamanın samimiliği ve şimdiki zaman kipindeki anlatımın ortaya koyduğu ikili arasındaki ilişkinin zaman tanımazlığı Hunsden'e sevecen bir sıcaklık katar. Hunsden ile Victor'ın birbirine düşkünlüğü kozmopolitizmin insani bağları akrabalık sınırlarının ötesine taşıma becerisini gösterir ve şu haliyle serbest ticaret erbabının bütün dünyada kurduğu kapsamlı ilişkilerde mevcut olan radikal biçimde dönüştürücü gücü ortaya koyar. Serbest ticaret erbabının uzak memleketlere olan ilgisi ailevi mutluluğa engel değildir, bilakis aileyi tekrardan tanımlamaya muktedir bir siyasi idealdir. Ne var ki *Profesör*'de serbest ticaret erbabının ailevi sıcaklığı kapitalist hayırseverliğin sınırlarını da oluşturur: Bırakınız yapsınlar mantığına müstenit iktisadi ilkeler, maddi koşulları değiştirmekten çok belirli duygusal deneyimleri başka deneyimlere yeğ tutmakta özgür olan ayrıcalıklı bir liberal özne inşa ederler.

Shirley'de Serbest Ticaret Etiği ve Evlilik Eksenli Olay Örgüsü

Napoléon döneminde geçen *Shirley*'de uluslararası ticari ilişkiler ile ailevi bağlar arasında kurulan benzerlik geliştirilir. *Shirley*'deki siyasi meselelerle ilgili akademik tartışmalar romandaki tarihi bağlamlardan birini daha önemli bulmuştur. Roman bu iki meseleyi birlikte ele aldığı halde sınıf çatışması ilgi görürken dış ticaret ihmal edilmiştir.[14] Yorkshire'daki Briarfield'te geçen roman, 1811 ile 1812 arasında gerçekleşen Luddist isyanları kurgusallaştırır. Gerçek hayattaki muadilleri gibi *Shirley*'deki Luddistler de tekstil makinelerini parçalar, bir fabrikaya saldırır ve kendi taleplerini kabul etmeyen inatçı patron Robert Moore ile karşı karşıya gelirler. Romanın olay örgüsünü şekillendiren öbür tarihsel olaylar Konsey Emirleri adı verilen bir kanun metninin tesisi ve feshini konu eder. Napoléon kuşatması karşısında hazırlanan bu emirler başka ülkeleri Britanya malları ile gemilerinden men etme amacı güderek uluslararası ticareti tamamen yasaklamıştır. Ulusal gücü arttırmaya dönük bir çabanın ürünü olan bu kanun, Kıta Avrupası ülkelerinin ve Birleşik Devletlerin, Britanya ile ticaret yapmaya Britanya'nın onlara olduğundan daha muhtaç olduklarını varsayarak basbayağı yanılmıştır. *Shirley* kanundaki emirlerin belirli bir yöre üzerindeki etkilerini ele alır. Yorkshire'lı Robert, Birleşik Devletler'deki pamuklu kumaş piyasasına bu emirlerden ötürü giremez, iflasın eşiğine gelir, günbegün öfkelenen işçilerine yeterli maaş veremez. Konsey Emirleri'ne karşı çıkan Robert hararetli bir serbest ticaret destekçisine dönüşür; ihracat özgürlüğünden yana olduğu gibi İngiltere ile Fransa arasındaki savaşa karşı çıkan kozmopolit bir duyarlık edinir.

Robert kanundaki emirler nedeniyle bireyin uluslararası ticaret hakkını savunmak zorunda kalmadan önce bile serbest ticaret mührünü taşımaktadır. Yarı İngiliz yarı Belçikalı olan bu adam tepeden tırnağa ticari ilişkilerin ürünüdür. Ebeveynlerinin evliliğinin, Antwerp'li bir aile ile İngiliz bir aile arasındaki yakın iş ilişkinin meyvesi olduğunu öğreniriz.[15] Antwerp'te büyüyen Robert sonraları İngiltere'ye taşınmıştır. Etnik melezlik ve coğrafi hareketlilik onda bir soyutlanma duyusu yaratır. Anavatanı ile ilgili bir soruya şöyle cevap verir: "Benim ülkem mi! Hangi ülke ki bu!"[16] Sınırsız ticaretin dünyadaki tüm halklara duyulan bir bağlılık oluşturacağı kanısındaki filozofların idealini tersyüz eden bir kozmopolitizm biçimi söz konusudur burada. Robert hiç kimseye bağlı değildir. Yaşadığı yerde bir yığın insanla çatışır. Yeni makineler almasına öfkelenen işçileri önce mülküne sonra da ona saldırır. Robert bu aşamada genellikle sınır tanımaz tüccarlar ve başka kozmopolit kimselere atfedilen, liberal iktisadi söylemin güçlü bir vurguyla dile getirdiği işbirliği ve müşterek bağımlılık hazzından mahrum kalma haline tekabül eden bir soyutlama yaşamaktadır.

İktisadi ve siyasal kargaşaya romantik aşkın sorunları eşlik eder. Robert'a ümitsizce âşık olan genç kadın Caroline sevdiği adam başlarda ona züppece ve ilgisizce davrandığı için acı çeker. Olay örgüsü ilerledikçe eskinin somurtkan Robert'ı kendi işçileri ve yöre halkı ile uyum içinde yaşamaya başlar ve artık çok değer verdiği Caroline'a gerçek bir sevgiyle evlilik teklif eder. Bu dönüşümü hızlandıran nedir? Caroline Helstone'un kadınlığıyla Robert Moore'a önce evliliğin mahrem alanında sonra kamusal iş dünyasında sevecen olmayı öğrettiği ileri sürülmüştür.[17] Bu okumayı destekleyen güçlü kanıtlar vardır. Romanın ilk bölümlerinden birinde Caroline, Robert'a bir ahlak dersi verir: "İşyerinde çalışan insanları yatıştırma şansını heba etmemelisin, bir isteği emir gibi dile getiren katı bir karakterin olmamalı" (s. 117). Sonraları Robert bundan ders çıkardığını kabul eder. "Sert ve gergin olmaktan" Caroline'ın etkisiyle "yavaş yavaş kurtulduğunu ve... ticaretin sefil ve tüketici hesaplarının yerini saf sevginin, yuva sevgisinin, nezakete susamışlığın, cömert bir koruma ve kucak açma özleminin aldığını" itiraf eder (s. 504). Ev yaşamı, haşin patronun bencilliğini kurutur.

Burada sadece kadın etkisine odaklanırsak iktisadi olay örgüsünün çözümü *homo economicus*un evin uzamında eğitilmesine dayanır; ne var ki serbest ticaretin yükselişi, tüccarın kadınlar ile etkileşiminde olduğu kadar iktisadi çatışmanın sona ermesinde de önemli bir rol oynar. Uluslararası ticarete konan ambargoyla yoksullaşan fabrikadaki işçilerin makul bir maaşa kavuşma şansı dış piyasaların pamuklu kumaş ticaretine açılmasına bağlıdır. Daha da önemlisi, fabrika sahibinin kendini yöre halkının refahına adayan duygulu bir adam haline gelmesi, barışa ve müşterek faydaya kucak açan serbest ticaret retoriğini içselleştirmesinden ileri gelir. Robert'ın serbest ticaret davasına gittikçe artan bağlılığı, gerek işyerinde gerekse evde insanlarla kurduğu ilişkileri uyumlu hale getirir.

Robert'ın bireyler ve topluluklar arasında işbirliği eksenindeki ilişkilere gittikçe artan ilgisi serbest ticaretin iktisadi paradigmalarına temas eder. J.R. McCulloch serbest ticaretin 1820'lerdeki önemini şöyle özetlemiştir: Ülkelerin "karşılıklı olarak gerçekten faydalı bir ilişki kurmaları mümkündür." Serbest ticaret yasakları kaldırıldığında ülkeler birbiriyle ticaret yaparak, bunun sonucunda birbirini varsıllaştırarak "ortak bir çıkar elde edecektir."[18] Müşterek fayda kavramı David Ricardo'nun 1817 gibi erken bir tarihte *On the Principles of Political Economy and Taxation* adlı yapıtında dile getirdiği nispi çıkar teorisinde temellenmiştir. Ricardo'nun sonraları en etkili uluslararası ticaret teorisi haline gelecek bu yapıtında belirttiği gibi ithalatçı ülke, emek gücü dahil olmak üzere kendi kaynaklarını farklı bir metanın etkili bir biçimde üretimine vakfettiğinde bir metanın bir ülkeden diğerine ithali iki ülkeye de fayda sağlayacaktır. Ricardo'nun aktardığı, *Encyclopedia Britannica*'nın "Tahıl Yasaları ve Ticaret" maddesi, serbest ticaret erbabının küresel bir uyum oluşturmaya dönük sorunlu çabasını gösterir:

> Britanya gibi her türlü endüstriyel üründen bol miktarda bulunduran, her toplumun ihtiyacını karşılayacak ölçüde meta barındıran bir ülkenin kıtlık ihtimalinden kurtulması için ticaret özgürlüğü kendi başına yeterlidir. Ülkeler kıtlığa kimin katlanacağını belirlemek için zar atmak zorunda değildir. Dünyada her zaman gıda bolluğu vardır. Bu bolluktan daima yararlanmak için yapmamız gereken tek şey yasaklar ve kısıtlamalardan kurtulmaktır.[19]

Tahıl Yasaları'na yönelik bu eleştirinin öncelikle uluslararası ticaretin asimetrik yapısına göndermede bulunduğu ortadadır. Pek çok ülke sadece hammadde satarken Britanya kendi mamullerini sattığı için dünya ekonomisinde daha güçlüdür. Aynı retorik ülkelerden biri müşkül durumdayken öbürlerinin yardım ettiği simetrik bir dinamik tahayyül etmek için ton değiştirir.

Müşterekliğin Tahıl Yasası Karşıtları Birliği yayınlarında gördüğü destek, Perronet Thompson'ın "Müşterek Bağımlılık"la ilgili yorumunda görüldüğü gibi bir kez daha doruğa ulaşır:

> Şu koşullarda, farklı ülkelerden birinde hasatlarda yaşanan kısmi bir başarısızlık bu ülke ile diğerleri arasında kurulan iletişim sonucunda ortadan kaldırılabilir. Elbette aptalca bir bilgelikle hareket eden bazı insanları buna ikna etmemiz mümkün olduğu sürece.[20]

Thompson, Tahıl Yasası sorununun tarımsal doğasına atıfta bulunur. Zira esasen tahıl ithalatı vurgulandığında, serbest ticaret yalnızca hammaddelerden ibaret gibi görünür. Uluslararası ticaret genellikle hammaddelerin mamul mallar ile mübadelesine dayanmıştır, ama Thompson'ın retoriğinde bu simetrik dinamik örtbas edilir. Liberal ekonomi politikçiler müştereklik vurgusunda bulunduklarında bile serbest ticaretin asimetrisi eleştiriden nasiplenmiştir. 1832'de Baltimore'lu avukat Daniel Raymond, İngilizler ile eşit koşullarda rekabetin mümkün olmadığını ileri sürmüştür; 1858'de Amerikalı iktisatçı Henry Carey, Britanya'nın serbest ticaret politikasının dünyaya boyun eğdirmeyi amaçladığını belirtmiştir; 1856'da Tübingenli ekonomi politik profesörü Friedrich List serbest ticaretin İngiltere'nin işine gelen bir politika olduğu halde endüstriyel kalkınma atağında bulunmayan ülkelere zarar verdiğini savunmuştur.[21]

Kimi Britanyalı iktisatçılar Raymond, Carey ve List'in serbest ticarete itiraz gerekçelerinden hareketle serbest ticareti desteklemiştir: Britanya ile endüstriyel kalkınma yarışında nispeten geri kalmış ülkeler arasındaki ticaret Britanya hegemonyasına yol açacaktır. Küresel ticareti bir ülkenin kazandığı öbürünün kaybettiği bir oyun olarak gören kimseler arasında, zengin ülkelerin ticarette avantajlı olduğunu ileri süren Josiah Tucker ve tahıl sektöründe serbest ticaretin İngiltere egemenliğiyle sonuçlanacağını ileri süren on dokuzuncu yüzyıl ekonomi politikçisi Robert Torrens vardır. Bu kişilere bakılırsa İngiltere tıpkı "ticari refah çağındaki" Hollanda gibi "Avrupa'nın tahıl ambarı", "ulusların büyük deposu", "dünyanın ticaret merkezi" olacaktı.²² Torrens, Avam Kamarası'nda şunu beyan etmiştir: "Gelecekte serbest ticaret devam ederse, imalatçılarımız tüm dünyanın taleplerini karşılayabilir; ayrıca bilgi ve becerileri, sermayeleri ve makinelerinden dolayı mutlak bir avantaj elde edeceklerdir."²³ Yaptığı müştereklik vurgusuna rağmen Tahıl Yasası Karşıtları Birliği, yeri geldiğinde Torrens'in söz dağarcığını kullanarak kendi retoriğinin ne kadar boş olduğunu ortaya koymuş, İngiltere'yi dünyanın atölyesi olarak görmüş ve endüstriyel üretimin İngiltere'ye düşük maliyetli üretim getirisi olacağını savunmuştur. Karl Polanyi şunu belirtir: "Yeryüzündeki tahıl stoğunun tamamı İngiltere'ye serbestçe aktığında ülkedeki fabrikaların tahılı fiyat kırarak satacakları düşünülüyordu." Thomas Carlyle'ın *Past and Present*'ı müştereklik retoriği ile amansız kişisel çıkar arayışı arasındaki sorunlu örtüşmeyi belki de en iyi yansıtan metindir: "Hayatımızın temelinde müşterek bir yardımseverlikten çok meşru-savaş-yasaları kisvesine sokulup "adil rekabet" adı verilmiş bir müşterek düşmanlık yatıyor."²⁴

Serbest ticareti kuşkuyla karşılayan kimseler, ticaretin küresel uyum yaratıp yaratamayacağını sorgularken serbest ticaret savunucuları ticaretin bir ülkedeki sınıf savaşını uzlaştırmaya muktedir olduğunu ileri sürmüşlerdir. Tahıl Yasası Karşıtları Birliği, tahıl ithalatının yoksulların müşkül durumunu düzelteceğini savunmuştur. Cobden'ın Birlik için hazırladığı, Perronet Thompson'ın yapıtlarından kısa alıntılardan oluşan, kolaj tarzı bir propaganda metni Luddist isyanların tahıl sektöründe ticaretin serbest bırakılmasıyla sona ereceğini savunmuştur. Thompson şöyle demiştir: "Gıda sektöründe ticaret serbest bırakılsa makineler hiçbir sıkıntıya yol açmaz, bilakis büyük bir fayda sağlarlar. Sıkıntının nedeni makineler değil ürün ve gıda ticaretinin yasaklanmasıdır." Dolayısıyla Britanya işçi sınıfının yoksulluğunun kaynağı endüstri makinelerinde değil dış piyasaların eksikliğinde aranmalıdır:

> Dokuma tezgâhları kaba kumaşın fiyatını yardası bir şiline indirse, bunun karşılığında yabancı ülkelerden tahıl satın alınsa, dünyanın değişik bölgelerindeki insanlar şimdi giyemedikleri kaba kumaşı giymeye başlarlar

ve bunun sonucunda kaba kumaş imalatçıları için istihdam olanağı her zamankinden fazla olur.[25]

Britanyalı emekçilerden kendi refahlarını dünya nüfusunun refahına bağlamaları istenir. Thompson isyanların son kertede sorumlusunun ticarete dayandırmaları kısıtlamalar ve bu kısıtlamaları dayatan mülk sahipleri olduğu kanısındadır. "Malını yurtdışında satma şansına sahip olan usta imalatçılar... işlerinden olmak ve mülk sahiplerine ödemek zorunda oldukları vergiye katkıda bulunmak için makineler icat etmek arasında sıkışmıştır."[26] *Shirley* ne kapitalistleri masum gösterir ne de mülk sahiplerini suçlar; dış ticaret ile sınıf çatışmasını birbiriyle bağlantılı meseleler olarak değerlendirir:

> "Konsey Emirleri"... Amerika'yı öfkelendirerek Yorkshire'daki yünlü ticaretin piyasasını bitirmiştir... Ufak dış piyasalar şişirilmiştir, bu piyasaların artık bünyelerine başka bir şey alması mümkün değildir ... İstihdam ettiği işçi sayısını büyük ölçüde azaltarak binlerce kişiyi işten çıkaran ve bu insanları yaşamlarını sürdürmek için gerekli araçlardan yoksun bırakan Kuzey'in belli başlı imalatçıları bu *krizde* yeni icat edilen makinelerle tanışmıştır. (s. 62, vurgu bana ait).

Serbest ticarete konan yasal bir engelin yöresel sonuçlarına dikkat çeken *Shirley* kamusal alana bir iki yıl önce egemen olan Tahıl Yasaları tartışmalarına göndermede bulunur.

Konsey Emirleri'ne karşı muhalefeti günbegün şiddetlenen Robert için serbest ticaret işçilerin kazancının ille de patronun kaybını gerektirmediği, bilakis herkesin kazandığı bir sistemdir. Normal koşullarda hasım olan tarafların kişisel çıkarları serbest ticaret düzeninde örtüşür. İthalat yasaklarına karşı muhalefet Briarfield halkını serbest ticaret özlemini simgeleyen fabrika sahibi Robert; yöre radikali Mr. Yorke ve emekçiler ile birleştirir. Robert ihracat yasakları kalktığında işçilerini yatıştırmak için bir şey feda etmesine gerek kalmayacağını düşünür. Olay örgüsü toplumsal uyumu bir dereceye kadar Konsey Emirleri'nin feshine bağlar. İhracat, yasal bir uğraş olduğunda pamuklu kumaş satışından yoksul işçileri geçindirecek kadar kâr elde edilecektir. Aslında emekçilerin durumunu düzeltmeyi taahhüt eden şey son kertede sınıflar arasında kârın tekrardan bölüştürülmesi değil emirlerin feshinden sonra fabrikanın toplam gelirindeki kayda değer artıştır. Amerikan piyasaları ile yapılan ticaretin tekrardan başlaması Robert'ı işçilerinin geçimini rahatlıkla sağlayan bir patrona dönüştürür. Bundan böyle uyumsuz veya huysuz bir adam olmayan Richard yöre halkının çıkarlarına en iyi şekilde hizmet etmekle övünebilir ve kendine başka insanların refahını önemseyen yeni bir benlik inşa edebilir.

Serbest ticaretin siyasi işlevi onun ev yaşamındaki işlevi ile aynı doğrultudadır: Ticaret, birleştirir. Emirlerin feshi sonucunda Robert ile işçileri arasında müşterek bir anlaşmaya varıldığı gibi Caroline ile Robert aynı çatı altında birleşirler, tıpkı Robert ve işçilerinin karşılıklı anlaşmaya varması gibi. Robert, dış piyasaların tekrardan açılmasıyla zengin ve seven bir adama dönüştüğü için artık Caroline'a evlilik teklif edebilir. Serbest ticaret Robert'ı evliliğe hem mali hem duygusal bakımdan hazırlar:

"Emirlerin feshi işine yarayacak mı? Yani derhal ve yeterince yarayacak mı?" diye sordu [Caroline]

"Konsey Emirleri'nin feshi beni kurtarıyor. Artık iflas etmeyeceğim; artık işimi bırakmayacağım; artık İngiltere'yi terk etmeyeceğim; artık yoksul olmayacağım; artık borçlarımı ödeyebilirim; artık depolarımdaki bütün kumaşları satın alacaklar ve çok daha fazla komisyon alacağım: Kaderim bugün sağlam ve sarsılmaz bir temele oturuyor; hayatımda ilk kez üzerine güvenle bir şeyler inşa edebileceğim bir temel."

Caroline, Robert'ı hevesli hevesli dinledi: elini tuttu, derin bir nefes aldı.

"Kurtuldun yani? Bütün o korkunç güçlükler bitti mi?"

"Bitti, nefes alıyorum: Artık harekete geçme zamanı."

"En sonunda! Tanrı büyüktür. Şükret Robert."

"Tanrı'ya şükürler olsun."

"Senin adına ben de şükrediyorum!" Caroline gözlerini imanla yukarıya dikti.

"Şimdi daha çok işçi çalıştırabilirim; daha yüksek maaşlar ödeyebilirim; daha akıllı ve cömert planlar yapabilirim; biraz iyilik yapmanın tam

sırası; daha az bencil olmaya çalışabilirim: şimdi Caroline, sahiden kendi evim diyebileceğim bir ev sahibi olabilirim—ve *şimdi*—"
Durdu, derin sesi çatallanmıştı.
"Ve şimdi" diyerek yeniden konuşmaya başladı—"Şimdi evliliği düşünebilirim, şimdi bir eş bulmanın tam sırası." (s. 594, vurgu orijinal)

Bu pasajdaki "şimdi," Konsey Emirleri'nin feshinden sonraki dönemi simgeleyen zamansal bir gösterendir. Tekrarlanan ve vurgulanan "şimdi," evlilik eksenli olay örgüsünün çözümüne ışık tutar. Emirler feshedildiği için şimdi Robert kendi deyimiyle eskisi kadar bencil olmayan bir adama dönüşür; örtüşen çıkarlar retoriğine göre serbest ticaret dünyasında bencil olmak mümkün değildir sonuçta. Robert emirlerin feshiyle bir yandan kendi zenginliğini güvenceye alırken diğer yandan işçilere daha iyi hayat şartları sunabildiği bir dünyaya kavuşur. Kendi deyimiyle daha hayırlı işlerin adamı olmuştur—anlayışlı, barışçıl, sevecen bir adam. İhracat temelli yeni ekonomi, Robert'a bir koca rolü için gerekli karakter özelliklerini kazandırır.

Bu romanda ticaret ile evlilik arasındaki ilişki nedenselliğin yanı sıra benzerliğe dayanır. Serbest ticaret evliliğe olanak sağladığı gibi ona benzer de. *Shirley*'deki iktisadi olay örgüsü ile evlilik eksenli olay örgüsünün ortaya koyduğu gibi gerek ticaret retoriği gerekse evlilik kurumu bir mübadeledeki tüm tarafların çıkarlarının örtüştüğünü gösterir. Robert ile Caroline'ın evliliği, evlilik kurumunun müştereklik kavramına dayandığını gösterir. Çiftin birbirine duyduğu hayranlık müşterektir, tıpkı evlenme arzuları gibi. Bu kısıtlı anlam çerçevesinde kadının kişisel çıkarına hizmet eden şey—evlilik—kocayı da kesinlikle tatmin eder. Evlilik ile serbest ticaret arasındaki yapısal benzerlik biraz da arkadaşlık ve çıkar birliğini vurgulayan Viktorya Çağı evlilik idealinde temellenmiştir. Dış ticaret pratiği gibi evlilik pratiği de müştereklik düşlerini olumlayan bir seyir izlemese de böyle bir idealin varlığı önemli addedilmiştir. Helena Michie şöyle der: "Hayat arkadaşlığı ekseninde ilerleyen evlilik, çiftin arkadaş olduğu gibi müşterek çıkarlara da sahip olması idealini önemli bulur." "Bağlanma ve beraberce boyunduruk altına girme fiilleri ile arasındaki etimolojik bağlar yoluyla" benzer bir evlilik modeli oluşturan "sevgi ve şefkat eksenli evlilik de karı koca arasında güçlü bir çıkar birliğine işaret eder."²⁷ Robert ile Caroline arasındaki flört ve evliliğin temel özelliği olan eş ve evlilik beklentileri, iktisadi olay örgüsü ile evlilik eksenli olay örgüsünü müşterekliği ön plana çıkararak tematik bir düzlemde birleştirir.

Shirley gerek evlilik gerekse serbest ticaretin müşterekliğe kavramından yararlandığını gösterirken bireylerin çıkarlarının sahiden örtüşüp örtüşmediğini de sorgular. Üçüncü tekil şahıs anlatıcı, emirlerin feshiyle tüm toplumsal ve duygusal sorunların çözüldüğü evlenme teklifi sahnesinin saf iyimserliğine halel getirir. Hem geçmişi (Napoléon Çağı) hem de şimdiyi (anlatımın zamanı) biliyor olmaktan güç bulan anlatıcı, serbest ticaret pratiğinin son kertede kötülüğe yol açtığını otoriter bir sesle anlatır. Emirlerin feshinden sonra "iyi zamanlar gelmiş gibi *görünüyordu*" (s. 591, vurgu bana ait); fesihten sonra bazıları "spekülasyonun dibine vurmuştu"; "ihtimaller", "göz kamaştırıcı" olmakla birlikte "yanıltıcı"ydı (s. 591). Charlotte Brontë'nin siyasi eğilimlerini düşündüğümüzde Robert'ın iyimserliğinin lekelenmesi pek şaşırtıcı değildir. Brontë demiryolu balonu patladığında hayal kırıklığına uğramış olabilir, ama serbest ticaretle ilgili şüpheciliğinin asıl nedenleri düşünsel çabasında ve siyasal eğilimlerinde gizlidir.

Brontë, *Shirley*'i yazdığı sırada Tahıl Yasası Karşıtları Birliği önderi Richard Cobden'ın da aralarında bulunduğu başlıca serbest ticaret destekçilerinin düzenlediği Barış Kongresi toplanmaktaydı. Serbest ticaret erbabı bu kongrede dönemin ünlü kahramanı Wellington'ı dış ticareti yasakladığı için eleştirmiştir. *Shirley*'nin geriye dönük anlatımı 1840'ların olayları hakkında kehanette bulunurken Wellington'ın perspektifine dokundurur.²⁸ Kongre'den söz eden anlatıcı, serbest ticaret erbabına ("Manchesterlı Adamlar") Wellington'ı küçümsedikleri için yüklenir: "Bazılarınız ona "bunak" dediniz—ihtiyarlığıyla, elden ayaktan düşmesiyle alay ettiniz. Siz ne büyük kahramanlarsınız!" (s. 591). "Hadi" diye ekler anlatıcı, "hadi bir Barış Kongresi toplayalım ve sessizce zehrimizi akıtalım" (s. 591). Buradan bakıldığında serbest ticaret erbabının topladığı kongre barışçıl değil saldırgan görünür. Anlatıcı, serbest ticaret erbabının iyimserliğini eleştirirken kendi bütünlüğü içinde roman da müşterekliğe iddialarına dair ümit kırıcı bir perspektif sunar.

Shirley'de sınıf ve cinsiyet eşitsizliğiyle ilgili betimlemeler serbest ticaret retoriğini tartışmalı hale getirir. Robert'ın ev sahibesi Shirley ile Louis arasındaki ilişki, güç dinamikleri açısından bazı ilişkilerin simetrik olmasının gerçekten mümkün olup olmadığını sorgular. İddialı ve tutkulu Shirley, kadınlara çok az fırsatın sunulduğu bir ortamda özgürlük arar. Bu nedenle insanlar ile sürekli zıtlaştığı bir hayat sürer. Kendiliğinden müştereklik olanaksız gibidir: Shirley'nin isteklerini başkaları reddeder. Shirley'nin zapt edilmez enerjisini var eden başkaları ile sürekli çatışma hali, Shirley öğretmenine âşık olduğunu bildirdiğinde doruğa ulaşır ve akrabaları bu duruma karşı çıkar. Shirley'nin öğretmeni Louis de düşük sayılabilecek toplumsal statüsüne rağmen saygıyı hak ettiğini düşündüğü için çevresindekilerle sürekli çatışır. İki sevgilinin kendilerini çevreleyen dünya ile bitimsiz bir güç mücadelesine girmesi aralarındaki ilişkinin saldırgan üslubunun yansıdığı bir bağlam oluşturur. Sınıf ve cinsiyet hiyerarşilerinde saygınlıklarını korumak için gerek duydukları muhalif enerjiden bir an olsun vazgeçmeyen Shirley ve Louis güç dinamiklerini erotikleştirir. Shirley, Louis'i "kralı" olarak Louis'se, Shirley'i hem öğrencisi hem "kraliçesi" olarak çağırır (s. 592-593). Shirley, Louis'den ona hükmetmesini ister; Louis asla zorbalaşmayacağı sözünü verir. İkili arasındaki ilişkiyi belirleyen çok yönlü güç dinamikleri bu erotik diyaloglarda dile gelir—Louis, Shirley'i eğitecek konumdadır; buna karşılık Shirley toplumsal hiyerarşide Louis'nin üstündedir. Evlilik eksenli bu alternatif olay örgüsü Robert ile Caroline'nın simetrik görünen evliliğini alaya alır. İlişkinin taraflarını karşı karşıya getiren erotizm dinamiği tahakkümü içeriklendiren bir söz dağarcığı aracılığıyla bireysel çıkarların tamamen örtüşmesinin asla mümkün olmadığını gösterir. Shirley ile Louis iktidardan vazgeçerek değil onu nöbetleşe dayatarak, bir tahakküm oyunu oynayarak eşitlik özlemi duyarlar.

Robert'ın Konsey Emirleri'ne muhalefetinde olduğu gibi Shirley'nin mücadelesinde de özgürlük arzusu belirleyicidir. Shirley'nin "yeryüzünde Âdem ile yapayalnızken" Havva'nın nasıl biri olduğuna ilişkin görüşünü dile getirdiği bölüm geriye dönük düşünüldüğünde feminist kaygılar olarak görülebilecek şeyleri çarpıcı biçimde dile getirdiği için epey ilgi çekmiştir (s. 314).[29] Shirley'nin belirttiği gibi bu görüş, Milton'ın *Paradise Lost*'u gibi yapıtlarda mevcut olan geleneksel Havva anlatımından oldukça farklıdır: "Milton ilk kadını görmeye çalıştı" der Shirley, "ama göremedi" (s. 315). "Onda kendi hizmetçisini gördü" diye ekledikten sonra sözlerini şöyle sürdürür: "İlk kadının karnı yaşam aşkıyla şişti ve Kadir-i Mutlak olanla dövüşecek bir cesaret doğurdu: Bin yıllık esarete katlanmayı başaran bir cesaret" (s. 315). Shirley, anlatıcının liberal Barış Kongresi'nin hoşnut kaldığı uzlaşma görüntüsünden duyduğu hoşnutsuzluğu paylaşır. Shirley tam da asimetrik güç ilişkilerinin ortasında kaldığı için mücadeleyi ve direnişi değerli bulur. Romanın birden fazla olay örgüsüne dayanan yapısı uluslararası ticaret, küresel barış ve sınıf çatışması gibi meseleleri cinsiyet eşitsizliğinin devamlılığı ve yarattığı travmanın sunduğu eleştirel perspektiflerden ele alır.

İhracatçının Romans Vizyonu

Önceki bölümlerde itaatsiz denizci, denizde dolaşma eylemi, ilkel doğa ve cinsel açıdan yıkıcı kaçamaklar gibi değişik edebi mecazlar ve temaları inceleyerek romansın sınırsız dolaşım, sınırsız rekabet ve merkezi iktidarın çözülmesi gibi paradigmaların temsili ve değerlendirilmesinde bir araç olarak kullanıldığını ileri sürmüştüm. Bu analiz çerçevesinde romans dünyalarının modern kapitalizmin sefil gerçekliğine bazı mucizevî alternatifler sunduğuna ilişkin yaygın görüşe karşı çıkmaya çalıştım. Şimdi İngiltere'de Viktorya Çağı ortalarında yazılan romanların, serbest ticaret paradigmalarıyla romansın yaratıcı ve tutkulu dili arasındaki etkileşimi nasıl yansıttığını sergilemek için *Shirley*'deki kapitalist üretim ve bölüşüme dair betimlemelere odaklanacağım. *Shirley* edebi tür ile küresel kapitalizmin temsili arasındaki ilişkiyi irdelemesi bakımından kayda değer bir vakadır, çünkü romanın anlatıcısı romansın ancak Viktorya Çağı'nda yaşayan kimselerin içinde bulunduğu modern momentten "farklı" olanı anlatabileceğini provokatif bir biçimde ileri sürer. Diğer yandan roman kendi bütünlüğü içinde, bazı ticari pratiklerle romanslarda karşımıza çıkan düşler ve gizemlere yönelik şiddetli arzuyu kısmen de olsa örtüştürür. Harriet Martineau'nun "Dawn Island"ı gibi *Shirley* de modern dönemde kapitalizme duyulan hayranlığın temellerinin bolluk betimlemelerine ve küresel dayanışma tahayyülüne dayandığını gösterir.

Romans ile modern kapitalizmin bağdaşmasını imkânsız bulan geleneksel perspektif, Brontë'nin romanlarına dair gözlemlerden de esinlenmiştir. Burjuva hayatın, romansın dayanakları olan kahramanlık ve gizemden yoksun olduğunu belirten Northrop Frye, Brontë kardeşlerin romansı gerici bir biçimde kullandığı kanısındadır:

> Romansın romandan eski olması onun dar, olgunlaşmamış ve gelişmemiş bir biçim olduğuna dair tarihsel bir yanılgıya yol açmıştır. Romans, kahramanlık ve saflığı idealleştirdiği için onunla aristokrasi arasında toplumsal bir yakınlık kurulur... Romantik adını verdiğimiz dönemde romans, Romantiklerin arkaik feodalizm, kahraman kültü ve idealleştirilmiş libido eğiliminin bir parçası olarak yeniden hayat bulmuştur. İngiltere'de Scott'ın ve bir dereceye kadar Brontë kardeşlerin romansları, Wordsworth ve Burns'ün şiirleri ve Carlyle'ın felsefesini yaratan şey gizemli bir Northumberland rönesansının, Midlands'te yeni başlayan endüstriyelleşme sürecine verilmiş Romantik bir tepkinin parçasıdır.[30]

Frye on dokuzuncu yüzyıl kapitalizmi ile Wordsworth şiirindeki el değmemiş manzaralar ve Carlyle'ın yazılarındaki idealleştirilmiş kahramanlar arasında karşıtlık kurar. Frye'dan sonra edebiyat eleştirisi on dokuzuncu yüzyıldaki romans tezahürlerinin kapitalizmin bireyci etiği, genişleme eğilimi gibi çeşitli unsurlarını temsil ettiğini ikna edici bir şekilde ortaya koymuştur. Marxist, postkolonyal ve yeni tarihselci analizlerin gösterdiği gibi Romantik şiir kapitalizmin geliştirdiği özerk öznelliği somutlaştırmış; emperyal romanslar, sömürgeci fetihler ve Gotik romanlar ticari tekeli simgeleyen metaforlar üretmiştir.[31] Ben de romansın gündelik kuralların aşkınlığına yönelik vurgusunun vesayetçi devletin gerilemesinin anlatımına ve uluslararası ağların tahayyülüne katkıda bulunduğunu ileri sürerek bu perspektiflerin üzerine bir şeyler eklemeye çalıştım. Romans unsurları, on dokuzuncu yüzyıl Britanya edebiyatına yaptıkları katkılarla uzak bir geçmişi canlandırırken bile kapitalist modernliğin farklı farklı veçhelerine değinmişlerdir.

Brontë, *Shirley*'deki epey üstkurgusal olduğu söylenebilecek momentlerde gerçekçilik ve romansın mevcut anı ne ölçüde yansıtabileceğini tartışmaya açar. *Jane Eyre*'de Gotik türünü muazzam bir şekilde psikolojik gerçekçiliğin hizmetine sunarak gösterdiği gibi türsel melezler yaratmak konusunda ustalaşmış bir romancının romans ile gerçekçilik arasındaki karşılıklı ilişki üzerinde durması hiç şaşırtıcı değildir. *Shirley* türlerin harmanlandığı bir deneydir;[32] roman, aşmak istediği romans unsurlarını yavaş yavaş özümser. Romanın ilk paragraflarında "gerçek bir şey" ile edebi romans arasında bir ayrım önerilir; edebi romansın düşsel nitelikleri ile disiplin ve yükümlülük arasında bir karşıtlık kurulur:

> Günümüzden söz etmeyeceğiz; yüzyıl başına gidiyoruz: Eski yıllara—günümüz tozlu, kavruk, sıcak ve kıraç; öğleden kaçacağız, onu öğle uykusunda unutacağız, gün ortasını uyuklayarak geçireceğiz, şafağı düşleyeceğiz...
>
> Sevgili okur bu girişe bakarak seni bir romansın beklediğini düşünüyorsan yanılıyorsun. Duygu, şiir ve düş mü bekliyorsun? Beklentilerinden vazgeç; veya onları azalt. Soğuk, katı ve gerçek bir şey bekliyor seni; çalışmaya mecbur olan herkesin ister istemez uyanıp yola koyulacağını bildiği pazartesi sabahı kadar romantiklikten uzak bir şey. (s. 39)

Bu anlatım, küresel kapitalizm çağında ruhsal içsellik meselesine eğilen bir romanın romansla niçin ilgilendiğini açıklar. Yeknesak ve mekanik bir dünyada anlamsızca var olan "iktisadi insan," istese de, insanların duyduğu (uyaran) ve hissettiği (his) şeyler üzerinde yükselen romansların kahramanı olamaz.

Edebiyat eleştirisi *Shirley*'deki romans unsurlarına işaret ederken bu unsurların serbest ticareti ifade ettiğini görememiştir. Heather Glen'e göre *Shirley*'de romansa duyulan özlem zamanla vazgeçilecek toy bir alışkanlıktır: "Jane'in [Eyre] düşleri yıkıcı ve güç vericidir ama *Shirley*'nin düşlerle yaşayan karakteri Caroline bir romans kurbanı olarak stereotipleştirilir." Glen, Shirley'nin güçlü romans eğilimlerinin bu ortamda yersiz olduğu kanısındadır:

> Shirley "bir evlilik ezgisine" kulak vererek "bu müzik ruhumu okşuyor" der. "Tehlikeye özlem duyuyor gibiyim; bir inanca—bir vatana—veya hiç

değilse arkasında duracağım bir sevgiliye." Fakat bu özlemin yoğunluğu ona ilham veren durumun doğasıyla sınırlandırılır. "Özgürlüğümüzü sorgulayan ya da tehdit eden bir düşman veya zorba yok" der [Caroline'ın amcası] gülümseyerek.[33]

Shirley'nin müziğe tepkisi, "şiddetli uyaranları sevmesi" açısından "sansasyonel" olan romans türüne uygundur.[34] Tanım gereği romanslar, kuvvetli duygulara ilham verme amacı güden huşu uyandırıcı ve heyecan verici serüvenlere yer verirler. Anlatıcının sesi, bu "ruhtan bir kıvılcım" dahi barındırmayan kapitalistlerin yüreğinde "cesur duyguların… ve özsaygının" çoktandır öldüğünü bildirirken iş dünyasına romantiklikten uzak bir doğa atfeder (s.183-184). Fakat ben *Shirley*'de romansın sadece bir süreliğine yersiz göründüğünü ve son kertede anlatıya adını veren kadın kahramanın romans unsurlarınca harekete geçirilen tahayyülü ile uyumlu bazı iktisadi faaliyetlerin ortaya konduğu kanısındayım.

Roman, ticari faaliyet ile Shirley'nin özlem duyduğu romans serüvenlerini yavaş yavaş bağdaştırır, zira anlatının dayanağı biraz da kapitalistin duygulanma kudreti edinmesidir. Robert eksikliğini duyduğunu iddia ettiği romantik duyarlığı sergilemeye başlar: "Romantik değilim. Romanstan, boydan boya kumaşla örtülü şu arazinin üzerindeki beyaz kancalar kadar uzağım." (s. 181). Renk eksenli ve kır çağrışımlı bu imge örgüsü fabrikayı doğal bir arazi, metayı ise bir çiçek olarak betimler. Robert'ın ihracat endüstrisine dair anlatımı, Harriet Martineau'nun "Dawn Island"ta kullandığı doğal imge örgüsüne tekabül eder; Martineau'nun "Dawn Island"ındaki kapitalist ilişkiler bütün dünyaya yayıldıkları için daha sade bir dille ifade edilirler.

Robert Moore'u kozmopolit bir serbest ticaret erbabı kılan nitelikleri—askeri zaferi umursamaması, savaş karşıtlığı—kuvvetli duyguları olan ya da okurda bu duyguları uyandıran bir kahraman olarak tanımlanmasını güçleştirir. Savaş karşıtlığı son derece duyarlı bir tutum olabilir elbette, fakat anlatıcı meseleye böyle bakmaz: "Tüccarlar savaş aleyhinde konuştuklarında her seferinde savaşın kanlı ve barbarca bir iş olduğunu belirtirler… Özellikle de kendi meslektaşlarına ılımlı ve barışçıl bir şekilde yaklaştıklarını söylerler. Durum böyle değildir. Tüccarların çoğu dar görüşlü ve taş kalplidir" (s. 184). Barışsever tüccarların yoksun olduğu ateşli duygular daha çok savaşla ilgili anlatımlarda ortaya çıkar. "O tarihlerde İngiltere'yi İspanya ve Portekiz'de temsil eden kişi olarak" Lord Wellington, "başarıdan başarıya hiç bocalamaksızın" koşar; "Britanya askeri; bu sade, pürdikkat ve dayanıklı ordu güçlüdür!" (s. 185).

Robert'ın bir romans kahramanının özelliklerini kazanması için bir savaşa girmesi gerekir. Çünkü romansa barıştan çok çatışma uygun düşer. Olay örgüsü Robert'a, fabrikası ve makinelerini Luddistler karşısında savunma şansı vererek bir romantiğe dönüşme fırsatı sunar.[35] Serbest ticaret erbabından Robert'ın kendi fabrikasını savunmasındaki romans potansiyeli hemen görünür hale gelmez. Durumdan ümitsiz görünen Shirley, Caroline'ın "[Robert'a] kahramanlık telkin etme" arzusunu alaya alarak şöyle der: "Şövalyelik günleri mazide kaldı artık: Kılıç dövüşünden hamleler değil para, gıda ve hayat kavgası izleyeceğiz" (s. 333). Shirley'nin tüccara şövalyevari kahramanlığı çok görerek geçmişin bilindik romans öykülerinin önemsizliğinden bahsetmesi, Robert'ın çabaları düşünüldüğünde pek anlamlı değildir. Robert metaların üretimine tahsis ettiği binayı "sağlamlaştırıp bir garnizona dönüştürerek" ve "ödünsüz bir metanetle" savunarak Carlyle'ın hayranlık duyacağı bir kahramana dönüşür ve kılıç dövüşündeki hamlelerle yaratılamayacak heyecanı kendi elleriyle yaratır (s. 337). Serbest ticaret erbabının romansında askeri mecazların yanı sıra olayların geçtiği yöre de önemlidir. Shirley, yöredeki papazın Robert'ı savaşı umursamadığı için suçladığını işittiğinde ("Bu adam savaşın bir an önce bitmesi için durmadan yazıyor ve konuşuyor: Ona hiç tahammül edemiyorum" [s. 214]) iktisadi ilişkileri mitik terimlerle formülleyerek papaza cevap yetiştirir:

"Ben bu Romantik Herifi tüm kalbimle seviyorum"
"İçine fabrika kaçmış bir Romantik olur mu?"
"İçine fabrika kaçmış bir Romantik..."
....
"Yani tüccar bir kahraman? İyiymiş!"
"Böyle düşündüğüne sevindim. Ben de onun bir kahramana benzediğini düşünüyordum" (s. 215)

Shirley'nin gözünde tüccarın cazibesi, üretim mekânıyla arasındaki organik ilişkiden kaynaklanır. Endüstriyel üretimin bir hayli teknolojik karakterinin kısmen unutulması, kapitalizmin temsilini bir hayat memat meselesi haline getirir. Kapitalist üretim, memleket ve doğa arasındaki birliği tekrardan kuran Shirley, tüccarların faaliyetlerini uyaranlar ve duygular alanı ile bütünleştirir; oysa romanın anlatıcısı ilkin, ticari faaliyeti gündelik uğraşa karşıt düşünmüştür.

Robert'ın serbest ticaret eksenli kalıcı ticari refahla ilgili ileri sürdüğü son görüş anlatıcının romanın başında bulunduğu türsel varsayımı olumsuzlar. Robert şöyle der: "Şimdi anlatacağım şeyin gerçekleşeceğini tahmin edebiliyorum Caroline. Bu savaş kısa sürede bitecek: Ticaret önümüzdeki yıllarda büyük ihtimalle gelişecek" (s. 597). Daha önce olay örgüsünde romansa engel olan tüccarın barışseverliği şimdi genellikle modernliğe atfedilen "soğuk ve sefil" rasyonaliteden ziyade romans öykülerinin büyülü dünyasına ait olan kâhince bir niteliğe dönüşür. Ne çelişkidir ki tüccar, geçmiş ile bağ kurma becerisini serbest piyasa kapitalizminin son paradigmalarını içselleştirerek edinir. Robert'ın ileri sürdüğü bir sonraki görüş, Konsey Emirleri'nin feshiyle birlikte piyasaların bir kez daha yerli pamuk satışına açılması sonucunda olacakları uzun uzadıya anlatır. Robert ile Caroline şunları konuşur:

"Şu kıraç Boşluğu evlerle doldurabilirim… Koru, beş yıla kalmadan odun olacak: Vahşi ve güzel koyak, kaldırımlı bir sokak olacak: Karanlık koyakta ve ıssız bayırlarda evler olacak. Sert çakıl taşlarıyla döşeli bu yol, fabrikamdan getirilecek cürufun üzerinde yükselen düz, sağlam, geniş, kapkara, isli bir yol olacak…"

"Korkunç! Tepelerimizden süzülen o masmavi memleket havasını Stilbro dumanının tüttüğü bir atmosfere çevireceksin."

"Pactolus nehrini Briarfield vadisinden geçireceğim." (s. 598)

Robert boşluğu iskân etmekten ve el değmemiş doğayı (koru) faydacı bir amaçla kullanmaktan (odun üretimi) söz ettiğinde Caroline'nın imgelemi bu düşü yeni bir büyüleyici durum olarak algılamaz. Doğrusu söz konusu olan pek geleneksel bir ihtimal değildir: Fabrika cürufuyla döşeli isli bir yol, Robert'ın gözünde, doğanın bereketiyle özdeştir. İhracat temelli zenginliği tarif eden bu mitik dil, endüstri öncesi geçmiş ile endüstriyel şimdi arasında süreklilik sağladığı gibi dünyanın mevcut siyasi biçimlenişini bir süreliğine unutturur. Midas'ın altın dokunuşuna maruz kalan, Anadolu'nun en batısındaki noktaya can veren nehir İngiltere'deki bir vadiye serbest ticaret erbabının tahayyülü dolayımıyla akmaya başlar. İhracatçı kendi iç dünyasında derinlik kazandıkça küresel bağlantılar anakronistik bir biçimde gelişmeye başlar. Robert bütün saflığıyla adil kapitalist ilişkilerin egemen olduğu bir dünya hayal etse de bu ilişkiler roman boyunca kurulmaz.

Serbest ticaretle ilgili fikirleri aracılığıyla mitik bir geçmişi canlandıran kozmopolit bir tüccarın yer aldığı *Shirley*, liberal iktisadi retorik ile modernlik arasındaki özgül ilişkiyi yansıtır. Harriet Martineu'nun yapıtlarında ilkel doğa mecazına ilişkin analizimde tartışmaya açtığım gibi serbest ticaret erbabının ulus-devlet karşısındaki kozmopolit ilgisizliği kapitalizmin son evresini arkaik bir evreye dönüştürerek çelişik bir durum yaratmıştır. *Shirley*'de serbest ticaretin, kapitalizmin yol açtığı travmalara dair anlatımlar eşliğinde romans biçimini alması, İngiltere'de serbest ticaret ivme kazanırken küresel mübadele ilişkilerine yüklenen anlamda doğal imge örgüsü ve mitik dilin belirleyici olduğunu gösterir. Küresel mübadele düşleri modernliğin karmaşık zaman deneyimine katkıda bulunarak içinde geçmişi barındıran bir şimdinin tahayyül edilmesini sağlamıştır. *Shirley*'de yer alan ticaretle ilgili romans imgeleri on dokuzuncu yüzyıl kapitalizmini modern öncesine ve duygusal kendiliğindenliğe bağladıkları ölçüde bir edebi soykütüğünü çağrıştırırlar, fakat Marryat'ın denizci romanlarındaki, Martineau'nun iktisadi öykülerindeki veya Serle ve Elliot'ın fars türü komedilerindeki soyut mekânlara ve otorite karşıtı karakterlere yer vermezler. Şimdi Viktorya Çağı ortalarında yazılan romanlarda yer alan ticaret anlatımlarında mekânsal altüst oluş ve başkaldırı mecazlarının nasıl kullanıldığını incelemek için bir başka kanonik romancıya, Charles Dickens'a geçeceğim.

YEDİNCİ BÖLÜM

Charles Dickens'ın *Little Dorrit*'inde Mekânın Sıkışması

*L*ittle Dorrit durgun bir denize ve denizdeki akıntıların birleşmesine yapılan göndermelerle açılır; bu göndermeler sınırların hem dayanıklılığı hem de hassaslığına işaret eder. Sınırların izolasyonu ve genişlemesine ilişkin bu düşüncelere vesile olan Marsilya'daki uluslararası pazardır:

> Limandaki kirli denizde ya da limanın ötesindeki güzel denizde minik bir dalga bile yaratacak kadar rüzgâr yoktu. Siyah ve mavi renkler arasındaki ayrım çizgisi, berrak denizi kirli denizden ayıran noktayı gösteriyordu; ama açık deniz de hiçbir zaman karışmadığı limandaki su birikintisi kadar durgundu... Tentesiz gemiler el yakacak kadar sıcaktı... Hintliler, Ruslar, Çinliler, İspanyollar, Portekizliler, İngilizler, Fransızlar, Cenevizliler, Napolililer, Venedikliler, Yunanlar, Türkler Marsilya'ya ticaret yapmaya geliyor, Babil kulesinin mimarlarının torunları sığınacak bir gölge arıyordu... Güneşlikler, pencere kafesleri, perdeler, tenteler kimse içeri bakmasın diye kapatılmıştı. Belki bir çatlak veya anahtar deliğinden güneş ateşten bir beyaz ok gibi çarpıp geçiyordu. (s. 15)

Limandaki kirli deniz hareketsizliği çağrıştırırken öbür imgeler durdurulması imkânsız harekete işaret eder. Güneş, engel tanımaz ve her köşeye yayılır. Heterojen kalabalık genişlemenin gücünü simgeler, dünyanın farklı bölgelerinden tüccarlar birbirine karışır. Fakat kozmopolit pazar bir yandan da bu karışmanın sınırlarına işaret eder. Babil referansı kalabalığın bir felaket belirtisi olarak bölünmüşlüğüne dikkat çeker.

İkisi de sınır mefhumu üzerinde duran izolasyon ve genişleme mecazları romanın ilk bölümündeki ortam ile gayet uyumludur. İtalyan kaçakçı Cavalletto ve yeminli kozmopolit Mösyö Rigaud ile karşılaştığımız Fransa'daki cezaevi hücresi kentin telaşından uzak bir yerdedir ve hapishanedekileri yeraltına hapseder. *Little Dorrit* gerçek hapishanelerle birlikte mecazi hapishanelerden de bol miktarda bulundurmasıyla ünlüdür. Mesela Little Dorrit'in patronu Mrs. Clennam felçli halini bir tür hapis yaşamı olarak görür: "Kollarım ve bacaklarımı kullanamıyorum, odadan asla çıkmıyorum. Şu kapıdan dışarı çıkmayalı o kadar [uzun] süre oldu ki… Ne yaz görüyorum ne kış, şuracığa tıkılıp kaldım" (s. 46). Lionel Trilling'in romanla ilgili popüler yorumu hapis yaşamı temasının *Little Dorrit*'in birbiriyle bağlantısız görünen olay örgülerini organik bir biçimde bağladığı görüşünü yaygın yorum haline getirmiştir.[1] Bana kalırsa hapis yaşamı teması romanın ticari faaliyete dönük bitimsiz vurgusu ile birlikte var olur: Virtüözümüz Dickens'ın değişik biçimlerde kullandığı izolasyon ve genişleme temaları insan psikolojisine değindikleri gibi kapitalist mübadele ilişkilerinin küresel karakterini de yansıtırlar. Roman, psikolojik ve iktisadi olanı birleştirerek sınırsız dolaşımın öznel etkilerini irdeleme olanağına kavuşur.

Little Dorrit dünyayı gezen tüccarlara ilişkin geniş bir katalog sunar: Marsilya'daki uluslararası pazardaki tüccarlardan oluşan kozmopolit gövde, İngiltere'ye sonraları göçen sempatik bir İtalyan kaçakçı, babasının Çin'deki ticaret bürosundan feragat eden orta yaşlı bir İngiliz, "satacağı bir metayla" Manş Denizi'nde seyahat eden Fransız bir haydut, romanın dünya çapında zengin ve nüfuzlu iş adamı Mr. Merdle, Marshalsea Hapishanesi'nde peyda olan minik kaçakçılar. Romandaki ticaret temsilleri meta fetişinden paranın değersizleşmesine, Viktorya Çağı'na hakim olan kapitalist kültürün değişik veçhelerine ışık tutar kuşkusuz, ama ben daha çok mübadele ilişkilerinin küresellikten ödün vermeyen karakterini ele alacağım.[2] Dickens'ın çözülmeye yüz tutan mahrem ile kamusal ayrımını küresel kapitalizmde temellendirdiğini göstereceğim. Tüccarlar ve metalarının ulusal sınırlardan evlerin eşiğine tüm sınırları ihlal ettiği bir dünyada mahremiyetin yazgısı nedir? *Little Dorrit*'te metalar önlerine çıkan tüm engelleri aşarak dizginleri elinde tutmaya çalışan liberal burjuva bireye zarar verirler. Bu bölümün ikinci kısmında Dickens'ın gittikçe hızlanan dolaşım ve sermayenin akışkanlığı gibi soyut iktisadi fenomenlere ayna tutma becerisinin Clennamlara yapılan şantajı konu eden romanın ikincil olay örgüsünde Gotik mecazlar kullanmasından ileri geldiğini öne süreceğim. Romans kronotopunun Gotik sınırlar dahilinde işleyişini sergilerken Dickens'ın küresel kapitalist düzende mekânın sıkışmasını yansıtmak için başvurduğu yeni edebi teknikleri tartışmaya açacağım.

Dickens'ın son derece şaşırtıcı ve özgün mekân formülasyonları, Viktorya Çağı'yla ilgili araştırmaların küresele dair kuramsal tahayyüllerinden, dönemin serbest ticaret tartışmalarından, Marx'ın mesafenin yok oluşu kuramından izler taşırlar. Öncelikle romanın yazıldığı ve yayımlandığı tarihte gündemi işgal eden afyon ticaretiyle ilgili iktisadi tartışma üzerinde duracağım. *Little Dorrit*'in tematik bünyesinde bu iktisadi tartışmanın nasıl ele alındığını saptadıktan sonra anlatıdaki Gotik kronotopun serbest piyasa kapitalizminde mekân deneyimine hangi yoldan ışık tuttuğuna ve söz konusu özgül mekân deneyiminin kökleşmişlik ile onun Viktorya Çağı'ndaki alternatifleri hakkındaki anlayışımıza neler kattığını inceleyeceğim. Amanda Anderson'a göre Viktorya Çağı'na hakim olan kültürde taşralı fikir ve pratiklere karşı belirli bir mesafenin fiziksel olarak ya da eleştirel düşünce ve bilimsel metodoloji gibi düşünsel pratikler aracılığıyla korunması kökleşmişliğin karşıt kutbunu oluşturuyordu.[3] Gelgelim Dickens romanında mekânın sıkışması bizleri kökleşmiş olan ve uzakta olan gibi bir ikiliğe meydan okuyan canlı bir ticaret akışı üzerine düşünmeye çağırır. *Little Dorrit*'in köklerinden kopmuş tüccarları, kapitalizmin her köşeye uzanan dokunaçlarından uzak kalabilen bir dışarısının mümkün olmadığı şeyleşmiş bir dünyanın habercilerdir.

Dickens ve Liberallerin Çin-Britanya Ticaretine İlişkin Tutumu

Jeff Nunokawa'nın ileri sürdüğü gibi *Little Dorrit*'i "dolaşımın akışı sonucunda uzaklara savrulan" insanlar ve onların yazgısıyla ilgili bir romans olarak okursak, korumacı tutumun beyhudeliğine ilişkin liberal kanıyla gayet uyumlu bir anlatı söz konusudur. Romanda mülklerin "sabitlenmesi," önemli fakat olanaksız bir amaçtır.[4] Marshalsea hapishanesindeki gardiyan, metaların dolaşımına engel olmanın güçlüğünü anlar. Mevzuyu anahtarını sallayarak açan gardiyan şöyle der: "Bir adamın mülkünü genç bir kadına bıraktığını düşünelim… kadının bu mülkü elde tutması mümkün müdür?" (s. 79). Gardiyanın elindeki anahtarın simgelediği kanuni kısıtlamalar, metaların en taşınmazı olan mülkün dolaşımını denetlemekte âciz kalırlar. Bir kronik borçlu olarak Mr. Dorrit'in statüsü de *zavallı Dorrit* sözü dolayımıyla sermayenin altüst edici hareketliliğine işaret eder. Aşılmaz engeller aşan romanın kaçakçıları ticareti frenlemenin olanaksızlığını ortaya koyarlar. Karla kaplı Alp dağları gibi en zorlu doğal engeller bile kaçakçıların önünü kesemez. Alp dağları olsa olsa geçit vermez. Doğal zorluklara baskın çıkabilen tek şey mali saiktir. Yolculardan biri "bu yolu kışın sadece kaçakçılar kullanır" diyerek durumu doğrular.

Dickens'ın *Little Dorrit*'i yazdığı tarihlerde Tahıl Yasaları feshedilmişti, fakat serbest ticaret sorunu henüz çözüme kavuşturulmamıştı. Pek çok muhafazakâr Britanya'nın serbest ticaret hamlesini bir kıyamet alameti olarak görüyordu; liberaller ise Kıta Avrupası'ndan İngiltere'ye mal akışını engelleyen Denizcilik Yasası gibi yürürlükteki korumacı kanunlardan yakınıyordu. Dünyanın dört yanından gelen malların mağrurca sergilendiği Büyük Sergi (1851) serbest ticaretin zaferini göstermiştir; gelgelelim serbest ticaretin etkileri yüzyıl ortasında gündemi işgal eden önemli tartışma konuları olmayı sürdürmüştür.[5] Yüzyıl ortasındaki serbest ticaret tartışmalarında en çok öne çıkan konulardan biri Çin-Britanya ticaretiydi. Çin ile afyon ticaretinin Doğu Hindistan Kumpanyası'nın bir zamanlar Çin ticaretinde tekel kurarak afyon piyasasını manipüle etmesine zemin hazırlayan korumacı sömürgeci politikaların sonucu olduğunu pek çok Britanyalı biliyordu. Afyon Savaşları serbest ticaretle ilgiliydi; nitekim nedenleri ve sonuçları arasında Çin devletinin limanlarını Britanyalı tüccarlara kapatması vardı.

Little Dorrit babasının ardından Çin'de yirmi yıl iş yaptıktan sonra 1827'de Londra'ya dönen kahramanı Arthur Clennam'ın geçmişi ile ilgili ayrıntılı bilgiler vermese de bazı sezdirimlerde bulunarak inceden inceye afyon ticaretine değinir. Clennamların Çin'de ticarete atıldıkları dönem baba ile oğlun utanılası bir iş olan afyon ticaretine girdiklerini provokatif bir dille sezdirir.⁶ Britanyalı tüccarların bu metaya kendi limanlarını kapatan Çin'den hiç abartısız tonlarca afyon kaçırdıkları bir döneme tekabül eden afyon ticaretinin altın çağında Clennamların Çin'de ticarete atıldıklarını anlarız. *Little Dorrit*'in çağdaş okuru afyon ticaretinin tarihinden haberdardı, çünkü Dickens 1857'de bu romanı yazdığı sırada ikinci afyon savaşı yaşanmaktaydı. Tıpkı birincisinde olduğu gibi ikinci savaşta da Britanya, Çin'den limanlarını ithalata açmasını talep ediyordu.

Afyon ticaretinin başlaması ve sona ermesiyle ilgili kamusal tartışmalar ihracat ve ithalat yasakları üzerinde durmuştur. Ama bunun böyle olması iktisadi liberalizmi savunan kişilerin afyon ticaretinin serbest bırakılmasını istedikleri anlamına gelmez. Tam aksine afyon ticaretinin küresel bir bırakınız yapsınlar düzeninin kurulmasına tehdit olduğu düşünülmüştür. *Eclectic Magazine* adlı popüler bir dergide iki savaş arası dönemde yayımlanan "British Intercourse with China" başlıklı bir yazı bu tutuma örnektir. Gerek Britanya gerekse Çin korumacılığını hedef alan yazar, "Avrupa başlıca mahsulü olan tahıla konan aşırı vergiye misilleme olarak kıyılarına Çin Seddi'nden daha zorlu bir tarife seddi kurarken" "Britanyalı tüccarların çaresiz kaldıklarını" anlatır. Yazar, Çin ile korumacılık arasında mecazi bir bağ kurmasına rağmen Britanyalılar ile aralarında "giderek güçlenen ilişki ihtimalini Çinlilerin sevinçle karşıladığını" iddia eder. Ne var ki "afyon öldürücü bir etki saçtığı" için Çin-Britanya ticaretinin gelişmesi mümkün değildir—Çinliler, kendi vatanlarında bu alışkanlığı yaydıkları için Britanyalı tüccarlara öfkelenirler; kendi ekonomileri o "sevimsiz" afyon ticaretinden zarar görür.⁷ *Eclectic Magazine*'de karşımıza çıkan bu antipati, kanundışı yollardan sınırların aşılması çağrışımı yapar ve *Little Dorrit*'te afyon ticaretinin bir Gotik sır oluşunu açıklamaya başlar. Clennamların Çin'deki uğraşı konusunda hem ailenin hem de anlatıcının ketumluğu, özelde ailenin genelde ulusun geçmişteki adaletsizliklerini sezdirir.

Çin-Britanya ticareti Afyon ticareti dışında devletin ticari ilişkilerdeki rolüne ilişkin pek çok soruyu da gündeme getirmiştir. 1830'larda J.R. McCulloch gibi liberaller Doğu Hindistan Kumpanyası ile ilişkisi olmayan Britanyalı tüccarların Çin mallarına erişmesini engelleyen sömürgeci politikaları eleştirmiştir.⁸ Doğu Hindistan Kumpanyası'nın Çin-Britanya ticaretindeki tekeli 1833'te bitmiş, böylece McCulloch'un analizi yüzyıl ortasında geçerliliğini yitirmiştir. İngiltere'nin Hong Kong'u sömürgesi haline getirdiği Afyon Savaşları ve Nanjing Antlaşması'ndan sonra Çin devletinin öteki limanlarını Britanyalı tüccarlara açıp açmayacağı, bunun ne ölçüde mümkün olduğu tartışılmıştır.

Tahıl ithalatı gibi Britanya mallarının Çin'e ihracatı da serbest ticaretin faydalarına ilişkin kapsamlı tartışmalara vesile olmuştur. Yabancı ülkelere akan Britanya malları için bırakınız yapsınlar politikasını savunmak daha kolay olmuştur, zira Britanya toplumunun kendi ülkelerinin yabancı tüccar ve meta istilasına uğramasından endişelenmek için bir nedeni yoktu. Ticaret aracılığıyla kurulacak sınırsız bir dünya düşünü ön plana çıkaran Cobdenci retorik, 1850'lerde *Edinburgh Review*'da çıkan Çin'le ilgili yazılara hakim bir motiftir.[9] Gerek Tahıl Yasaları'na muhalefet gerekse ticaretin serbest olduğu bir Çin çağrısı, serbest piyasa ideolojisinde mevcut olan emperyalist tutumu ortaya koyar. Joseph Beaumont adlı bir yorumcunun *Edinburgh Review*'da belirttiği gibi Çin İmparatorluğu'nun "mutlak ve özgür bir biçimde dünyaya kapılarını açması gerektiğini" savunan tutum "bu devasa imparatorluğu Avrupa ticareti, sanatı, uygarlığı ve dinine açma" zorunluluğuna dikkat çekmiştir. Beaumont'nun Çin'in "kendini sınırlarına hapsetmesi" üzerinde duran retoriği Dickens'ın romanındaki kozmopolit piyasa anlatımında da karşılaştığımız denizcilik mecazından yararlanır. Beaumont'a göre Britanya, "Çin İmparatorluğu'nun durgun denizlerini sağlıklı ve bereketli bir eyleme vesile olabilecek aktif esintilere açmayı"[10] amaçlamıştır. Beaumont'nun durgun deniz ile aktif esintilerin kaynaşmasında karşılık bulan metaforu ile Dickens'ın bu metaforu pazar sahnesinde kullanması arasındaki benzerlikten söz ederken *Little Dorrit*'teki durgun denizin Çin'i simgelediğini ileri sürmekten çok (çünkü Çin'i simgelemez) sınırlar arasında gerçekleşen dolaşımın iktisadi tartışmalarda asli bir paradigma teşkil ettiğini gösterme niyetindeyim.

Dickens önce *Morning Chronicle* ve *Daily News*'da gazetecilik, sonra *Household Words*'te editörlük yaparken serbest ticaret ve Çin-Britanya ticareti konusunu edebiyat dışı mecralarda da ele almıştır. 1830'lar ve 1840'larda yazdığı yazılarda korumacı tutumu eleştirmiş; Tahıl Yasası Karşıtları Birliği'ni savunmuştur: "Bu Birlik bazı zengin ve hoşnutsuz tüccarlar tarafından kurulmadı; onu toplumun mevcut durumunun bir göstergesi olarak değerlendirebiliriz: Geçiş sürecine işaret eden mutlak bir gösterge. Bu geçişin hukuki sonucu Tahıl Yasaları'nın feshi olacak."[11] Dickens, İngiltere'nin durumuna eğilen romanların popüler hale gelmesine epey katkıda bulunmuş; bu romanların ruhu aracılığıyla işçi sınıfı ve burjuvaziye ilişkin kaygılarını dile getirerek devlet müdahalesine karşı çıkmıştır. Toprak sahiplerinin korumacı tutumunu eleştirdiği "The Agricultural Interest" adlı satirik yazısında, kozmopolit karışma sorunundan çok Britanya'daki sınıf çatışmasıyla ilgilendiğini ortaya koymuştur.[12] Dickens'a göre tüccar, esnaf ve emekçinin refahı pahasına toprak sahiplerinin çıkarlarını kolladıkları için Tahıl Yasaları feshedilmelidir.

Dickens Tahıl Yasaları'nın feshinden sonraki dönemde özellikle Çin kültürü ve ticaretiyle ilgili yazılarında kozmopolit karışma ve uluslararası mübadele gibi sorunların merceğinden serbest ticareti değerlendirmeye koyulmuştur. İngiltere'yi 1848'de ziyaret eden Çin bandrollü ticaret gemisi *Keying* hakkında kaleme aldığı "The Chinese Junk" adlı yazısında (1841) ticaret aracılığıyla mesafenin daraltılmasından söz etmiştir: "Çin İmparatorluğu'na giden en kısa yol Blackwall demiryoludur." 1851'de şair R. H. Horne ile beraber kaleme aldıkları "The Great Exhibition and the Little One" adlı yazısında Britanya-Çin ticaretine ilişkin bu tartışmayı daha da genişletmiştir. Dickens ve Horne "kendini mümkün mertebe kapattığı" için Çin ile alay ederken İngiltere'yi "tüm dünya ile ticari bir ilişki kurarak" izolasyonizm karşıtı bir tutum sergilediği için övmüşlerdir. Dickens izolasyonizm konusunu 1857'de *Household Words*'te çıkan "Insularities" adlı bir yazısıyla tekrar ele almıştır. Bu yazısında Britanya'ya özgü ulusal karakterin Britanya Adalarının "yalıtılmış konumundan" kaynaklanan nahoş tarafını değerlendirmiş ve bundan kaynaklanan sorunlara çözüm için mizahi bir ticari dil kullanmıştır: "Başka ülkeler ile ilişki kuruyorsak hemen bir özsaygı ithal etmemiz pek kolay değildir."[13] Tahıl Yasaları'nın feshinden sonra Dickens'ın kaleme aldığı yazılarda ticari mübadele, izolasyonizmin durgunluğuna karşı serinletici bir esintidir.

Dickens, adalılık ve yalıtılmışlık haline bunca eleştirel bakarken *Little Dorrit*'te ticari sınır aşımının bir kâbusa dönüşmesi neyin nesidir? Sınırsız ticarete edebiyatın içinden yöneltilen eleştirilere hakim olan şaşırtıcı müphemlikle Dickens'ın romanında karşılaşmayız. Mesela Captain Marryat'ın denizcileri serbest ticaretle toplumsal ilişkilerin yadsınmasını özdeşleştirirken dahi isyanın taşıdığı otorite karşıtı cazibeyi dışa vururlar; Charlotte Brontë'nin parça parça olmuş bir toplumda yaşayan, kendi yöre halkına yabancı, ihracatçı karakteri, modern yabancılaşmaya karşı çıkacak ideal bir ticaret tarzı düşler. *Little Dorrit*'in Rigaud'su ve Merdle'ı ticarete çok fazla saygınlık kazandırmazlar ama Dickens'ın gazetelerde çıkan yazılarında dönemin belli başlı serbest ticaret övgülerinden izler bulmak mümkündür; kısacası *Little Dorrit*'in karamsar bakış açısı dengelidir. *Little Dorrit*'in ticari düzene ilişkin karamsarlığının nedeni on dokuzuncu yüzyıl başında halen tartışılan liberal iktisadi ilkelerin 1850'lerde genel geçer bir hal alması olabilir. Serbest ticaret kuramları bir siyaset haline getirilip dondurulduk ça ticarette kendiliğindenlik düşleri günbegün uzak bir ihtimale dönüşmüştür.

Gotik Sınır Aşımları

Little Dorrit'te uluslararası ticaret üzerindeki devlet denetimine ilişkin hoşnutsuzluk romanın tarihselliğini ortaya koyar. Kırtasiye İşleri Ofisi'yle ilgili bölüm, devletin ithal ve ihraç malları vergilendirmek için benimsediği çapraşık ve etkisiz yöntemlerle alay ederek Büyük Sergi'yi izleyen dönemdeki Britanya tarihini canlandırır. Romanın kahramanı arkadaşıyla birlikte Kırtasiye İşleri Ofisi'ni ziyaret ettiğinde bürokrat kılıklı kâtip bu ziyaretin korumacı yasalarla ilgili olduğunu düşünür: "Barnacle Junior ziyaretçinin esmer suratını süzerek, 'Bu ziyaretin nedeni tonaj veya onunla ilgili bir şey değil mi?' dedi" (s. 114). Genç adam, ziyaretçinin kendi yüküne konan vergiye itiraz etmek için çıkagelmiş bir tüccar olmasından endişelenir. Barnacle'ın yaşadığı kafa karışıklığı hem vergi tarifelerinin karmaşıklığını hem de itirazların fazlalığını ortaya koyar. Ziyaretçilerin tonaja itiraz etmek için gelmediklerini anladığında ise yetkililerle konuşma isteklerine saygı gösterir.

Kırtasiye İşleri Ofisi iktisat politikalarının etkisizliğine dikkat çekerken Mr. Merdle'la ilgili bölümler ülkenin başarısından bahseder. Roman, geçmişte geçtiği halde ticari genişleme temsilleri çağdaş gelişmelere temas eder. Zengin ve nüfuzlu bir iş adamı olan Mr. Merdle'a küreselliği ölçüsünde saygınlık kazandıran işi hakkında anlatılanlar Britanya'nın dünya ekonomisinde gitgide artan önemini gösterir. Siyasetçi ve yatırımcılar Mr. Merdle'ı "uygar dünyanın her köşesinde saygı gören, dünyaca ünlü bir İngiliz kapitalist" olarak tanırlar (s. 382). Mr. Merdle'ın ünü gibi işi de ulusal sınırları aşar: "Küresel bir ticari teşebbüsün" başındadır (s. 382). Marsilya'daki pazarı betimleyen izolasyon ve dolaşım mecazları Mr. Merdle'ın teşebbüsünü tanımlamak için kullanılır. Anlatıcı, kazançlı görünen ticari spekülasyonlara yatırım yapmaya yönelik karşı konulmaz arzuyu mercek altına alır: "Böyle bir hastalık, bir Vebanın habisliği ve hızı ile yayılacaktır... Hastalığı kapanlar... zehri bulaştırmadan... hemen yakalanıp sıkı sıkıya denetleneceklerı bir yere kapatılırlarsa... insanlığa büyük bir iyilik yapılmış olur" (s. 547). Sınır aşımını simgeleyen bulaşıcı hastalık metaforu, Mr. Merdle'ın işinin küresel mahiyeti ile uyumludur... Spekülasyon arzusu gibi Mr. Merdle'ın adı da fiziksel sınırları aşar: "Her dudağa yerleşmişti, her kulakta yer etmişti" (s. 547). Serbest kur sistemine tabi bir varlık olarak Mr. Merdle'ın adı, sahip olduğu sermayenin küresel akışkanlığına tekabül eder. Bulaşıcı hastalık metaforu Mr. Merdle'ın işini gayet iyi tanımlar, çünkü ulusal şöhretinin yanı sıra coğrafi olarak uluslararası ölçekte büyümesinin de sırrını açıklar. Kapitalist genişlemenin bulaşıcı hastalık dili aracılığıyla betimlenmesi, denetlenmesi olanaksız bir dolaşım olarak ticaretin temsilini bir kez daha olumlar ve bizleri Gotiğin alanına buyur eder.

Sınırların ortadan kalkması ile meta dolaşımı arasındaki ilişki şantajcı Mösyö Rigaud ve kurbanları Mr. Clennam ile annesi Mrs. Clennam'ın yer aldığı ikincil olay örgüsünde gelişir. Şantaj eksenli ikincil olay örgüsü klostrofobik bir atmosferi ön plana çıkarır: "Yıllar önce terk edilmiş kasvetli odalarıyla iç karartıcı bir atalete maruz kalmış gibi duran" Clennamların evi, modern bir Gotik şatodur (s. 64-65). Mrs. Clennam'ın hastalığı kilitler, zincirler, duvarlar ve kapıların oluşturduğu nispeten geleneksel mecazların yerini alır ve Gotik sınır aşımlarına boşu boşuna direnen romanın sonunu anlamlı kılar. Clennam ailesiyle ilgili meseleleri kuşatan gizlilik, Gotik atmosferi daha da derinleştirir. Hizmetçi kız Affery, eve hayaletlerin dadandığını düşünmesine neden olacak "gizemli bir gürültüden—bir hışırtıdan ve hızlı adımları andıran üç dört seri darbeden" söz eder (s. 181). Sonradan anlatacağı gibi "ev, gizemler ve sırlarla doludur" (s. 659). Eve egemen olan gizlilik, Clennamların afyon ticaretine atılmış olabileceğini hatırlatır.

Little Dorrit'teki en kanunsuz sınır ihlallerini, mecazi bir serbest ticaret erbabı olan bir haydut gerçekleştirir. Bu haydut, metaları bir ülkeden diğerine taşıdığı gibi hiçbir ahlaki veya coğrafi sınırın ticareti engellemesine izin vermez. Mrs. Clennam'ın kocasının yaptığı işleri gizlediğini ortaya koyan belgeler Rigaud'nun elinde önce Belçika'dan İngiltere'ye giden sonra da İngiltere ile Fransa arasında gidip gelen bir meta haline gelir. Rigaud yeminli ticari kimliğinden dolayı gururlanır: "Satacak bir malım var... Bu kıymetli malı belgeledim ve fiyatımı belirledim" (s. 714). Gotik haydut, başka metalar gibi sırlar ve belgelerin de sürekli hareket ettiği bir dünyayı güvence altına alır. Kendisinin ve metalarının hareketliliği sonucunda sınırların yok olması, devlet denetiminin ortadan kaldırmaya çalıştığı tehdidin ta kendisidir. Gotik kapanım "ihlal veya istila edildiğinde", "sağduyulu gerçekliğin yıkılma veya zarar görme" tehdidiyle karşılaşacağı sınırlar koyar.[14] Fakat Gotik türünün belirleyici özelliği olan ihlaller, "sağduyulu gerçekliğe" er ya da geç zarar verirler.

Rigaud, metaların denetlenmesi olanaksız akışının bir kâbusa dönüştüğü distopik bir serbest ticaret faaliyetinin temsilcisidir. Kendi hareketliliği aracılığıyla sermayenin küresel akışkanlığını ortaya koyan bir meta, Rigaud'un elinde oradan oraya taşınır. Rigaud'nun ticari teşebbüsü, ülke sınırları dahil pek çok sınır ihlaline dayanır: Hapishane duvarları, Manş Denizi, Mrs. Clenham'ın evi ve yatak odası. Rigaud "kıymetli malını"— Mrs Clennam'ın sırrı—Belçika'da ele geçirip İngiltere'ye taşıdıktan sonra onu önce Mrs. Clennam'ın evinde, yatak odasında pazarlar. Metaların dolaşımına ne ulusal sınırlar ne de Viktorya Çağı evlerinin kapıları dur diyebilir. Şantajın doğasında mevcut olan mahremiyetin ihlali, tüccarın mekânsal ve coğrafi olarak defalarca kez sınırları aşmasına tekabül eder. Bireysel mahremiyetin tanımlayıcı özelliği addedilen sınır ihlalleri dolaşımın sınırsızlığına işaret eder. Fiyatı olan her şeyi satmakla övünen Rigaud ülkeler arasında meta taşıdığı gibi hiçbir sınırın—kanuni, ahlaki, ailevi—kendi kazançlarına ket vurmasına izin vermediği için bir serbest ticaret erbabıdır. Serbest ticaret erbabının yatak odasına girmesi 1830'lar ve 40'ların denizci romanları ve farslarında bütün çıplaklığıyla ortaya çıkan bırakınız yapsınlar düzenini ev yaşamı ve tek eşliliğe yönelik bir tehdit olarak algılayan tutumu bir kez daha teyit eder.

Bireylerin kendi yaşamları üstündeki denetimine yönelik tehdidi, burjuva öznenin doğuşu bağlamında açıklamak zor gibi görünür. Marx'a bakılırsa "yalıtılmış birey", "köleler ve serflerin" ücretli emekçilere dönüştüğü ilkel birikim sürecinde ortaya çıkan "özgür bireyselliğin" sonucudur.[15] Bireysellik ve kapitalist teşebbüs tarihte iç içe geçerken, sınırların denetimi ve aşımıyla ilgili Viktoryen saplantı, bu iki unsuru karşıt uçlar olarak konumlar. Katı sınırların tesisiyle korunan mahremiyet, içkin genişlemeci tutumundan ötürü sınırların aşılmasını gerektiren kapitalizm ile çelişir. Mrs. Clennam'ın metalaşmış sırrı, bulaşıcı bir hastalık gibi istila eden yatırım arzusunu andıran Mr. Merdle'ın şahsında mahrem alanlara sızar. İktisadi liberalizm ile bireysel mahremiyet arasındaki çelişki, ayrışmış alanlar modelinin Viktorya Çağı kültüründe iflas etmesine neden olur. Sınırsız akışı üreten kapitalist mübadele, özel mülkiyetin taahhüt ettiği mahremiyete zarar veren çelişik bir eğilim taşır.

Little Dorrit'teki ikincil olay örgüsü Gotik bir hal aldıkça serbest ticarette mevcut olan tehlikeleri daha çok sezdirmeye başlar. Dickens'ın Britanya'nın dünyanın geri kalanı ile ilişkileri hakkındaki kaygılarını dile getirmek için Gotik sınır aşımlarına başvurması Bram Stoker'ın *Dracula*'da elde edeceği başarının habercisidir. Stephen D. Arata'nın ileri sürdüğü gibi "Stoker'ın gözünde Gotik... Britanya'nın emperyal hegemonyasının dayandığı sınırları sorunsallaştırır: Uygar ile ilkel, sömüren ile sömürülen arasındaki sınırlar." Arata'ya göre imparatorluğun "hissedilen çöküşü," Britanya kimliğinin temellendiği sabit kimlik kategorilerinin eridiğine ilişkin kaygıyı kamçılamıştır.[16] Stoker mevcut bağlamın imparatorluğun zayıflamasına tekabül ettiğini düşünürken Dickens, gitgide güçlenen bir serbest ticaret sistemi ve bu sistemin kozmopolit karışmaya özlem duyan retorik talepleri ile ilgilenir. Serbest ticaretin Gotik için uygun bir konu olduğunu göstermeye çalışırken bu türü serbest ticaret tartışmalarının popülerleştirdiğini ileri sürüyor değilim—On sekizinci yüzyıl sonu feminist hareketlerinden Fransız Devrimi'ne çeşitli faktörler bu süreçte rol oynamıştır. Aslında Gotiğin tarihi, serbest ticarete muhalefet etmekten çok serbest ticaret ile ideolojik bir uyum ortaya koymuştur. İktidarlarını despotça kötüye kullanan ataerkil aristokratlar hakkında dehşetengiz öyküler yazmaya harcanmış liberal enerjiler bireyin ticaret özgürlüğüne dönük çağrıyı da desteklemiştir. Özellikle *Little Dorrit*'te Gotik, serbest ticaret iktisadi olgusunun anlatıdaki biçimsel bir sonucu haline gelir. Bütün sınırları ortadan kaldıran kaotik dolaşım, istilacı bir hal alır ve belli başlı Gotik mecazları (sınırların ortadan kalkması, istilacı yayılma, hakların ihlali) kapitalizmin sınırlara meydan okuyan doğasını tanımlamak için kullanır.[17] Gotik türünün romans öyküsünün bir ürünü olduğunu düşünürsek *Little Dorrit*'in edebi bir soyağacında serbest ticarete Gotik bir boyut katmasını, küresel mübadelenin romans tarzında kurgulanmış modern temsillerinden biri olarak görebiliriz.

Mesafenin Yok Oluşu

Metaların durdurulamaz dolaşımı *Little Dorrit*'in ikincil olay örgüsünde altüst edici bir hareketlilik yaratır. Anlatıcının bakışı ne zaman Rigaud'ya yoğunlaşsa bu karakter dünya üzerinde başka bir yere konumlanır. Rigaud ile ilkin yeraltında bir hapishanede karşılaştığımızda şununla övündüğünü görürüz: "Bir orada, bir burada yaşadım." Bir sonraki sefer, duvarları, kapıları, kilitleri delip geçmişçesine hapishanede değildir. Biz bu şaşırtıcı firarı merak ederken Rigaud yarım düzine ülkeyi dolaşmakla övünür ve şöyle der: "Burada, orada, her yerdeydim!" "Burada", "orada", "her yerde" kelimelerinin işaret ettiği uçsuz bucaksız coğrafi menzil bir sınırsızlık duyusuyla bütünlenir. Noktasız ve tekrarcı sözdizimi, düzenleme ve merkeze tabi kılma çabası karşısında hareketlilik ekseni, özel bir direnişi dışa vurur. Bu mekânsal deneyimin etik ilkeleri ve etkileri nelerdir? Ne tür bir öznellik gerektirir ve üretir? Romanın Gotik ve ikincil olay örgüsü bu soruları ele alır ve ezber bozucu yönelimler sergiler.

Coğrafi menzilin bireysel öznellik üzerindeki etkisi, doğrudan doğruya Rigaud'nun kozmopolit kimlik iddiasında karşılık bulur. Rigaud "Dünyayı gördüm. Orada, burada bulundum, her yerde bir beyefendi gibi yaşadım" (s. 24) dediğinde dünya vatandaşı kimliği ile aristokrat kimliği örtüşür. Bu örtüşmede, aristokrasinin ulusallaştırma politikaları karşısında direnişi gizlidir. Aristokratların asiller ile evlenmek, elit zevklere sahip olmak ve sık sık seyahat etmek gibi tarihsel özellikleri onları ulusal kültürlerden uzaklaştırmıştır. Fakat Rigaud'nun retoriği salt bir aristokratik ayrıcalık beyanı olmaktansa kişinin dünya vatandaşı olmak için taşralı ve ulusal bağlılıklarından feragat ettiği Aydınlanmacı kozmopolitizm idealini simgeler:

> "Ben bir"—Mösyö Rigaud ayağa kalktı—"Ben bir kozmopolit beyefendiyim. Belli bir ülkem yok. Babam İsviçreli'ydi—Canton de Vaud. Annem Fransız kanı taşımakla birlikte İngiltere'de doğmuştu. Ben Belçika'da doğdum ve bir dünya vatandaşıyım."

Kozmopolit kişi tanım gereği küresel bir insan topluluğu düşleyip kendini bu topluluğa ait hissetiği halde burada herkesten soyutlanmış bir haydudun böbürlenmesinden ibaret bir durum söz konusudur. Walter Scott'ın sadakatsiz kaçakçıları ile Captain Marryat'ın söz dinlemez denizcilerinde olduğu gibi coğrafi hareketlilik burada da birden fazla bağlılıktan ziyade soyutlanma yaratır.

Aristokratik şeceresine dikkat çekmesine rağmen Rigaud'nun kozmopolit kimliği onu bir serbest ticaret erbabı olarak tanımlar. Önceki bölümlerde değindiğimiz gibi serbest ticaret, Aydınlanma felsefesinde savlanan dünya vatandaşlığını güvence altına almıştır: David Hume, korumacı düzenin rakip ülkelerin kıskançlıklarının sonucu olduğunu düşünürken Kant serbest ticaretin küresel bir müşterek bağımlılık yaratarak dünya barışını getireceği kanısındaydı. On dokuzuncu yüzyılda iktisadi liberalizmi savunan kimseler, bu fikirleri bir kez daha dile getirmiştir. Mesela *Edinburgh Review*'un demirbaş iktisatçısı J.R. McCulloch, mevcut duygusal kinin sorumlusu olarak korumacı düzenlemeleri suçlarken Harriet Martineau'nun didaktik edebiyat yapıtları, barışın formülünün serbest ticaretin yükselmesi olduğunu savunmuştur. Küresel ticaretle ilgili Aydınlanmacı konumu tekrar eden Tahıl Yasası Karşıtları Birliği lideri Richard Cobden, kozmopolit ideali benimseyen serbest ticaret destekçilerinin belki de en ünlüsüydü: "Serbest Ticaret! Nedir? Ülkeler arasındaki engelleri yıkan şeydir; sınırları ikide bir aşarak tüm ülkeleri kana bulayan gurur, intikam, nefret ve kıskançlık duygularını barındıran o engelleri."[18] Cobden'a göre serbest ticaret, bu engelleri aştığı için dünya halklarını birleştiren kozmopolit bir etkiye sahiptir. Dickens'ın distopik vizyonu da serbest ticaret, kozmopolitizm sınır aşımını bütünleştirir; ne var ki Dickens'ın yapıtlarında kozmopolit sınır ihlalleri birer kıyamet alametidir.

Romandaki şantajcı karakterin kendi kurbanları üzerinde amansız bir denetim kurması sarsılmaz kozmopolit karakterini boğucu hale getirir. Arthur Clennam'ın peşindeki haydut, kurbanının yattığı hapishane hücresinde kendinden bir üçüncü şahıs olarak bahseder: Rigaud coşkulu bir bakışla parmaklarını şıklatarak "burada ve her yerde yıldızı parlayacak" dedi (s. 718). Bu iddianın anlaşılmazlığı Rigaud'nun gücüne güç katar. Tehdit nedir? Haydut, odayı *hiç* terk etmeyecek midir? Yoksa kurbanının gittiği her yere parmak şıklatmanın simgelediği ışık hızıyla o da mı gidecektir? Her iki durumda da görünen o ki Rigaud'yu zaman ve mekân sınırlandırmaz. Aynı anda her yerde olmasını imkânsız kılan maddi engelleri aşmışçasına kendinden üçüncü şahıs olarak bahsederek kendi bedeninden soyutlanır. Hatta Arthur Clennam'ın yakınen gözlemlediği gibi Rigaud sağa sola sapmadan veya herhangi bir kapı açmadan bir sokaktan kaybolmayı dahi başarır. Sanki fizik yasaları onun için geçerli değilmiş gibi Rigaud bir sonraki sahnede Mrs. Clennam'ın yatak odasında belirir. Haydudun bu altüst edici hareketliliğinin anlatımında evrende sabitlenmiş dış gözlemcilerin varlığı temel unsurlardan biridir. Gözlemcilerin perspektifleri sunulmasa Rigaud'nun her yerde bulunduğunu görmemiz mümkün değildir. Bu altüst edici hareketliliğin anlatımı haydudun kibirli bir edayla reddettiği bir yerleşiklik özlemi doğurur.

"Burada, orada, her yerde": Beynelmilel şantajcının her yere sızma ve her yerde olma vurgusu taşıyan bu imzası, *Little Dorrit* yayımlandıktan yedi sekiz yıl önce Marx'ın dile getirdiği kapitalizmin genişlemeci karakterine uygundur: "Burjuvazi, ürünlerini tüm dünyada satabilmek için durmadan genişleyen bir piyasaya ihtiyaç duyar. Burjuvazi her yerde barınmak, her yere yerleşmek, her yerde bazı ilişkiler kurmak zorundadır."[19] Bu "her yer" tekrarında Rigaud'nun mekânsal yörüngesi gizlidir: Her yerde olma görüntüsü yaratan, coğrafi hareketliliktir. *Little Dorrit*'te kapitalizmin içkin küreselliğine yapılan vurgu, adı "her dudağa yerleşen, her kulakta yer eden" Mr. Merdle'ın bir "salgın hastalık" gibi yayılan işiyle orantılı olarak her yerde olma niteliği kazanmasıyla daha da güçlenir. Pancks'ın dediği gibi "Cezaevi avlusunun boydan boya bu adamın adı ile yankılandığını düşünün. Bütün insanların bana her gün ondan söz ettiğini düşünün, *burada orada, her yerde*. Kâr etseler de etmeseler de Merdle, Merdle, Merdle, Merdle. *Her zaman* Merdle" (s. 558, vurgu bana ait). Her zaman, her yerde: Kapitalist genişleme sürecinde yeni yatırımcılar ve tüketicilerin küresel piyasa ile bütünleşmesi mekâna homojenlik katar. Haydudun durumunda mekânı fetheden ad değil, bilfiil insan bedenidir. "Burada, orada, her yerde" imzası, Merdle'ın zamanla Avrupa'nın pek çok yerinde bulunduğunu doğrudan doğruya gösterdiği gibi mesafeyi fantastik bir biçimde aştığını da gösterir—karakterlerin yanı sıra okuru da altüst etmek için Merdle bir an bir yerde, bir an başka bir yerde bulunur.

Haydudun her yerde olduğu bu Gotik durum, on dokuzuncu yüzyılın popüler kavramlarından "mekânın yok oluşu"nu akla getirir. 1848'de *Quarterly Review*'da yayınlanan bir tahminde bu kavram çok ilginç bir şekilde kullanılır; yazar, demiryolu deneyiminden söz etmektedir: "Mesafeler bu şekilde yok oldukça ülkemizin yüzölçümü büyük bir şehrin yüzölçümüne denk olacaktır." *Quarterly Review*'un yazarı mekân deneyimindeki bu devrimin küresel içerimlerine de dikkat çeker: "Şimdiye dek dünyanın çeşitli ülkelerini mutlak bir biçimde ayırdığı düşünülen mesafelerin ve mekânın adım adım yok oluşu."[20] Mekânın ve zamanın Atlantik'in her iki yakasında yok oluşunu hızlandıran unsurun gerek insanların gerekse bilginin dolaşımı olduğu düşünülmüştür. "Coğrafi ve zamansal ilişkilerin demiryolu, telgraf ve vapur hizmetlerinin başlaması sonucunda radikal bir biçimde yön değiştirmesiyle"[21] birlikte bu fikir popülerleşmiştir. *Little Dorrit*'te mekânın yok oluşu sıra dışıdır, çünkü ulaşım teknolojisine yönelik herhangi bir vurgu yoktur. Romanda mekân ve zamanın aşkınlığı daha çok kapitalizmin mantığında temellendirilir. Haydudun her yerde bulunduğu Gotik durumun siyasal bilinçdışı ile kurulabilecek bir koşutluk, demiryolu çılgınlığı hakkındaki demeçlerden çok Marx'ın yapıtlarında mevcuttur:

> Sermaye bir yandan ticaretin önündeki her türlü mekânsal engeli yıkmaya çalışırken... diğer yandan mekânı zaman aracılığıyla yok eder... Sermaye kalkındıkça... hem piyasanın genişlemesi hem de mekânın zaman aracılığıyla yok edilmesi için mücadele eder.²²

Marx'a göre kapitalist gelişme, üretimi ve tüketimi hızlandırır; bunun sonucunda sermaye yalnızca mekân bakımından değil bir yatırımdan kazanç elde ettiği toplam zaman bakımından da daha hızlı hareket etmeye başlar. Marx gibi Dickens da iktisadi faaliyetin ister istemez hızlandığına dikkat çeker. Mesafenin yok olması, metalar ve tüccarların bir noktadan bir diğerine hangi hızla gittikleriyle ilgili bir meseleden ibaret değildir; bu tabir, "burası" ile "orası" arasındaki ayrımı çökerten, durmaksızın genişleyen bir piyasaya işaret eder.

Mekânsal altüst oluş ve küresel mübadelenin sık sık tartışıldığı bağlam, yirmi ve yirmi birinci yüzyıldaki küreselleşme tartışmalarını, özellikle de David Harvey'nin zaman-mekân sıkışması mefhumunu akla getirir. Harvey'nin geç kapitalizmle ilgili etkileyici izahında belirttiği gibi "bir dünya piyasası yaratma, mekânsal engelleri azaltma ve mekânı zaman aracılığıyla yok etme isteği, kendimize sunduğumuz dünyayı" şekillendirir: "Kapitalizm tarihinin ayırt edici özelliği hayatın temposundaki hızlanmadır; mekânsal engellerin bu şekilde aşılması sonucunda, dünya bazen içimize göçer gibi olur."²³ Harvey'nin zaman-mekân sıkışmasına ilişkin izahında anlattığı sarsıcı altüst oluş Dickens'ın tüccarlarının Gotik bir durum olarak her yerde bulunmasında embriyo halinde mevcuttur. Tüccar-haydudun mekânı yok etmesi, Jan Aart Scholte'nin tabiriyle "küresel olayların—telekomünikasyon, dijital bilgisayarlar, görsel işitsel iletişim araçları, füze bilimi vb. aracılığıyla—herhangi bir yerde ve her yerde aynı anda gerçekleşmesinin mümkün olduğu"²⁴ günümüz dünyasını andırır. Dickens'ın ticari kozmopolitizmi anlatmak için başvurduğu her yerde olma metaforu Scholte'nin günümüz küreselleşmesiyle ilgili tanımının temel unsurudur. Bu metaforun kalıcılığı tesadüf değildir. Jon May ile Nigel Thrift'in vurguladığı gibi bugün yaşadığımız "mesafe algılarındaki değişimler diğer ulaşım ve iletişim araçlarının on dokuzuncu yüzyılda başlattıkları değişimin bir devamı olarak anlaşılmalıdır."²⁵ Sermayenin akışkanlığı bizi mekân deneyiminde yaşanan dönüşümleri tarihselleştirebilmek için geçmişe odaklanmaya çağırır.

Dickens'ın mekânın aşkınlığına dair temsilleri beynelmilel şantajcının Gotik bir biçimde ortaya çıktığı ve firar ettiği sahnelerle iç içe geçer. Rigaud'un şaşırtıcı bir biçimde ortaya çıktığı ilk sahneye, hakkında bir şey bilmediğimiz hapishane firarından sonra tanıklık ederiz. Şimşeklerin çakıp göğün gürlediği, son derece Gotik bir ortamda hızla çarpan kapı Mrs. Flintwinch'i dışarıda bırakır:

> [Mrs. Flintwinch] ... evin taş döşeli girişinde tek başına bağıra çağıra gidip geldi. Ardından eğilip anahtar deliğinden içeriye niçin baktığını söylemek ise zor...
>
> Omzunda bir şey hissederek bir çığlık kopardı ve bir hışımla ayağa kalktı. Omzuna bir el değmişti; bir erkek eli.
>
> Kürklü bir subay şapkası ve kabarık bir palto giyen adam bir yolcuya, bir yabancıya benziyordu. (s. 335)

Anlatıcı uzaklardan gelmek ile hızlı yolculuk yapmayı bir çırpıda birleştirir. Yabancının aniden ortaya çıkması, yolculuğun maddiliğini ortadan kaldırır. Manş Denizi'ni geçmek için gerekli zaman, sıkışık bir gemide diğer yolcularla birlikte balık istifi gitme deneyimi, ulaşım masrafı: Mesafeyi yeniden teyit edebilecek tüm bu faktörler üçüncü şahıs anlatıcının görüş alanının dışında kalır. Rigaud en iyi yaptığı şeyi yaparak gaipten gelir. Rigaud'nun coğrafi sınırlarda genişlemenin simgesi olan yabancılığının yanı sıra bireysel mahremiyet sınırlarının ihlalini simgeleyen omza konmuş bir elle birlikte korkutucu bir biçimde ortaya çıkması birden fazla sınır aşımı yaratır.

Dickens'ın mekân ihlali ile bireysel mahremiyet ihlâlini bir araya getirmesi detektif Bucket'ın gizli saklı kişisel öyküleri ortaya çıkardığı ve mahrem alanlara ayak bastığı *Bleak House*'u[*] akla getirir. Ne var ki

---

[*] Bkz. *Kasvetli Ev*, çev. Aslı Biçen, 2. basım, 2008. İstanbul: Yapı Kredi Yayınları.

Kasvetli Ev'de disiplinin işlemesi ile bağlantılı olan her yerde bulunma hali, mekânı daha kolay idare edilebilir bir yere dönüştürecek şekilde düzenler.[26] Bu romanda "her yerde sis" olması, detektifin "sayısız gözü" ve "her yerde olup her şeyin farkına varması" kaosa karşı koyan bir denetleyici güce işaret eder.[27] Oysa *Little Dorrit*'in Gotik ve ikincil olay örgüsünde her yerde olma yanılsaması yaratan altüst edici hareketlilik bir kaosa yol açar. *Kasvetli Ev*'deki her yerde olma mecazı ile *Little Dorrit*'teki her yerde olma temsili, mekândaki değişik düğümlerin ya merkezileşmeyi belirgin hale getirmek ya da inzibatçı düzeni devirmek için birbirlerine değişik yollardan bağlandıklarını gösterir.

Rigaud'nun ortaya çıktığı ve firar ettiği durumlar bir illüzyon gösterisini andırır—Rigaud âdeta bir boşluktan çıkıp o boşluğa geri döner. Bu aldatmacaya Gotik teamüller de katkıda bulunur. Rigaud'nun Clennamların evi civarında aniden peyda olmasıyla birlikte hem Mrs. Clennam'ın sırrının Belçika'ya yayılmasını sağlayan kurnaz hizmetçi Mr. Flintwinch hem de haydut, bir şaşkınlık ve kafa karışıklığı yaşar. Haydut "Sen buraya nasıl geldin?" diye sorarken hizmetçi de "Rigaud kadar şaşırmıştır" (s. 338). Mr. Flintwinch'in karısına yaptığı açıklama, Mrs. Flintwinch'in kumpasın boyutlarından bihaber olduğunu açıkça ortaya koyduğunda bile gerçekliğe meydan okuyan bir durumu açığa vurur: "Affery, karıcım… bu senin yanılsamalarından biri! Yine rüya görüyorsun sevgilim" (s. 338). Rigaud'nun birden bire ortaya çıkması, rüya görmenin zamansal ve mekânsal dünyasını çağrıştırır. Hizmetçi ve kozmopolit tüccarın düşsel yoldan karşılaşması, rüya ile gerçeklik arasındaki sınırın Gotik yoldan belirsizleştiği bir ortamda gerçekleşir. Serbest ticaret erbabı haydut, rasyonel dünyaya sığmaz. Şantaj eksenli ikincil olay örgüsünde birey, fiziksel sınırları aştıkça rüya görme hali standart zaman ve mekân deneyimini askıya alır: "Uyanık Mr. Flintwinch, uyuyan Mr. Flitwinch'i seyrediyordu. Masanın bir köşesine oturmuş, öbür köşede oturan kendine dikkatle bakıyordu" (s. 53). Mr. Flintwich'in ikiz bir erkek kardeşi olması, bu kâbusu *sonunda açıklanan* doğaüstü olaylar geleneğine bağlar. Düşsel ikizleşme hali mekânsal ve zamansal sınırlamaların aşıldığını gösterir.

Little Dorrit'te tüccarların her yerde olduklarını fark etmek, eleştirel bir paradigma olarak mesafenin ayrıcalığını tartışmaya açmaktır. Amanda Anderson, *The Powers of Distance* adlı yapıtında şöyle der: "Dickens, özellikle de *Little Dorrit*, modern mesafenin gücüne Viktorya Çağı'nda verilen tepki üzerinde duran kapsamlı bir araştırmanın olmazsa olmazıdır." Anderson'ın romanla ilgili etkileyici okuması bir toplum eleştirmeni olarak romancının rolü bağlamında karakterlerin toplumdan soyutlanmasına odaklanır. Önce Dickens'ın soyutlanmış karakterlere yönelttiği eleştiriye sonra da "gereğinden fazla yerleşik" olmanın sınırlılıklarına eğilen Anderson, Dickens'ın "ödünsüz eleştirel tutumunu, toplumsal bütünlüğün sistematik bir eleştirisini mümkün kılan mesafe alma" biçimlerine dair köklü müphemliğiyle birlikte düşünmeyi" önerir.[28] Anderson'a göre gerek eleştirel düşünce gerekse çevresinden kopmuş kimlik, belirli insanlar, topluluklar ve fikirlerden uzak duran öznelerde ortaya çıkar. Dickens'ın *Little Dorrit*'te mesafenin sunduğu pek çok değerden söz ederken bile mesafenin yok oluşuna dikkat çektiği kanısındayım. Baş döndürücü dolaşım devam ettiği sürece "burası" ile "orası"nı ayrıştırmak mümkün değildir. Sermayenin on dokuzuncu yüzyılda gitgide artan akışkanlığıyla orantılı olarak küreselleşme fikrinin Viktorya Çağı'ndaki serencamı bağlamında mesafe, bir eleştirel paradigma olarak yetersiz kalır.

Meta ticaretinin Viktorya Çağı ortalarında Britanya'daki mekân deneyimini şekillendirmesi yakın zamanlarda edebiyat eleştirisinin de dikkatini çekmiştir. Lauren Goodlad, Trollope'un "1870'lerde yazdığı küresel kapitalizm romanlarının ihlal edilmiş egemenlik ve mekânsal-zamansal yok oluş alanları oluşturduğunu" ileri sürer. Goodlad'ın belirttiği gibi kapitalist modernlik toprağa vesayetçi bir bağlılıktan çok Locke'un sahiplenici bireyi gibi piyasa ilişkileri tarafından yaratılmış bazı soyutlamalar üretir. Kapitalist modernliğin toprak sahipliği müessesesine ayrıcalık tanıyan kadim düzenlere karşı çıktığı dönemde Trollope, "İngilizliğe mekândan çok kan ve dilde dayanak arar."[29] Goodlad'e göre Britanya'da 19. yüzyılda gitgide artan iktisadi akışkanlık, mekânın önemini azaltmıştır. Garret Stewart da Viktorya Çağı'ndaki mekân temsiline dair yorumunda tikelliğin eksikliğine dikkat çeker. Stewart, Dickens'ın *Dombey and Son*'ında denizcilik ile metafiziği bir araya getiren iki kollu bir "globalleşme vizyonu" saptar. Ölümlülük üzerine düşünceler denizi biçimsiz bir yer olarak betimlerken Britanya'nın ticari hüneri, gemilerle aşılabilecek denizleri betimler. Mesela "denize... dünyayı dolaşan gizemli denize akan o sanrılı ve karanlık, karanlık, karanlık nehir" genç Paul'ün ölümünü taşır. "Nehirlerle denizler [Mr. Dombey ve oğlunun] gemilerini taşımak için meydana getirilmiştir." Stewart çift anlamlı bir fiilde karşılık bulan retorik imkânın, ticari genişlemenin haritada parmakla gösterilebilecek mekânını, metafiziğin biçimsiz ufuklarıyla bütünleştiren "bölünmüş bir bilinç" barındırdığını ileri sürer.[30] Tıpkı *Dombey and Son*'ın biçimden yoksun mekânları ve Trollope'un sonraki romanlarında İngiliz kimliğinin hareketliliği gibi *Little Dorrit*'in "burada, orada, her yerde" düsturu, yöresel mekânın tikelliğine yönelik tehditlere işaret eder ve genişlemekte olan bir küresel piyasanın sonuçlarını göz önüne serer.

Romans ve Rigaud'nun Hareketliliği

Rigaud'nun altüst edici hareketliliği, anlatıcının bakışına ve mekân organizasyonuna ilişkin karmaşık sorunları gündeme getirir. Dickens'ın mekânın yok oluşuna ilişkin anlatımını incelerken on dokuzuncu yüzyıl İngiliz romanında gerçekçiliğin ortaya çıkışına bakmak gerekir. Elizabeth Ermart'ın değindiği gibi gerçekçi romanda anlatı birbiri ile bağlantısız görünen unsurları homojen bir düzleme koyar ve böylece "nihai bir sistemde her şey kendi yerini bulur." Her yerde olan anlatıcının her yere erişen dokunaçları hepimizi rasyonel ve düzenli bir dünyada yaşadığımıza ikna eden "müşterek bir düzenleyici sistem" sunar. Kendinden soyutlanan anlatıcı "bireysel sınırları ve özel kısıtlamaları aştığında" her yerde olma hali düzenleyici bir merkeze tekabül eden "birleştirici bir köprü" olur.[31] Buna karşılık Dickens'ın ikincil Gotik olay örgüsünde (veya denizci romanlarında) gördüğümüz altüst edici hareketlilik bizleri inceleyen ve keşfeden güvenilir bir perspektifin düzenleyici gücünden yoksun bırakır.[32] Serbest ticaret erbabının altüst edici hareketliliğini mekânın homojen, çizgisel ve dolayısıyla rasyonel organizasyonunun temsil etmesi olanaksızdır.

Little Dorrit, Ermarth'ın tanımladığı gerçekçi unsurlardan yoksun değildir. Gotik olay örgüsünün yarattığı, bir kâbusu andıran mekânsal kaosa anlatı, düzen dayatma gücüne sahip bir perspektifle karşı koyar. Bu perspektif bizi hemen her seferinde olduğumuz yere çivilese de Rigaud'nun bedeni gibi anlatının perspektifi de hareketlidir. Dünyayı hareket düzenler, romandaki bölümlerin başlangıç ve bitiş noktalarını belirleyen odur. Mesela anlatıcının perspektifinin Fransa'dan İngiltere'ye geçmesi, 1. Bölüm'den 2. Bölüm'e geçişe tekabül eder. Sonra Londra'dan Alplere geçerek Birinci Kitap'tan İkinci Kitap'a geçeriz. Hareketlilik, kişinin kendini sabitlemesine bir engel değildir, çünkü anlatıcı bizi her mekânda tek tek sabitlemeye özen gösterir: "Marsilya otuz yıl önce güneşten kavruluyordu ve bir gün", "Karanlık ve Gece, sonbaharda Alplerin en sarp tepelerine yavaş yavaş çökmekteydi" (15. Bölüm, s. 417). Romandaki her bölüm, hareket başlar başlamaz onu mekânda ve zamanda konumlar. Bu sabitlemeler ticaretin yarattığı altüst edici hareketliliğe bir panzehir oluşturarak homojen boş zamanın akışını güvence altına alırlar.

Edebi türün mekânın anlatı aracılığıyla temsilinde yaşamsal bir unsur olduğunu kabul edersek Gotiğin romanstaki dayanakları altüst edici hareketlilik ile arasındaki biçimsel yakınlığı açıklamamıza yardımcı olur. Tıpkı günümüzün eleştirmenleri gibi Gotiğin yükselmesine katkıda bulunan yazarlar da Gotiği romansın bir alt türü olarak görmüştür.[33] Horace Walpole, *The Castle of Otranto*'nun[*] ortaçağda yazılmış bir İtalyan öyküsünün çevirisi olduğunu iddia ettiğinde bizim bugün romans ve (gerçekçi) roman adını verdiğimiz iki geleneği "bağdaştırma" çabasıyla övünmüştür. Walpole, kendi deyimiyle biri "baştan sona hayal gücü ve olasılıkdışılık" barındırırken diğeri "doğayı ustaca yansıtan" iki öyküleme çeşidini bütünleştirmiştir. Walpole'a göre *Otranto Şatosu* "yeniliklere gebe engin topraklarda uzun uzadıya dolaşan hayal gücünü serbest bıraktığı" için romans geleneğine özgüdür.[34] Romansı fantastik serüvenlere yer veren bir öykü olarak görürsek Gotik, mucizevî olanın altüst edici bir rol oynadığı özel bir alt tür olarak tanımlanabilir.[35]

Modern Gotiğe ilham veren romans öyküleri modernlikten daha eskidir; dolayısıyla mesela tek noktaya sabitlenmiş bir perspektif kurgulamak gibi hamlelerin ardındaki merkezi otorite hayranlığıyla romans öykülerinde karşılaşmayız. Modern mekân anlayışının en iyi örneklerinden biri mekândaki her noktayı o nokta ile hayali bir merkez arasın-

---

[*] Bkz. *Otranto Şatosu*, çev. Zeynep Bilge, 2011. İstanbul: Can Yayınları.

daki mesafeyi yansıtan bir dizi sayı aracılığıyla temsil eden Kartezyen koordinat sistemidir. Kartezyen model bize bir yeri mekândaki başka noktalar ile arasındaki ilişki bağlamında kavramayı öğretir. Bu mekân yaklaşımındaki sonu gelmez haritalandırma işlemine karşı çıkan modern romandaki mevcut romans unsurları yüzergezer manzaralar sunar. Mihail Bahtin'in kadim romanslarla ilgili analizi soyut mekânın temelindeki anlatı yapısını çözümler:

> Yunan romansında tüm serüvenlere… mekânın değişebilirliği ilkesi egemendir. Babil'de olan, Mısır'da veya Bizans'ta da olabilir veya tam tersi. Kendi içinde bütünlük taşıyan ayrı ayrı serüvenler zamanda da yer değiştirebilir, çünkü serüvenin zamanı hiçbir ayırt edici iz bırakmaz ve bunun için esasen terse çevrilebilir niteliktedir. Bu durumda, serüven kronotopunun temel özelliği… anların belirli bir zaman kesitinde terse çevrilebilir, mekânda yer değiştirebilir olmasıdır.

Kadim romansın epizodik doğası, mekânların birbiriyle bütünleşik göründüğü bir mekânsal yapı üretir. Bunun sonucunda, mesafe yorumunu güçleştiren, çizgisellikten uzak bir ortam doğar. İki nokta arasındaki nitel farkı ifade etmeden aralarındaki nicel farkı düşünemeyiz. Romans mekânının düşsel soyutluğunu, bir yerin bir başka yer ile bağlantılı olarak saptanmasını imkânsız kılan bu mekân örüntüsü şekillendirir. Gotiğin on dokuzuncu yüzyılda zaman-mekân sıkışmasını temsil etmesi biraz da romans mekânının bilişsel haritalandırma işlemine karşı çıkmasından kaynaklanır.

Bahtin'in formülasyonunda bireylerin yerleri arasındaki mekânsal ilişkiler mekânda kayıp giden düğümler gibi belirsizdir. Yön ve mesafe bulanıktır. Romans, perspektife direnir: "Yunan romansında yabancı bir dünyadaki mekânlar birbiriyle hiç ilişkisi olmayan yalıtılmış tuhaflıklar ve nadirliklerle doludur."[36] Bu kronotopun kalıntıları Gotik türünde tortu halinde var olmayı sürdürürler ve doğaüstüne yapılan tematik göndermeleri tamamlayan mekânsal altüst oluşlarla birlikte korkutucu bir hal alırlar. Binalar, odalar ve öykülerin ansızın kaybolduğu veya belirdiği korku filmlerinden bildiğimiz bu türün temel özelliği olan mekândaki korkutucu altüst oluşun anlatımı, romans kronotopundan ayrı düşünülemez. Dünya, Gotik akla meydan okuduğunda pusulasız kalır:

> Udolpho'dan gormenghast'a Gotik şatolar haritaların olmadığı; hollerin, koridorların ve merdivenlerin bitmek bilmediği; gece varken gündüz kaybolan odaların kol gezdiği bir dünyada var olur ve Gotik türü dünyayı makul ebatlara indirgemesini umduğumuz haritalandırma sürecine meydan okur.[37]

Little Dorrit'in şantaj eksenli Gotik olay örgüsünde sırra kadem basan koridorlar ya da uçsuz bucaksız merdivenler yoktur. Türe özgü mekânsal altüst oluş daha ziyade haydudun hareketliliği, ani firarları ve her yerde bir hayalet gibi peyda olmasıyla gerçekleşir. Dickens, Gotikte mekânın kapitalizmdeki sıkışmasını temsil eden, Kartezyenlikten uzak bir kronotop keşfeder.

Gotik türü genellikle ihlal eylemi üzerinde durduğu için Dickens da ticari amaçlarla sınır aşımını Gotik teamüller aracılığıyla bir ihlal eylemine dönüştürür. Engellenmesi imkânsız görünen ticari genişleme Gotik türünde bireye tehdit oluşturur. Ticaret Gotik bir hal aldıkça insan aktörlüğüne meydan okur, kişilerin kendi hayatları üzerindeki denetimini zayıflatır. Gotik serbest ticaret, ekonomi politiğin temel öncülüne ışık tutar: Metaların hareketine bireyler müdahale edemez. İkinci bölümde uzun uzadıya ele aldığım gibi bu dayatma, korumacılığın beyhude bir tutum olduğunu ortaya koyan düşünülen kaçakçı iktisadi mecazı aracılığıyla dile getirilmiştir. Metaların hareketi ile gezegenlerin hareketi arasında kurulan benzerlik ekonomi politiği bilimsel bir zemine oturttuğu halde ekonomiyi şekillendirme gücünden mahrum kalan insanı güçsüzleştirmiştir.[38] Liberal ekonomi politikçiler, bireyin üretim ve ticaret "kanunlarına" müdahale edecek, bu kanunları değiştirecek güçten yoksun olduğunu düşünmüştür;[39] öte yandan, bireysel özgürlük arayışı, devlet müdahalesine karşı muhalefeti meşrulaştırmıştır. *Little Dorrit*'teki ikincil Gotik olay örgüsü bu çelişkiyi yansıtır.

SONSÖZ

Kapitalist Genişleme Döngüleri

Bu kitapta on dokuzuncu yüzyıl Britanya edebiyatının küresel piyasa ekonomisi ile sınırları belirli ulus-devlet ideali arasındaki yapısal karşıtlığı ele aldığını ve tarihi romanlardan denizci romanlarına, melodramatik oyunlardan didaktik öykülere pek çok türde beliren romans unsurlarının bu sürece aracılık ettiğini ileri sürdüm. Sermayenin karşısına çıkan tüm mekânsal engelleri ortadan kaldırmasına odaklanarak kapitalizmin devletin merkezi otoritesinin yanı sıra ulusu meydana getiren hayali cemaate de meydan okuduğunu ve on dokuzuncu yüzyıl Britanya edebiyatının merkezi düzende yaşanan merkezcil dağılmayı betimleyerek kapitalizmin sınırlara meydan okuyan doğasını yansıttığını savundum.

Ulus-devletin etki alanı dışındaki ticari ağlar ve topluluklara ilişkin tahayyülü incelerken esas amacım edebiyat yapıtlarının küresel kapitalizmin durumunu ifade ederken iktisadi yazın ile işbirliği yaptığını ortaya koymaktı. Mesela hedonist denizci gibi bir edebi figürü anlamak için bir kanun metninin metaların uluslararası dolaşımını engelleyemeyeceğini ileri süren formel ekonomi politik metinlerine bakmak gerektiğini ileri sürdüm. Edebiyat ile iktisadi yazın arasındaki karşılıklı ilişkileri ele alırken—ve bu iki kategori arasında duran pek çok metnin varlığını teyit ederken—iki söylem arasındaki yakınlaşmayı inceleyen ve günbegün genişlemekte olan Viktorya Çağı araştırmaları alanından faydalandım ve bu alana katkıda bulunmaya çalıştım. Claudia Klaver'ın *A/Moral Economics*'te tartıştığı gibi "etik ve ulusal politikadan çok matematiğe yakın olduğunu iddia eden" formel iktisat incelemeleri, matematiksel düşünceden çok az yararlanılan veya hiç yararlanmayan deneme ve roman yazarlarının metinlerini andırıyordu: J. R. McCulloch, Harriet Martineau, Thomas Carlyle ve Charles Dickens.[1] İktisadi düşünce tarihini David Ricardo gibi yazarların formel incelemelerinde karşılaştığımız hususlara indirgemenin imkânsızlığı bugün daha iyi anlaşılmıştır.

On dokuzuncu yüzyılda ayrı ayrı söylemlere dönüşen iktisat ve edebiyatın örtüştüğü noktaları sergilemeye yönelik akademik çabalar kurmacanın başlıca öncülleri yanı sıra edebi akımlar ve türler üzerinde de durur. Sözgelimi Regenia Gagnier on dokuzuncu yüzyıl sonunda ortaya çıkan iktisadi tüketim ve edebi beğeninin "öznelcilik ve bireyciliği" yücelterek ortak bir noktada buluştuklarını göstermek için estetizm meselesine odaklanır. Gordon Bigelow'a göre Viktorya Çağı edebiyatını iktisada bağlayan, romantik boyutlarıdır. Bigelow "piyasaların ve piyasa faktörlerinin sahip olduğu romantik vizyonu" modern iktisat teorisini son kertede nasıl biçimlendirdiğini göstermek amacıyla inceler.[2] Ahlaki ve düşünsel faaliyetleri iktisadi muadillerinden ayrıştıran bu vizyonlar iktisadın özerk bir araştırma alanı olarak incelenmesi gerektiği anlayışının pekiştirilmesine katkıda bulunmuştur. Gagnier ve Bigelow edebiyattaki bazı gelişmeleri (romantizm, estetizm) iktisadi düşüncedeki dönüşümlere ışık tutmak için ele alırken Mary Poovey romanın temel özellikleri üzerinde aynı amaçla durmuştur: "Muğlaklık ve belirsizlikle birlikte entrika ve oyun fırsatları yaratmak için erteleme, çetrefillik, yerine koyma, kestirim unsurlarını göz önüne seren" on yedinci yüzyıl sonu ve on sekizinci yüzyıl başı kurmaca teamülleri yeni ortaya çıkan kredi ekonomisinin zorunlu hale getirdiği "temsil sorunsalından istifade etmiştir."[3] *Serbest Ticaret Romansları*'nın ele aldığı edebi teknikler, türsel teamüller (romans eksenli olay örgüsü, mekân ve karakter örüntüleri) ve paradigma değişikliği (merkantilist paradigmadan serbest ticaret paradigmasına) farklı olmakla birlikte ben de formel iktisadi incelemelerle ilgili analizlerin Britanya'nın on dokuzuncu yüzyıl iktisadi düşünce tarihine ışık tutmakta yetersiz kaldıkları kanısındayım.

On dokuzuncu yüzyıl Britanya edebiyatındaki bilindik mecazlar ve tekniklerde iktisadi bir içgörünün—meta dolaşımının sınır tanımaz doğası—mevcut olduğunu düşünüyorum. Bu argümanım Britanya toplumunun genellikle dünyanın kalanı ile ilişkilerine verdiği anlamı inceleyen,

Viktorya Çağı sakinlerinin küresel vizyonunu ele alan güncel araştırmalardan esinlenmekle birlikte onlardan ayrı bir yerde duruyor. Tanya Agathocleous, on dokuzuncu yüzyıl edebiyatında Londra'nın "küresel bir bütünlüğün girift bileşenlerinden biri" haline geldiğini gösterir; diğer yandan Viktorya Çağı'yla ilgili estetik kuramları, "bütünleyici bir vizyonun yetersiz kaldığına"[4] işaret ederler. Britanya toplumunun kendisinin dünyadaki yerine yönelik ilgisi üzerinde duran yazarlardan James Buzard, Britanyalı görenek ve âdetleri temsil eden romanın "yeni ortaya çıkmış otoetnografik bir tahayyül" sunduğunu ileri sürer. Romanın projesi, kültür eleştirmenlerinin emperyal genişleme çağında Britanya toplumuna atfettikleri "kendini evrenselleştiren bir zihniyet"ten ziyade "kendini sınırlandıran" bir vizyon ortaya koyar.[5] Paul Young'a göre Britanya'nın "kudretli emperyal statüsü" Britanya uyruğunun "dünya ve dünyadaki yeri hakkında tutarlı ve etkileyici bir öykü üretmesini" gerektirmiş ve Britanya toplumu 1851'deki Büyük Sergi'de "yeni bir dünya düzeni" planlayıp anlatarak bu yükümlülüğü yerine getirmiştir. Crystal Palace "Avrupa dışındaki belli başlı üretici topluluklara" Britanya ekonomisinin yörüngesindeki çevre coğrafyalar olarak yer vermiştir.[6] Dönemle ilgili bütün bu araştırmalar, Viktorya Çağı'nda insanların zihnini küresele ilişkin tasavvurların ne denli meşgul ettiğini gösterir. Ama ben küreselleşmeyi tarihselleştirmeye çalışırken bu bütünlük manzaralarından çok ulusal egemenliğin çöküşüne ilişkin algıya odaklanarak değişik bir yol izledim.

Ulus-devletin yazgısına ilişkin on dokuzuncu yüzyıldaki kaygıların Britanya'nın bırakınız yapsınlar düzeninden dış ticarette fayda sağlaması bağlamında değerlendirilmesi gerektiğini düşünüyorum. Merkezsizleşmiş mekânlar ve topluluklarla ilgili analizimde, serbest ticaret pratiğinin Britanya'nın küresel gücünü, Britanya toplumunun vatansever kibrini arttırdığını ısrarla vurgulasam da serbest ticaret ile sınırları belirli ulus-devlet ideali arasındaki gerilimi gerçek bir gerilim olarak değerlendiriyorum. Serbest ticaret destekçileri kimi zaman ulus-devletin sınırlarını aşmayı hayal etseler de serbest ticaret ulus-devlete ihtiyaç duymuştur. Serbest ticaretin hegemonik tasarruflarını göz önüne alırken ticaretin devletin denizaşırı sömürgeleri üzerinde kurduğu denetimi zayıflattığı gibi anavatandaki disiplin mekanizmalarını yok etme ihtimali ve korkusuna odaklandım.

Şimdi, kısaca, ulusal iktidarın serbest ticaret yoluyla pekiştirilmesi üzerinde duracağım. Kapitalizmin sınır tanımaz doğasının, kapitalizm ve ulus-devletin birbirlerini pekiştirmesiyle çelişmediğini göstermek istiyorum.

Serbest ticaret, metanın (para dahil) kaotik dolaşımına mı dayanır, yoksa sermayenin bir devlette birikmesinin mi sonucudur? Dünya sistemi kuramcılarına göre kaotik dolaşım ve hegemonik birikim aynı madalyonun iki yüzüdür; kaotik dolaşım hegemonik birikim getirir. Kapitalizmin gelişmesi için sermaye süratle akarken bir devletin dünyaya egemen güç haline gelecek ölçüde servet biriktirmesini sağlayan bir devletlerarası sisteme gerek vardır.[7] Giovanni Arrighi'ye göre sermayenin devletlerarası bir sistemde dengesiz akışı ve bunun sonucunda servetin tek devlette birikmesi kapitalist dünya sisteminde bir tam döngüye tekabül eder. Arrighi tarihte dünya ekonomisinde egemenlik kuran her devletin—on yedinci yüzyılda Hollanda, on dokuzuncu yüzyılda Britanya, yirminci yüzyılda Amerika—bu tür bir döngünün son evresinde ortaya çıktığını ve Britanya'nın on dokuzuncu yüzyıldaki iktisadi zaferi ile sonuçlanan döngünün aslında on sekizinci yüzyıl sonunda başladığını savunur. Britanya'yı tüm dünyanın işyeri haline getiren devletlerarası sistem on dokuzuncu yüzyılın ilk yarısında ivme kazanmıştır. Devletlerarası rekabetten Britanya galip çıkmıştır, çünkü 1840'lardan itibaren serbest ticaret politikaları benimsemiştir; her ne kadar bu politikaları büyük ölçüde tek taraflı benimsese de,[8] "Britanya'nın muktedirleri yerli piyasayı ticarete açarak Birleşik Krallığın servet ve gücünün artmasına bağlı ve bağımlı küresel ağlar yaratmıştır."[9] Kimilerine göre bu servet birikimi Avrupa'da kayda değer bir savaşın çıkmadığı yüz yıllık dönemin (1815-1914) güvenceye alınmasına katkıda bulunmuştur (Pax Britannica).[10]

Kapitalist döngülerin iki parçalı yapısını ele alırken Britanya toplumunun on dokuzuncu yüzyılda bu mekanizmanın bilinçli olarak farkında olduğunu ileri sürmek gibi bir amacım yok. Daha ziyade, sınırlara meydan okuyan serbest ticaretle ilgili on dokuzuncu yüzyıl formülasyonlarını kavramamıza, küresel kapitalizmin ulus-devlete zarar vermediğini anlamamıza imkân verecek bir kavramsal model ileri sürmek istiyorum. On dokuzuncu yüzyılın ilk yarısında serbest ticaret edebiyatta ve iktisadi yazında genellikle ulusal egemenliğin sona erişine işaret ederek bir merkezsizleşme çağrışımı yapmıştır. Dolayısıyla bu fikirlerde birtakım ciddi yanlış algılamaların yanı sıra isabetli içgörüler de keşfetmek mümkündür. Serbest ticaretin ulusal egemenlik ve vatansever bağlılığa yönelik bir tehdit olduğu fikri, özellikle de Britanya'nın on dokuzuncu yüzyılın ikinci yarısında kurduğu hegemonyacı iktidar göz önüne alındığında kusurlu olmakla birlikte kapitalist dünya ekonomisinde yaşanan kaosu yansıtır. Kaos kelimesini bir kapitalist döngünün sermayenin tek devlette birikmesinden önceki ilk diliminde mevcut olan düzensizlik halini tanımlamak için kullanıyorum. Serbest ticareti söz dinlemez denizcilerin tahayyülüne hükmeden bir ihanet olarak formülleyen metinler, bırakınız yapsınlar düzeninin ulus-devlete bir tehdit olduğunu savlayarak yanlış bir yorumda bulunurlar. Diğer yandan bu yanlış yorumun ardında coğrafi engelleri yıkmaya ve aşmaya dönük kapitalist eğilimin sembolik ifadesi vardır.

Kapitalizmin ulus-devlete yönelttiği varsayılan tehdit, serbest ticaretin doğal bir şey olduğu izlenimi uyandırmıştır. Sınırlara meydan okuyan ticari dolaşımı simgeleyen türlü türlü on dokuzuncu yüzyıl mecazı (gemilerin hareketi, havanın akışı, mercan kayalıklarının büyümesi) tarihsel açıdan olumsal bir iktisadi sistemi ölümsüz bir sistem olarak anlatan yaratıcı bir uğraşa işaret eder. Böyle bir yanılsamanın üretilmesi kendi başına önemli olduğu gibi bırakınız yapsınlar düzeninin devlete fiili bağımlılığı dikkate alınırsa daha da ilginçtir. Karl Polanyi durumu şöyle açıklar:

> *Bırakınız yapsınlar* düzeninde doğal bir şey yoktu; serbest piyasaların yalnızca şeylerin kendi seyirlerinde gitmesine izin vererek teşekkül etmeleri imkânsızdı. Pamuk üreticilerinin—başlıca serbest ticaret endüstrisi—koruyucu gümrük vergileri, ihracat primleri ve dolaylı ücret sübvansiyonları yardımıyla ortaya çıkması gibi bırakınız yapsınlar düzenini de devlet dayatmıştır. Otuzlar ve kırklar kısıtlayıcı düzenlemeleri fesheden kanunların peşisıra çıkmasının yanı sıra liberalizm destekçilerinin belirlediği görevi üstlenmeye bundan böyle muktedir bir merkezi bürokrasiyi haiz devletin idari işlevlerindeki muazzam bir büyümeye tanıklık etmiştir.[11]

Polanyi'nin devletin süregiden düzenlemeleriyle ilgili etkileyici analizi, bırakınız yapsınlar düzeninin tarihte devletin güçlenmesi ile atbaşı gitmesini açıklar.

Serbest ticaretin tarihte Britanya'nın gücünü arttırma nedenini tartışırken serbest ticarete şekil veren iktisadi ilkeler ile iktisadi korumacılığa şekil veren ilkeler radikal bir biçimde farklı olmasına rağmen serbest ticaret ile korumacılığın birbirini güçlendirdiğini görmek gerekir. Korumacılar, Britanya toplumunun Amerika veya Kıta Avrupası ülkeleri yerine sömürgelerden gelen metaları tüketmesini savunurken serbest ticaret destekçileri Amerika ve Kıta Avrupası'ndan gelen metaları kimsenin satın alamayacağı kadar pahalı hale getiren vergilerin feshini savunmuştur. Serbest ticaretin ve sömürge tekellerinin Britanya'nın ticari gücünü pekiştirerek aynı amaca hizmet etmeleri bu tezat göz önüne alındığında ironiktir. Bu iki mekanizma birbirini bir dereceye kadar var etmiştir. Para sonuçta aynı havuza akmış ve birinden elde edilen kazanç bir diğeri için kolaylıkla sermayeye tahvil edilmiştir. Teritoryal mülklerden elde ettiği gelir devletin hem sömürgelerine hem de sömürge olmayan topraklara yatırdığı bir gelir kaynağı olmuştur. Arrighi, "başka hiçbir sömürge yönetimi daha önce bu kadar kısa zamanda Britanya devleti ve onun müşterilerinin on dokuzuncu yüzyılda Hint yarımadasına yaptıkları yatırım—emek gücü, doğal kaynaklar ve nakit ödemeler—kadar yatırım yapmak zorunda kalmamıştır" der ve gelirin kullanıldığı yerleri sayar:

> Bu gelirin bir kısmı Avrupa dışındaki ülkelere tabi olan ve sayıları günbegün artan uyrukları Britanya'nın kurduğu teritoryal imparatorluğun parçası haline getiren zor aygıtlarını desteklemek ve genişletmek için kullanılmıştır. Gelirin bir başka ve bir o kadar âşikar kısmı ise Batı dünyasında kurulan Britanya iktidarının durmaksızın yeniden üretildiği ve genişletildiği servet döngülerinde yeniden kullanılmak üzere şu veya bu kanaldan Londra'ya hortumlanmıştır.[12]

Sömürge yatırımlarından elde edilen geri dönüşler, Britanya'nın küresel bir hegemonya kurmasına sömürgecilikle birlikte katkıda bulunan sömürge olmayan ülkelerdeki işler için sermayeye tahvil edilmiştir.

Britanya İmparatorluğu bünyesinde askeri fütuhat ve siyasi yönetimin kapitalizmin gelişmesinde yaşamsal bir önemi olduğunu ileri süren siyaset kuramcısı Ellen Meiksins Wood, son zamanlarda yaptığı bir çalışmada küresel kapitalizm ile emperyalizm arasındaki karmaşık ilişkileri ele almıştır. Askeri gücün sömürgeci pratiği, kapitalist mülkiyet ve mübadele ilişkilerinin bütün dünyada yayılmasına katkıda bulunmuştur. Meiksins Wood, dünyada kapitalist pratiklerin yayılmasına emperyal zor aygıtlarının katkıda bulunmasını açıklarken sömürgelerdeki siyasi yönetimin kimi zaman kapitalizmin iktisadi zorunluluklarıyla çelişmesini de inceler. Mesela Doğu Hindistan Kumpanyası'nın Hindistan'da "vergilendirme yoluyla fazladan iktisadi haraç toplaması", "kapitalist olmayan bir geleneksel emperyalizme" hizmet eder.[13] Meiksins Wood'un sömürgeci yönetim ile piyasa ekonomisinin işleyişi arasında çıkması muhtemel uyuşmazlık üzerinde durması, tarihte kapitalizmin geleneksel imparatorluğun zora dayalı iktidarında temellendiğini ortaya koyarken emperyalizm ile kapitalizmi eşitlemenin sorunları hakkında bizi uyarır.

Meiksins Wood'un ileri sürdüğü gibi on dokuzuncu yüzyılda Britanya toplumunu meşgul eden soru—dünya çapında geçerli kapitalist zorunluluklar siyasi yönetim birimlerini nasıl etkiler?—günümüzde halen bir tartışma konusudur. Bu soru, çokuluslu şirketlerin on dokuzuncu yüzyılın ikinci yarısında ve sonraları gitgide ön plana çıkmasıyla birlikte geçmişe kıyasla daha acil bir biçimde cevaplanmayı bekleyerek tekrardan ortaya çıktı. Charles Kindleberger 1969'da "ulus-devletin neredeyse bir iktisadi birime dönüştüğünü"[14] ileri sürerek provokatif bir yorumda bulunmuştu. Küreselleşme üzerine çalışan bazı araştırmacılar finans, ticaret ve endüstri ağlarının devletlerden güçlü olduğu kanısındalar. Şirketlerle birlikte küresel örgütler ve baskı grupları da ulus-devletin egemenliğine meydan okuyarak bölgesel sınırlar üzerinde etkili olmaya başladılar. Başka araştırmacılar ise ulus-devlet ile küreselleşme arasında kurulan karşıtlığın bir mit olduğunu; yeni jeopolitiğin ulus-devleti fiilen güçlendirdiğini; küresel ticaretin devletin gücünü azaltmaktansa yalnızca onun işlevini değiştirdiğini savunuyorlar.[15] Bu tartışmayı ve öncüllerini özetleyen Giovanni Arighi şöyle der: "Ulusal sınırlar arasındaki sermaye akışlarının hızını ve boyutunu çok az kişi sorgularken pek çok kişi devlet-sermaye ilişkilerinde nitel bakımdan yeni veya geri döndürülemez bir gelişmeye tekabül eden durumu sorguluyor."[16] Meiksins Wood'a göre emperyalist düzendeki askeri güç tasarruflarında küreselleşmenin son evresinden dolayı bir değişim gerekse de, ulus-devlet iktidarı buna direniyor: "Sermayenin iktisadi iktidarı, iktisat dışı bir gücün yardımı olmaksızın devam edemez ve bu iktisat dışı gücün başlıca tedarikçisi geçmişte olduğu gibi bugün de devlet."[17]

Geçmiş ile günümüz arasındaki süreklilikleri vurgularken günümüz küreselleşmesinin olumsallıklarını reddetmiyorum. Bugün tarihte ilk kez ekonomi, enformasyon satışına dayanıyor; üretim, uluslararası; emperyal iktidar, biyoiktidar aracılığıyla sürdürülüyor.[18] Geçmişte olmayan uluslaraşırı ve uluslararası kuruluşlar var. Uluslaraşırı şirketler egemenlik mücadelesi veriyor, IMF ve Dünya Bankası gibi uluslararası örgütler politika belirleme süreçlerini etkiliyor, uluslaraşırı sivil toplum örgütleri hükümetlerden bağımsız olduklarını iddia ediyor.[19] Bu gelişmeler yirmi ve yirmi birinci yüzyıldaki küreselleşmenin geçmişteki küreselleşmeden farklı olduğunu ortaya koyarken mevcut küreselleşme döngüsü ile geçmiştekiler arasındaki benzerlikleri de yadsımıyor. Sermayenin küresel akışının kimi ülkelere zarar verirken kimilerine fayda sağlaması geçmiş ile gelecek arasındaki muhtemelen en belirgin ortak payda. Kapitalizm hem ulusal sınırlar içinde hem de bütün dünyada eşitsiz gelişmeye ihtiyaç duyarak ve bunu yaratarak merkezi ve mekânsal çevrelerin oluşmasına oluşmasına neden oluyor.[20] Küreselleşme sürecinin temel unsurlarından biri bu örüntü iken ben günümüz ile geçmiş arasında bağ kuran bir başka dinamik üzerinde durdum. Korumacılık ve onun sona erişi etrafında yaşanan hararetli tartışmalara on dokuzuncu yüzyılda tanıklık eden Britanya toplumunun sınır tanımaz dolaşım ile ulus-devletin sınırları belirli doğası arasındaki karşıtlığı ortaya koymaya çalıştım. Bu karşıtlığa dair tarihsel farkındalığı derinlemesine kavrayarak günümüzde vatanseverliğin yazgısıyla ilgili kaygıları daha ayrıntılı ve derinlikli bir tutumla değerlendiren bir perspektif geliştirebilir; merkezkaç eğilimi taşıyan dağılmayı temsil etme gücünden ötürü küresel kapitalizm üzerine düşünmenin ideal bir aracı olan on dokuzuncu yüzyıl Britanya edebiyatındaki temalar ve biçimleri daha derinliğine kavrayabiliriz.

Notlar

BİRİNCİ BÖLÜM: GİRİŞ
KÜRESEL KAPİTALİZMİ ROMANS TARZINDA ANLATMAK

1. G. P. R. James, *The Smuggler: A Tale* (New York: Harper and Brothers, 1845), s. 3 ve 5.
2. David Robinson, "Free Trade," *Blackwood's Edinburgh Magazine* 17 (Mayıs 1825), s. 552.
3. Britanya'nın on dokuzuncu yüzyıldaki ekonomik gücü ve uluslararası nüfuzu malumken kurduğu tahakkümün boyutları konusunda bir mutabakat yoktur. Britanya'nın ekonomik gücünü "Birleşik Devletler'in günümüzdeki küresel tahakkümünün geçmişteki bir örneği ve öncülü olarak" tanımlayan araştırmacılara itiraz eden Patrick O'Brien, Britanya'nın dünya ekonomisinde hiçbir zaman bir hegemonya kurmadığını öne sürer. "İki iktidarın (on dokuzuncu yüzyılda Britanya ve yirminci yüzyılda Birleşik Devletler) ortaya çıktığı tekil dış bağlamları, iki devletin farklı milli ekonomilerini, devletlerarası ilişki örüntülerini, askeri ve deniz güçlerini farklı biçimlerde kullanmasını, mali sistemlerinin uluslararası ekonomideki statü ve işleyişlerini değerlendiren" O'Brien şu sonuca varır: "Şayet Birleşik Devletlerin hegemonyasından bahsedeceksek şu durumda Britanya iktidarını bir 'üstünlük' olarak tarif etmemiz daha doğru olabilir." Britanya'nın dünya ekonomisindeki üstünlüğü üzerinde duran O'Brien şunu ekler: "Britanya hegemonyası"nı 1793 ile 1914 arasına konumlarsak bu hegemonya dış ticaret alanında kısa süreliğine—bir iktidar biçiminden çok diplomasi ve ideolojik ikna biçiminde—ortaya çıkmıştır" ("The Myth of Anglophone Succession: From British Primacy to American Hegemony," *New Left Review* 24 [2003]: s. 113-134, s. 114, s. 126).
4. Martin Lynn şöyle der: "Serbest ticaret fikirlerinin on dokuzuncu yüzyıl ortasındaki zaferi, devletin Britanya'nın ekonomik çıkarlarını korumak üzere

denizaşırı ülkelere müdahale etmekten vazgeçtiği anlamına gelmez" (s. 105). "Denizaşırı toprakları ticarete kapı açmaya zorlayarak yeni piyasalar yaratmak "Britanya nüfuzunu arttırmaya yönelik bir politikaydı" (s. 106). Britanya, Latin Amerika ve Osmanlı İmparatorluğu'nun gerileyen toprakları ile ticaret yaparak resmi muadili ile birlikte var olan gayri resmi bir imparatorluk kurmuştur. Lynn, gayri resmi Britanya İmparatorluğu'na ilişkin giriş niteliğinde bir araştırma yapmıştır ("British Policy, Trade and Informal Empire in the Mid-Nineteenth Century," *The Oxford History of the British Empire* içinde, cilt 3, der. Andrew Porter ve Alaine Low [New York: Oxford University Press, 1999]. Geçmişte bu konuyla ilgili yapılmış bir analiz için bkz. John Gallagher ve Ronald Robinson, "The Imperialism of Free Trade," *Economic History Review*, Second Series, 6 (1953): 1-5.

5. Gallagher ve Robinson, "The Imperialism of Free Trade," s. 6.

6. Karl Marx, *Grundrisse: Foundations of the Critique of Political Economy (Rough Draft)*, çev. Martin Nicolaus (New York: Penguin, 1993), s. 539.

7. Cosmopolite, *Free Trade and No Colonies: A Letter Addressed to the Right Hon. Lord John Russell, Prime Minister of England* (Edinburgh, İskoçya: William Blackwood and Sons, 1848).

8. P. J. Cain, "Economics and Empire: The Metropolitan Context," *The Oxford History of the British Empire*, cilt 3, der. Andrew Porter and Alaine Low (New York: Oxford University Press, 1999).

9. Serbest ticaret kapitalizmi, devletin ortadan kalkmasını zorunlu kılmamıştır. Devletin para dolaşımı ve mali politika üzerindeki denetimine veya özel mülkiyet haklarını güvence altına alınmasına, serbest ticaret erbabı asla karşı çıkmamıştır. Kapitalizmin devlet aygıtlarına bel bağlaması konusunda bkz. Ernst Gellner, *Nations and Nationalism*, 2. baskı, giriş John Breuilly (Ithaca, New York: Cornell University Press, 2009) ve Immanuel Wallerstein, "States? Sovereignty? The Dilemmas of Capitalism in an Age of Transition," Açılış Konuşması, "State and Sovereignty in the World Economy" konferansı, University of California, Irvine, 1997. Kapitalizm ile ulus-devlet arasındaki ittifakı ilk dile getirenlerden biri Max Weber'dir: "Kapitalizme gelişme imkânı veren, kendi içine kapanmış milli devlettir—ve milli devletin yerini bir dünya imparatorluğu almadığı sürece kapitalizm de sürecektir" (*General Economic History*, çev. Frank H. Knight [New York: Collier Books, 1961], s. 249). Kapitalizmin bu konumunun dayanak

bulduğu temel öncül kapitalist gelişinin zorunlu koşulunun sermayein siyasal bir birimde temerküzü olmasıdır. "Ancak bir devlet ile özdeşleşen, kendisi bir devlet haline gelen kapitalizmin zafer kazanabileceğini" ileri süren Fernand Braudel kendi yapıtında bu teoriyi geliştirmiştir (*Afterthoughts on Material Civilization and Capitalism*, çev. Patricia M. Ranum [Baltimore: Johns Hopkins University Press, 1977], s. 64).

10. Giovanni Arighi, *The Long Twentieth Century: Money, Power and the Origins of Our Times* [New York: Verso, 1994], s. 30). Arrighi şöyle der: "[dünya sistemindeki] sistemik kaos arttıkça yöneticiler veya uyruklar arasında ya da her ikisinde de düzen talebi gitgide genelleşir" (s. 30).

11. Britanya'nın serbest ticaret ilkelerini benimsediği sürecin karmaşıklığı ve tedrici karakteri hakkında bkz. Anthony Howe, *Free Trade and Liberal England* (New York: Oxford University Press, 1997). Kendini düzenleyen piyasaları destekleme amacı güden kimselerce yapılan süregitmiş düzenlemeler için bkz. David Harvey, *A Brief History of Neoliberalism* (New York: Oxford University Press, 2005).

12. Der. Mark Osteen ve Martha Woodmansee, *The New Economic Criticism: Studies at the Interface of Literature and Economics* (New York: Routledge, 1999). Ekonomi politik ile edebiyatın değere yönelik müşterek ilgisi için bkz. James Thompson, *Models of Value: Eighteenth-Century Political Economy and the Novel* (Durham, NC: Duke University Press, 1996) ve Mary Poovey, *Genres of the Credit Economy: Mediating Value in Eighteenth and Nineteenth Century Britain* (Chicago: University of Chicago Press, 2008). Organik yaşama dönük yaygın ilgi için bkz. Catherine Gallagher, *The Body Economic: Life Death and Sensation in Political Economy and the Victorian Novel* (Princeton, NJ: Princeton University Press, 2006).

13. Poovey, *Genres of the Credit Economy*, s. 3.

14. Bırakınız yapsınlar düzenini merkezsizleşme olgusu ile ilintilendirirken *Victorian Literature and the Victorian State* (Baltimore: Johns Hopkins University Press, 2003) adlı çalışmasında devletin küçüklüğünün Britanya'da "kendine has, bilinçli bir şekilde liberal, merkezsizleşmiş ve 'kendi kendini yöneten' bir topluma" (s. 6) işaret ettiğini ileri süren Lauren M. E. Goodlad'ten ilham aldım. Toplumun merkezsizleşmiş yapısını "hayır kurumları ve imece örgütleri" temsil etmiştir (s. 5).

15. "Romance," *Oxford English Dictionary*, 2008.

16. Patricia Parker, *Inescapable Romance: Studies in the Poetics of a Mode* (Princeton, NJ: Princeton University Press, 1979).

17. Barbara Fuchs, *Romance* (New York: Routledge, 2004), s. 39, 69, 19; Patricia Parker, "Romance," *The Spenser Encyclopedia*, der. A. C. Hamilton (Buffalo: University of Toronto, 1990, s. 615, aktaran Fuchs, s. 69. Romans bünyesinde merkezcil ile merkezkaç arasındaki gerilimi Northrop Frye da ele almıştır, bkz. *Anatomy of Criticism: Four Essays* (Princeton, NJ: Princeton University Press, 2000), s. 58-9. Romans dünyasının "sürekli… dışarıya doğru dallanıp budaklandığını" belirten Gillian Beer da merkezcil kuvvete dikkat çeker (*The Romance* [Londra: Methuen, 1970], s. 20-21).

18. Burada Georg Lukács'ın şeyleşme kavramına atıfta bulunuyorum. Bkz. *History and Class Consciousness: Studies in Marxist Dialectics*, çev. Rodney Livingstone (Cambridge, MA: MIT Press, 1971).

19. G. Poggi, *The State: Its Nature, Development, and Prospects* (Cambridge, England: Polity, 1990), s. 19-33.

20. Mikhail Bakhtin, "Forms of Time and of the Chronotope in the Novel," *The Dialogic Imagination: Four Essays by M. M. Bakhtin* içinde, der. Michael Holquist, çev. Caryl Emerson ve Michael Holquist (Austin: University of Texas Press, 1981), s. 134-136. [Bkz. Mihail Bahtin, *Karnavaldan Romana*, çev. Cem Soydemir, 2001. İstanbul: Ayrıntı Yayınları.]

21. Marx, *Grundrisse*, s. 539.

22. Gerçekçilik ve soyutlanma için bkz. Amanda Anderson, *Powers of Distance: Cosmopolitanism and the Cultivation of Detachment* (Princeton, NJ: Princeton University Press, 2001); protoetnografik bir durum olarak gerçekçilik için bkz. Christopher Herbert, *Culture and Anomie: Ethnographic Imagination in the Nineteenth Century* (Chicago: University of Chicago Press, 1991) ve James Buzard, *Disorienting Fiction: The Autoethnographic Work of Nineteenth-Century British Novels* (Princeton, NJ: Princeton University Press, 2005); Anglo-Sakson kimliğinde önemini yitiren mekân mefhumu için bkz. Lauren Goodlad, "Trollopian 'Foreign Policy:' Rootedness and Cosmopolitanism in the Mid-Victorian Global Imaginary," *PMLA* 124 (2009): s. 437-454

23. Romantizmde özerliği benimseme hakkında bkz. David Aers, *Romanticism and Ideology: Studies in English Writing, 1765-1830* (Boston: Routledge &

K. Paul, 1981); Anne K. Mellor, "Were Women Writers Romantics?" *Modern Language Quarterly* 62, sayı 4 (2001): s. 393-405; ayrıca bkz. "Writing the Self/ Self Writing: William Wordsworth's *Prelude*," *William Wordsworth's* The Prelude: *A Casebook* içinde, der. Stephen Gill (New York: Oxford University Press, 2006), s. 293-304.

24. Bkz. Laura Chrisman, *Rereading the Imperial Romance: British Realism and South African Resistance in Haggard, Schreiner and Plaatje* (New York: Oxford University Press, 2000).

25. Fredric Jameson, "Romance and Reification: Plot Construction and Ideological Closure in Joseph Conrad," *The Political Unconscious: Narrative as a Socially Symbolic Act* içinde (Ithaca, NY: Cornell University Press, 1981), s. 206-280.

26. Ian Duncan, *Modern Romance and the Transformations of the Novel: The Gothic, Scott, Dickens* (Cambridge: Cambridge University Press, 1992).

27. James Mill, *Commerce Defended. An Answer to the Arguments by which Mr. Spencer, Mr. Cobbett, and Others, have attempted to Prove that Commerce is not a source of National Wealth* (Londra: C. R. Baldwin, 1808).

28. Bu araştırmacılar, ulus olma halinin tahayyül edilmesini olanaklı kılan eşzamanlılık kavramının roman tarafından şekillendirildiğini ileri sürerler; roman dili standart hale gelmiş ve ortak bir geçmişle ilgili mitler sunmuş; âdeta türlü türlü ırk, dil, etnisite ve dinden bir millet teşkil etmenin mümkün olduğunu kanıtlayarak heterojenlikten bir bütün olarak çıkarsamıştır. Bkz. Benedict Anderson, *Imagined Communities: Reflections on the Origin and Spread of Nationalism* (New York: Verso, 1991); Homi Bhabha, "DissemiNation," *Nation and Narration* içinde, der. Homi Bhabha (New York: Routledge, 1990), s. 291-322; Timothy Brennan, "The National Longing for Form," *Nation and Narration*, s. 44-70.

29. Bu yaklaşımla ilgili örnekler için bkz. Margaret Cohen ve Caroline Dever, *The Literary Channel: The International Invention of the Novel* (Princeton, NJ: Princeton University Press, 2002); Sharon Marcus, "Same Difference? Transnationalism, Comparative Literature, and Victorian Studies," *Victorian Studies* 45, sayı 4 (2003), s. 677-686; Amanda Claybaugh, *The Novel of Purpose: Literature and Social Reform in the Anglo-American World* (Ithaca, NY: Cornell University Press, 2007); ayrıca Goodlad, "Trollopian 'Foreign Policy'." Küre-

selleşme üzerine çalışan araştırmacılar, roman ve kültürel çoğulluk ilişkisine de odaklanırlar (Herbert and Buzard).

30. Farklı uluslardan yazarların kaleme aldığı metinleri karışılaştıran uluslararaşırı yönteme örnek için bkz. Tucker ve Claybaugh.

31. *Ulus* kelimesi ilkin bir sadakat nesnesi olarak vatandaşlardan oluşan bir soy ortaklığını simgelemiştir; sonraları ise bir fikir ve amaç ortaklığı bildirmiştir. Bu iki durumda da ulus, kendi mensupları arasındaki sınıf temelli, ırksal, etnik vd. farklılıkları yok eder ve travmatik olayların unutulmasında dayanak bulur (Liah Greenfeld, *Nationalism: Five Roads to Modernity* [Cambridge, MA: Harvard University Press, 1993], s. 4-7).

32. Anderson, *Powers of Distance*, Bruce Robbins, "Telescopic Philanthropy: Professionalism and Responsibility in *Bleak House*," *Nation and Narration* içinde, s. 213-230; Tanya Agothocleus, "London Mysteries and International Conspiracies," *Nineteenth-Century Contexts* 26, sayı 2 (2004): s. 125-148.

33. Özerk öznellik vurgumu şekillendiren, Viktorya Çağı araştırmaları alanında liberalizm üzerine yapılmış bazı güncel eleştirel çalışmalar için özellikle bkz. Goodlad, *Victorian Literature and the Victorian State*; Elaine Hadley, "The Past is a Foreign Country": The Neo-Conservative Romance with Victorian Liberalism," *Yale Journal of Criticism* 10, sayı 1 (1997): s. 7-38; Irene Tucker, "'What Maisie Promised:' Realism, Liberalism and the Ends of Contract," *Yale Journal of Criticism* 11, sayı 2 (1998): s. 335-364; Judith Stoddart, *Ruskin's Culture Wars: Fors Clavigera and the Crisis of Victorian Liberalism* (Charlottesville: University Press of Virginia, 1998); David Wayne Thomas, *Cultivating Victorians: Liberal Culture and the Aesthetic* (Philadelphia: University of Pennsylvania Press, 2004).

34. Viktorya Çağı sakinlerinin küresel bağlantıları algılama biçimlerini anlamamıza yardımcı olacak bir diğer önemli bağlam da kölelik karşıtı söylemdir. Kölelik karşıtı muhalefet genellikle serbest ticaret çağrısı ile örtüşmüştür. Serbest ticaretin liberal düşüncedeki dayanağı onu kölelik karşıtlığı ile aynı doğrultuya sokmuştur; ayrıca köle emeğine dayanan sömürge plantasyonları serbest ticaret erbabının yıkmaya çalıştığı tekelleri yaratmıştır. Kölelik karşıtlığı ve serbest ticaretin sorunları örtüşse de kölelik karşıtı kimseler serbest ticaret erbabının neden olduğu kaygılara neden olmamıştır. 5 ve 6. Bölüm'de değindiğim gibi kölelik—kölelik karşıtlığı değil—genellikle denetlenmesi olanaksız ticareti çağrıştırmıştır.

35. Goodlad, Viktorya Çağı'nda Britanya'da oynanan "yaratıcı oyun"da iki güç tespit eder: İstikrarlı ve içine kapanmış bir ulusal kimliği daimi kılan bir "mutlak kökleşmişlik"; hareketlilik ve fütuhata değer veren bir "kozmopolit genişleme" ("Trollopian 'Foreign Policy:' Rootedness and Cosmopolitanism in the Mid-Victorian Global Imaginary," PMLA 124 [2009]: s. 437-454). Ben daha çok, serbest ticaretle ilgili argümanımın başlıca unsuru hareketlilik olduğu için sınırsız hareketliliğin ulus-devlete zarar vereceği korkusu üzerinde duruyorum.

36. Serbest ticaret erbabı Aydınlanma retoriğini sahiplendiği için beni Aydınlanma ilkelerinin yörüngesi özellikle ilgilendiriyor. Diğer yandan on sekizinci yüzyılın belirleyici özelliğinin küresel mübadele konusunda benimsenen değişik tutumlar olduğunu da ortaya koymak istiyorum.

37. Mary Louise Pratt, *Imperial Eyes: Travel Writing and Transculturation* (Londra: Routledge, 1992), s. 5; Felicity A. Nussbaum, *The Global Eighteenth Century* giriş bölümü, der. Felicity A. Nussbaum (Baltimore: Johns Hopkins University Press, 2005); Robert Batchelor, "Concealing the Bounds: Imagining the British Nation through China," *The Global Eighteenth Century* içinde, s. 79-92. Benjamin Schmidt, on sekizinci yüzyılın "şaşırtıcı derecede merkezsizleşmiş" dünyasında kargaşa ve kaos duyusunu irdelemek için haritalar ve etnografik manzaralar üzerinde durur ("The Global Project of Dutch Geography," *The Global Eighteenth Century* içinde, s. 21-37, s. 35).

İKİNCİ BÖLÜM:
WALTER SCOTT'IN SADAKATSİZ KAÇAKÇILARI

1. David Hume, "Of Commerce," *Hume: Political Essays* içinde (Cambridge: Cambridge University Press, 1994), s. 93-105.

2. Adam Smith, *The Wealth of Nations* (Amberst, NY: Prometheus, 1991); James Mill, *Elements of Political Economy* (Londra: Baldwin, Cradock, Joy, 1826); David Ricardo, *On the Principle of Political Economy and Taxation* (Amherst, NY: Prometheus, 2004).

3. *Guy Mannering*'in yanı sıra *Red Gauntlet*'te de sık sık karşımıza çıkan bu konuyla ilgili başka örnekler için bkz. Edward Fitzball, *False Colours, or, The Free Trader: A Nautical Drama in Two Acts* (Londra: J. Duncombe, 1837); ve G. P. R. James, *The Smuggler: A Tale* (Londra: Simms and Mc'Intyre, 1850). Kaçakçılar ile serbest ticaret erbabı arasındaki ilişkinin farkına varan Alyson

Bardsley "romanın on sekizinci yüzyılın sonraki evrelerinde yazılan romanlarda kaçakçılar, bazı ekonomi politikçilerinin desteklediği bazı ekonomi politikçilerin abartılı bir serbest ticaret imgesine tekabül eder" ("In and Around the Borders of the Nation in *Guy Mannering*," *Nineteenth-Century Contexts* 24 [2002]: s. 401).

4. Smith, *The Wealth of Nations*, s. 371, s. 333. Bardsley'e göre Smith, serbest ticaret egemen olduğunda kaçakçılığın sona ereceğini ileri sürmüştür; bana göre kaçakçılık Smith'in gözünde serbest ticaretin zaten önceden beri egemen olduğunu göstermiştir.

5. Bazı önemli örnekler için bkz. John McCulloch, "A Free Trade Essential to the Welfare of Great Britain," *Edinburgh Review* 32 (Temmuz 1819): s. 48-74, özellikle s. 58; "Restrictions on Foreign Commerce," *Edinburgh Review* 33 (Mayıs 1820): s. 331-351, özellikle s. 345; "Duties on Wine—Restrictions on the Wine Trade," *Edinburgh Review* 40 (Ekim 1824): 414-427, özellikle s. 414; David Robinson, "Silk Trade," *Blackwood's Edinburgh Magazine* 18 (Aralık 1825): s. 736-750, özellikle s. 736; "Mr. Huskisson's Speech in Defense of Free Trade," *Blackwood's Edinburgh Magazine* 19 (Nisan 1826): s. 474-488, özellikle s. 483; ayrıca bkz. Milletvekili Alexander Baring, Parlamento Konuşması, *Hansard Parliamentary Debates*, cilt 1 (1820), s. 177.

6. McCulloch, "Duties on Wine," s. 414; Robinson, "Silk Trade," s. 736.

7. Kaçakçılığın zemin kaybetmesi için bkz. Neville Williams, *Contraband Cargoes: Seven Centuries of Smuggling* (Hamden, CT: Shoe String Press, 1961), s. 157-204; Geoffrey Morley, *Smuggling War: The Government's Fight against Smuggling in the 18th and 19th Centuries* (Dover, NH: Alan Sutton, 1994), s. 117-159; ayrıca E. Keble Chatterton, *King's Cutters and Smugglers: 1700-1855* (Londra: George Allen, 1912), s. 94-338.

8. John Sutherland, *The Life of Walter Scott: A Critical Biography* (Cambridge, MA: Blackwell, 1997), s. 47.

9. Scott'tan Joanna Baillie'ye, 17 Kasım 1816, *Familiar Letters of Sir Walter Scott* içinde, der. David Douglas, 2 cilt (Boston: Houghton Mifflin, 1894), 1: s. 373.

10. Scott, *Life of Napoleon Bonaparte, Emperor of the French. With a preliminary view of the French Revolution*, 2. cilt (Exeter, İngiltere: J. B. Williams, 1843), 2: s. 84, 1: s. 445-446.

11. Scott, "Ancient History of Scotland," *Quarterly Review* 41 (Temmuz 1829): s. 139, s. 157.

12. Walter Scott, *The Heart of Midlothian*, der. Tony Inglis (New York: Penguin, 1994), s. 27-28.

13. Scott, *Redgauntlet*, der. G. A. M. Wood and David Hewitt (New York: Columbia University Press, 1997), s. 103. Bundan böyle R kısaltması ile anılacak ve parantez içinde sayfa numarasıyla belirtilecekti.

14. Jakobitlerin Kıta Avrupası'yla ilişkileri için bkz. Frank McLynn, *The Jacobites* (Boston: Routledge and Kegan Paul, 1985). İskoçların Baltık ülkeleri ile yaptıkları ticaretin devamlılığı için bkz. Williams, *Contraband Cargoes*, s. 89-92.

15. Bkz. Tom Nairn, *The Breakup of Britain: Crisis and Nationalism* (Manchester, İngiltere: Verso, 1981), s. 115; Colin Kidd, *Subverting Scotland's Past: Scottish Whig Historians and the Creation of an Anglo-British Identity*, 1689-1830 (Cambridge: Cambridge University Press, 1993), s. 258; Katie Trumpener, *Bardic Nationalism: The Romantic Novel and the British Empire* (Princeton, NJ: Princeton University Press, 1997), s. 128-157; ayrıca Franco Moretti, *The Atlas of the European Novel 1800-1900* (New York: Verso, 1998), s. 40.

16. Smith, *The Wealth of Nations*, s. 445.

17. William Spence, *Tracts in Political Economy* (New York: Viking, 1993), s. 48 ve 69.

18. Lukács tarihsel romanın ortaya çıkışında önemli bir rolü olan tarihsellik mefhumunun, milli hareketler "geniş kitlelere ister istemez bir tarih duyusu ve deneyimi aşıladığı" için geliştiğini ileri sürer (*The Historical Novel*, çev. Hannah Mitchell ve Stanley Mitchell [Lincoln: University of Nebraska Press, 1983], s. 25). Trumpener'a göre Britanya Adalarında yazılmış ilk tarihi romanların geçmişe bakışını belirleyen unsur daha çok Kelt milliyetçiliği idi: Britanya Adalarındaki eşitsiz ekonomik gelişmeler sonucunda Keltik çevrede hissedilen "yeni kayıplar" "geçmişi canlandırmıştır." Trumpener'ın ortaya koyduğu gibi milliyetçilik halkın geçmişe ilgi duymasına neden olduğu gibi tarihi romanın varlığını borçlu olduğu bir tür—ulusal öykü—sunarak tarihi romana şekillendirmiştir: "Yoğun bir mekân çağrışımıyla yüklü olan" ulusal öykü, tarihi romanda "zaman düzleminde birlikte ilerleyen toplum ve... mekân" tahayyülünden daha eskidir, bu tahayyüle imkân vermiştir (*Bardic*, s. 23, s. 131). Ina Ferris, milliyetçilikten farklı bir şeyden bahsettiği halde Scott'ın tarihi romanlarına model oluşturan ulusal öyküleri okuma deneyiminin ardında ulusal aidiyet duygusunun yattığını ortaya koyar. İskoçya ve İrlanda ulusal öyküleri, duygusal kaynakları seferber etmeye,

İngiliz okurda İskoç ve İrlanda halkları ile göreneklerine sempati uyandırmaya matuf şekilde kurgulanmıştır (*The Romantic National Tale and the Question of Ireland* [Cambridge: Cambridge University Press, 2002], s. 60).

19. Walter Scott'tan J. B. S. Morritt'e, 19 Ocak 1815, *Memoirs of the Life of Sir Walter Scott* içinde, 5. c, der. John Gibson Lockhart (Boston: Houghton, Mifflin, 1902), 3: 13.

20. Scott, *The Fortunes of Nigel* giriş bölümü, (New York: Mershon, 1901), s. vi, aktaran George Levine, *The Realistic Imagination: English Fiction from Frankenstein to Lady Chatterley* (Chicago: University of Chicago Press, 1983), s. 89.

21. Scott, *Guy Mannering or the Astrologer*, der. P. D. Garside (New York: Penguin, 2003), s. 162-1. Bundan böyle *G* kısaltmasıyla anılacak ve parantez içinde sayfa numarasıyla belirtilecektir.

22. Bir romans unsuru olarak kaçakçılık için bkz. Northrop Frye, *The Secular Scripture: A Study of the Structure of Romance* (Cambridge: MA: Harvard University Press, 1976), s. 4; ayrıca Ian Duncan, *Modern Romance and Transformations of the Novel: The Gothic, Scott, Dickens* (Cambridge: Cambridge University Press, 1992), s. 114.

23. Bkz. Ian Watt, *The Rise of the Novel: Studies in Defoe, Richardson and Fielding* (Berkeley: University of California Press, 1957); ayrıca Deidre Shauna Lynch, *The Economy of Character: Novels, Market Culture, and the Business of Inner Meaning* (Chicago: University of Chicago Press, 1998).

24. Micheal R. Booth, *English Melodrama* (Londra: Herbert Jenkins, 1965), s. 18.

25. Mikhail Bahtin, "Forms of Time and of the Chronotope in the Novel," *The Dialogic Imagination: Four Essays by M. M. Bahtin* içinde, der. Michael Holquist, çev. Caryl Emerson ve Michael Holquist (Austin: University of Texas Press, 1981), s. 134-5.

26. Bahtin, s. 136; Walter Benjamin, *The Arcades Project*, çev. Howard Eiland ve Kevin McLaughlin (Cambridge, MA: Belknap, 1999), s. 220.

27. Bkz. Lukács, *The Historical Novel*, s. 30-63.

28. Thomas Tooke,"The 1820 Petition of the London Merchants," reprodüksiyon, Norman McCord, *Free Trade: Theory and Practice from Adam Smith to Keynes* içinde (Newton Abbot, İngiltere: David & Charles, 1970), s. 50; Barry Gordon, *Political Economy in Parliament 1819-1823* (New York: Harper and Row, 1977), s. 72; Baring, Parlamento Konuşması, aktaran Gordon, s. 72.

29. Martha Nussbaum, "Patriotism and Cosmopolitanism," *For Love of Country: Debating the Limits of Patriotism* içinde, der. Martha Nussbaum ve Joshua Cohen (Boston: Beacon, 1996). Evrenselcilik ve taşralılık meseleleri için bkz. Bruce Robbins, *Cosmopolitics: Thinking and Feeling beyond the Nation*, giriş bölümü, der. Pheng Chea ve Bruce Robbins (Minneapolis: University of Minnesota Press, 1998).

30. David Hume, "Of the Balance of Trade," *Essays Moral, Political, and Literary* içinde (New York: Longmans, Green, 1912); Thomas J. Schlereth, *The Cosmopolitan Ideal in Enlightenment Thought, Its Form and Function in the Ideas of Franklin, Hume, and Voltaire, 1694-1790* (Notre Dame: IN: University of Notre Dame Press, 1997).

31. Scott, *Waverley* (New York: Penguin, 1985), s. 86 ve 167.

32. John Ruskin, *Unto This Last and Other Writings* (New York: Penguin, 1997), s. 177.

33. Pheng Cheah, *Cosmopolitics*, giriş (2. Bölüm), s. 20-41.

34. Ulus-devletin nispeten yeni bir olgu olmasını dikkate alarak ulus-devletin icadından önce küresel akışların hoşgörüyle karşılandığı ya da İngiltere veya bir başka yerde küresel toplulukların tahayyül edildiği gibi bir sonuca varamayız. Ulusal topluluklardan oldukça küçük yöresel toplulukların birbirinden yalıtılmış halde var oldukları varsayımında bulunabiliriz, ama tarihsel gerçek böyle değildi. Modernlik öncesine eğilen güncel araştırmalar uzak ülkeler arasında ticaretin mevcut olduğunu ve küresel toplulukların hayal edildiğini ortaya koymuştur. Sheldon Pollock'un belirttiği gibi "genelde tüm dünyaya ait olmakla birlikte özelde hiçbir yere ait görülmeyen [kültürel] pratikler kendi mimarlarını küçük bir yerden ziyade büyük bir dünyaya bağlamıştır" ("Cosmopolitan and Vernacular in History," *Cosmopolitanism* içinde, der. Carol Brekenridge, Sheldon Pollock, Homi Bhabha, ve Dipesh Chakrabarty [Durham, NC: Duke University Press, 2002], s. 15).

Diğer şeylerle birlikte kültür ve sanat ürünlerinin dolaşımı da modernlik öncesinin hem Avrupa'da hem Asya'da millilikten ve taşralılıktan uzak olduğunu gösterir:

> Sanskrit şiirinin ilk bin yılda Asya'daki dolaşımı… sunduğu yaşam fırsatları açısından eşitsiz ve sınırlı olmakla birlikte kılıç zoruna veya her şeyin

yok olmasına dayanmayan yöreaşırı bir kültüre katılım imkânı sunmuştur. Burada aklımıza kozmopolit hümanizmin Kant'tan önceki bir momenti gelir: Salamanca ve Francisco de Vitoria Üniversitelerindeki bu düşünürler için Avrupa'nın genişlemesi uzak diyarlara seyahat etmek, ilginç insanlar ile karşılaşmak, bu insanları katletmek yerine insanlık tanımını genişletmenin zorluğuyla doğrudan doğruya yüzleşmek anlamına gelmiştir. (Pollock, Bhabha, Brekenbridge ve Chakrabarty, *Cosmopolitanism*, giriş bölümü, s. 10)

Modernlik öncesi coğrafi etki alanı bakımından bu sınırsız akışları tanımlamak için *uluslararası* terimini kullanmamız mümkün değil, çünkü o tarihlerde ulus-devlet yoktu. Bunun için Sheldon'ın kullandığı *yöreaşırı* terimi, toplulukları ayrıştıran sınırları aşmaya yönelik modern öncesi bir eğilimi sergilediği için özellikle önemlidir. Yöreaşırı akışlara elbette ticari akışlar da dahildir. Mesela Ege'deki Dilos Adası kozmopolit yerleşimin erken bir örneği olarak Akdeniz'in her köşesinden zengin tüccarları bir araya getirmiştir. Modernlik öncesinde kozmopolitizm, bir pratik olduğu kadar kozmopolit bir idealdir. Ayrıca bkz. Schlereth, *The Cosmopolitan Ideal in Enlightenment Thought*.

35. Modern öncesine yönelik modern ilgi hakkındaki argümanım, Ian Duncan'ın "modernleşmenin takvime bağlı düz zamanındaki anakronistik ve anatopik eşitsizlik"le ilgili araştırmasından esinlenmekle birlikte ondan ayrı bir yerde duruyor. Duncan, homojen boş zaman kavramının Romantik tarihselciliğin ileri sürdüğü karmaşık zamansallık modellerini çözümleyemediğini ortaya koyar. Örneğin Scott'ın romanlarında modern öncesi anlatılar ve paradigmalar şimdiki zamana aktarılır, zira "'aynı' kültürel evre 'aynı' tarihsel momentte mevcut olan ve o momenti yabancılaştıran farklı kültürel evrelerin—değişik zamansallıkların—değişik zamansal düzlemlerde anlaşılmasını gerektirir" ("Primitive Inventions: *Rob Roy*, Nation, and World System," *Eighteenth-Century Fiction* 15 [2002]: s. 81-102 ve 85). Britanya'da on dokuzuncu yüzyılda modern öncesi biçimler ve anlatıların sürekliliği üzerine araştırmam daha ziyade ulus-devletin altın çağında sınırsız bir dünya tahayyül etmenin zorluklarına eğiliyor.

36. Bu örüntüyü vurgulamakla *Waverley* romanlarındaki iktisadi faaliyetleri iki kutuplu birgeçiş ekseninde okuyan edebiyat eleştirisine —feodal toprak sahipliğinden akışkan servete— karşı çıkmak istiyorum. Kathryn Sutherland

şöyle der: "Marxist Georg Lukács'tan kendi arasında bölünen Amerikan ekolüne bütün bir eleştirel görüş yelpazesi... Scott'ın örfi bir feodal otorite ile rekabetçi bir piyasa ekonomisi arasındaki karşıtlığın yanı sıra sabit ve akışkan servet dünyaları arasındaki karşıtlıkla ilgili analizi üzerinde durmuştur" ("Fictional Economies: Adam Smith, Walter Scott, and the Nineteenth Century," *ELH* 54 [1987]: s. 97). Edgar Johnson'ın *Waverley* romanlarında "feodal toprak sahibi ve klanın kadim dünyasından ticaretin yeni dünyasına geçişe tekabül eden devrim"i incelemesi, Lawrence Poston'ın ticaret ile "efendi ve köle arasındaki kadim sadakat bağı" arasındaki gerilimi sergilemesi bu yaklaşımı örnekler (Edgar Johnson, *Sir Walter Scott: The Great Unknown*, 2. cilt [Londra: Hamish Hamilton, 1970], I: 600; Lawrence Poston III, "The Commercial Motif of the Waverley Novels," *ELH* 42 [1975]: s. 63).

37. Amanda Anderson, *Powers of Distance: Cosmopolitanism and the Cultivation of Detachment* (Princeton, NJ: Princeton University Press, 2001). Dickens'ın mekânın sıkışması temsili üzerinde durduğum 7. Bölüm'de bu meseleyi daha ayrıntılı tartışıyorum.

38. G.P.R. James, *The Smuggler: A Tale* (Leipzig: Berhard Tauchnitz, 1845), s. 34.

ÜÇÜNCÜ BÖLÜM:
KAPTAN MARRYAT'IN DENİZCİ ROMANLARINDA YOLDAN ÇIKAN TÜCCARLAR VE ANLATICILAR

1. Tim Fullford askeri başarıyı öven denizci romanlarına ilişkin ayrıntılı bir izah sunar. Fulford'un gösterdiği gibi denizci romanları Robert Southley, Samuel Taylor Coleridge ve Jane Austen'ın yapıtlarında askerlerin ulusa örnek teşkil ettiği edebi mirası sahiplenmiştir. Fulford'ın belirttiği gibi denizci kahraman figürü esasen emperyalistti, çünkü kahraman statüsüne ulaşmanın yolu sömürge uyruklarına diz çöktürmekti ("Romanticizing the Empire: The Naval Heroes of Southey, Coleridge, Austen, and Marryat," *MLQ: Modern Language Quarterly* 60 [Haziran 1999]: s. 161-196). Kanunu ve düzeni kutsayan denizci romanlarına ilişkin bir başka ikna edici izah için bkz. Matthew Kaiser, "Ludicrous Politics: Nautical Melodrama and the Degradation of Law," *Unrespectable Creations* içinde, der. Martin Hewitt (Leeds, İngiltere: Leeds Centre for Victorian Studies, Trinity and All Saints College, University of Leeds, 2001).

2. Adam Smith, *Wealth of Nations* (Amherst, NY: Prometheus, 1991), s. 353.

3. John Marley, *The Life of Richard Cobden*, 2 cilt (Londra: T. Fisher Unwin, 1905). Cobden'ın kozmopolit kimliğini 5. Bölüm'de de ele alıyorum.

4. John Galt, "The Free Trade Question," *Fraser's Magazine* 6 (Kasım 1832): s. 593-598.

5. Albert Williams, *Facts upon Facts against the League* (Londra: John Ollivier, 1845), s. 35; Britannicus, *Corn Laws Defended* (Leeds, İngiltere: T. Harrison, 1844).

6. Linda Colley, *Britons: Forging the Nations, 1707-1837* (New Haven, CT: Yale University Press, 1992), s. 5.

7. "A Bill To Make Further Regulations for the Prevention of Smuggling," 24 Haziran 1819.

8. Oliver Warner, *Captain Marryat: A Rediscovery* (Londra: Constable, 1953), s. 60.

9. Frederick Marryat, *The King's Own* (Londra: Routledge, 1866). Bundan sonraki bütün referanslar bu baskıya yapılacak ve parantez içinde sayfa numarasıyla belirtilecek. Marryat'ın müphemliği hakkında bkz. L.J. Parascandola, *"Puzzled Which to Choose": Conflicting Socio-Political Views in the Works of Captain Frederick Marryat* (New York: Peter Lang, 1997), s. 21.

10. Walter Scott, *The Pirate* (New York: Henry Frowde, 1852), s. 81.

11. Frederick Marryat, *Mr. Midshipman Easy* (New York: Derby and Jackson, 1860), s. 17. Bundan sonraki bütün referanslar bu baskıya yapılacak ve parantez içinde sayfa numarasıyla belirtilecek.

12. John Locke, *Two Treatises of Government: A Critical Edition with an Introduction and Apparatus Criticus*, der. Peter Laslett (Cambridge: Cambridge University Press, 1963), s. 304.

13. Green ve Hobhouse'ın katkıları için bkz. Richard Bellamy, "T.H. Green and the Morality of Victorian Liberalism" ve Michael Freeden, "The New Liberalism and Its Aftermath," *Victorian Liberalism: Nineteenth-Century Political Thought and Practice* içinde, der. Richard Bellamy (New York: Routledge, 1990), s. 131-152 ve s. 175-192.

14. Lord Byron, *Childe Harold's Pilgrimage*, *The Major Works* içinde, haz ve sunan Jerome J. McGann (New York: Oxford University Press, 2000), 4.179. 1-4, 1.41.6, 1.4.2.1, 1.43-9.

15. Frederick Marryat, *The Phantom Ship* (Londra: George Routledge, 1857), s. 8. Bundan sonraki bütün referanslar bu baskıya yapılacak ve parantez içinde sayfa numarasıyla belirtilecek.

16. Kantçı kozmopolitizme ilişkin ayrıntılı bir analiz için bkz. Marta Nussbaum, "Kant and Cosmopolitanism," *Perpetual Peace: Essays on Kant's Cosmopolitan Ideal* içinde, der. James Bohman ve Matthias Lutz-Bachmann (Cambridge, MA: MIT University Press, 1997), s. 25-57.

17. Frederick Marryat, *Newton Forster, or, the Merchant Service* (Londra: George Routledge, 1873), s. 268. Bundan sonraki bütün referanslar bu baskıya yapılacak ve parantez içinde sayfa numarasıyla belirtilecek.

18. Frederick Marryat, *Snarleyyow or the Dog Friend* (Ithaca, NY: McBooks, 2000), s. 9-10. Bundan sonraki bütün referanslar bu baskıya yapılacak ve parantez içinde sayfa numarasıyla belirtilecek.

19. Mary Peace ve Vincent Quinn, "Luxurious Sexualities: Effeminacy, Consumption, and the Body Politic in Eighteenth-Century Representation," Giriş Bölümü, Özel Sayı, *Textual Practice* 11, sayı 3 (1997): s. 405-417, s. 412; Philip Carter, "An 'Effeminate' or 'Efficient Nation'? Masculinity and Eighteenth-Century Social Documentary," *Textual Practice* 11, sayı 3 (1997): s. 429-445; E.J. Clery, *The Feminization Debate in Eighteenth-Century England: Literature, Commerce, and Luxury* (New York: Palgrave, 2004).

20. Mesela Napoléon Savaşları esnasında James Mill, Britanyalılara Napoléon'un Britanya ile Kıta Avrupası ve Amerika arasındaki bağlantıyı kesmek için başlattığı kuşatmanın kırılacağına dair güvence vermiştir: "Bonaparte'ın yaptığımız ticaret üzerindeki gücü sadece yüzeysel bir bakışla korkutucu görünebilir... Elfe Nehri'nin ağzından Venedik Körfezi'ne bütün bir coğrafyayı denetleme düşüncesi bilgi ve fikir sahibi herkes için gülünçtür. Herkesin bildiği şu gerçeği düşünün: Kaçakçılar kaçak Doğu Hindistan mallarını Londra'daki evlere yüzde 25 kârla satmak için dünyanın en ünlü Gümrük Ofisi'nin gözü önünde, Gümrük Ofisi'nde muvazzaf subaylardan mürekkep gerçek bir ordunun bulunduğu bir yerden rahatça geçiniyorlar" (*Commerce Defended: An Answer to the Arguments by which Mr. Spence, Mr. Cobbett and Others, have Attempted to Prove that Commerce is not a Source of National Wealth, Selected Economic Writings* içinde, derleyen ve sunan Donald Winch [Edinburgh, İskoçya: Oliver and Boyd, 2006], s. 92-93). Mill, serbest rekabeti önlemek için sömürge tekeli

kurma çabasının akıbetine benzer şekilde kuşatmanın da kırılacağını ima eder. Kanundışı serbest piyasalara ekonomi politik alanından yapılmış başka referanslar için bkz. 1. Bölüm.

21. Edebiyat eleştirmenleri gemi ve deniz motiflerini özellikle bunların mikrokozmik küresellik temsillerini modernlik ile ilintilendirmiştir. Cesare Casarino on dokuzuncu yüzyıl sonu edebiyat yapıtlarında ortaya çıkan "ilk uluslararası, çoketnili, çokdilli ve gittikçe çokırklı emeği" küreselleşmenin ilk sonuçlarından biri olarak görür (*Modernity at Sea: Melville, Marx, Conrad in Crisis* [Minneapolis: University of Minnesota Press, 2002], s. 10). Cassarino'ya göre gemi, geçmişteki üretim modelleri (ticari) ile şimdiki ve gelecekteki (endüstriyel) üretim modellerini örtüştürerek modernliğin asli özelliği olan geleneksel ile yeni arasındaki karışımı temsil eder. Paul Gilroy'un siyahî yazarlar tarafından kaleme alınan uluslaraşırı düşünsel yapıtlarla ilgili araştırmasında gemilerde mevcut "dilsel ve siyasal melezlik eksenli mikrosistemler"e dair bir başka değerlendirme ile karşılaşırız. Gilroy'un Kara Atlantik adını verdiği, "hem ulus-devlet yapılarını hem de etnisite ve ulusal tikellik sınırlarını aşma arzusunun belirlediği" varlık, "hareket, tekrardan yerleşme, yer değiştirme ve yerinde duramama" deneyimleri yaşamıştır (Paul Gilroy, *The Black Atlantic: Modernity and Double Consciousness* [Cambridge, MA: Harvard University Press, 1993], s. 12, 19 ve 133). Kara Atlantik içinde bulundukları birden fazla kültürün hem içinde hem dışında bulunan benlikler yaratarak modern öznelliğin üretimine katkıda bulunmuştur. Gerek Cassarino gerek Gilroy çokuluslu veya uluslaraşırı toplulukların sunduğu ütopik imkânlarla ilgilenir (küresel işçi sınıfı dayanışması veya entelektüel işbirliği fırsatları) fakat konu Marryat'ın romanları olduğunda bu yaklaşım pek makul değildir. Irksal ve etnik ötekilerin komik ve tabi göründükleri Marryat'ın elinden çıkma kozmopolit topluluk betimlemeleri engin bir sınır mıntıkası olarak denizin tarihte sunduğu ilerici fırsatlardan ziyade anlatı merceğinin Anglosantrizmini sergiler ve ulusaşırılık konusunda eleştirel bir yaklaşım üretirler.

22. Liberal öznellik ve Viktorya Çağı'ndaki yörüngesiyle ilgili ayrıntılı analizler için bkz. Elaine Hadley, "'The Past is a Foreign Country:' The Neo-Conservative Romance with Victorian Liberalism," *Yale Journal of Criticism* 10, sayı 1 (1997): s. 7-38; Irene Tucker, "'What Maisie Promised:' Realism, Liberalism, and the Ends of Contract," *Yale Journal of Criticism* 11, sayı 2 (1998): s. 335-364.

23. Lauren Goodlad, *Victorian Literature and the Victorian State: Character and Governance in a Liberal Society* (Baltimore: Johns Hopkins University Press, 2003); Judith Stoddart, *Ruskin's Culture Wars: Fors Clavigera and the Crisis of Victorian Liberalism* (Charlottesville: University Press of Virginia, 1998); David Wayne Thomas, *Cultivating Victorians: Liberal Culture and the Aesthetic* (Philadelphia: University of Pennsylvania Press, 2004).

24. Erich Auerbach romansta "özellikle şövalyeye kendini kanıtlama şansı vermek için yaratılmış ve tasarlanmış bir dünya" bulduğumuzu ileri sürer (*Mimesis: The Representation of Reality in Western Literature*, çev. Willard R. Trask [Princeton, NJ: Princeton University, 1953], s. 136, aktaran Suk-Koo-Rhee, "The British Empire and Its Other: Nineteenth-Century and Modern Imperial Romance and Counter-Discourse" [Doktora tezi, Indiana Üniversitesi, 1995], s. 3; Michael Nerlich soyluluğun halihazırda burjuvazinin tehdidi altında olduğu bir dönemde bir şövalye sınıfının varlığının romans tarafından meşrulaştırıldığını ileri sürer (*Ideology of Adventure: Studies in Modern Consciousness, 1100-1750*, 2. cilt [Minneapolis: University of Minnesota Press, 1987]); Fredric Jameson, romansta düşmanların kötülüğü ısrarla vurgulanarak "gerçek çelişkiye düşsel bir 'çözüm'" önerildiğini düşünür (*The Political Unconscious: Narrative as a Socially Symbolic Act* [Ithaca, NY: Cornell University Press, 1981], s. 118).

25. David Quint, *Epic and Empire: Politics and Generic From Virgil to Milton* (Princeton, NJ: Princeton University Press, 1993), s. 27, 30 ve 40.

26. Quint, s. 31, 34 ve 39.

DÖRDÜNCÜ BÖLÜM:
HARRIET MARTINEAU VE MÜBADELENİN BEREKETLİLİĞİ

1. Marianne A. Ferber ve Julie A. Nelson, *Beyond Economic Man: Feminist Theory and Economics* (Chicago: University of Chicago Press, 1993) ve Regenia Gagnier, *The Insatiability of Human Wants: Economic and Aesthetics in Market Society* (Chicago: University of Chicago Press, 2000).

2. J.G.A. Pocock, *Virtue, Commerce, and History: Essays on Political Thought and History, Chiefly in the Eighteenth Century* (Cambridge: Cambridge University Press, 1985), s. 113.

3. John Ramsay McCulloch, "Navigation Laws," *Edinburgh Review* 38 (Mayıs 1823): s. 478-494.

4. James Mill, *Elements of Political Economy* (Londra: Baldon, Cradock, Joy, 1824), s. 113.

5. Bilge şahsiyetler şöyle açıklamalar yaparlar: "Bakın beyefendi, vergiler kaçakçılığı teşvik edecek kadar yüksek" "hükümet kaçakçılığı teşvik edecek kadar yüksek bir vergi koymaya hazırlanıyor." (Harriet Martineau, "The Loom and the Lugger," *Illustrations of Political Economy* içinde, 9 cilt [Londra: Charles Fox, 1834], 6: s. 88 ve 90.

6. Bernard Semmel, *The Liberal Ideal and the Demons of Empire: Theories of Empire from Adam Smith to Lenin* (Baltimore: Johns Hopkins University Press, 1993), s. 2.

7. Harriet Martineau, *British Rule in India*, cilt 5, *Harriet Martineau's Writing on the British Empire*, 5 cilt, der. Deborah Logan (Londra: Pickering, 2004).

8. *Liberalism and Empire: A Study in Nineteenth-Century British Liberal Thought* adlı çalışmasında Uday Singh Mehta liberal ilkelerin emperyalizmi desteklediğini etkileyici bir biçimde savunur (Chicago: University of Chicago Press, 1999). Jennifer Pitts, *A Turn to Empire: The Rise of Imperial Liberalism in Britain and France* adlı çalışmasında tartışmanın iki cephesini şöyle tanıtır: "Kimileri liberalizmin daima emperyalist bir öz barındırdığını ileri sürerken... kimileri doğası gereği antiemperyalist olduğunu ileri sürüyor" ([Princeton, NJ: Princeton University Press, 2005], s. 4).

9. *Suggestions towards the Future Government of India* (Charleston, SC: Bibliobazaar, 2008), s. 26.

10. Harriet Martineau, "Cinnamon and Pearls," *Illustrations of Political Economy* içinde, 3. baskı, 9 cilt (Londra: Charles Fox, 1934), 7: 22.

11. "Mr. Macaulay's Address in Edinburgh on His Re-Election to the Parliament," *Speeches* içinde, 2. cilt (New York: Redfield, 1853), 2: 400.

12. Harriet Martineau, "Dawn Island," cilt 1, *Harriet Martineau's Writing on the British Empire*. Bundan sonraki bütün referanslar bu baskıya yapılacak ve parantez içinde belirtilecek.

13. "Loom and Lugger," s. 90.

14. Martineau'nun yapıtlarında gerçekçilik için bkz. Eleanor Courtemanche, "Naked Truth Is the Best Eloquence: Martineau, Dickens, and the Modern Science of Realism," *ELH 73*, sayı 2 (2006): s. 383-407, ayrıca Caroline Roberts,

The Woman and the Hour: Harriet Martineau and Victorian Ideologies (Toronto, ON: University of Toronto Press, 2002).

15. Martineau'nun kadına kapitalist üretimde atfettiği rolden söz ederken Ann Hobart'ın argümanını savunuyorum, bkz. "Political Economy of Everyday Life," *Victorian Studies* 37, sayı 2 (1994): s. 223-251.

16. Jerry Evensky, "Adam Smith's Moral Philosophy: The Role of Religion and Its Relationship to Philosophy and Ethics in the Evolution of Society," *History of Political Economy* 30, sayı 1 (1998): s. 17-42. Ekonomi politiğin dini unsurlarına ilişkin başka tartışmalar için bkz. Donald J. Oswald, "Metaphysical Beliefs and the Foundations of Smithian Political Economy," *History of Political Economy* 27, sayı 3 (1995): s. 449-476; John Dwyer, *The Age of Passions: An Interpretation of Adam Smith and Scottish Enlightenment Culture* (East Linton, İskoçya: Tuckwell, 1998); Jeff Lipkes, *Politics, Religion and Classical Political Economy in Britain: John Stuart Mill and His Followers* (New York: St. Martin's Press, 1999). Dwyer, Smith'in hem dini fanatizme eleştirisi hem de ılımlı Presbyterianlığı üzerinde durur. Lipkes, Mill'in kariyerinde dini inanç ile siyasal enerjinin kaynaşması üzerinde durur.

17. Douglas A. Irvin, *Against the Tide: An Intellectual History of Free Trade* (Princeton, NJ: Princeton University Press, 1997), s. 16. Irvin "Tanrı'nın ticareti teşvik etmek için yeryüzündeki kaynaklar ve malları ülkeler arasında bilinçli olarak eşitsiz bir biçimde dağıttığını savlayan doktrinin" Seneca gibi filozoflar tarafından ilk yüzyıllarda geliştirilen ve oldukça eski bir iktisat kuramı olduğunu belirtir (s. 15).

18. James Ramsey McCulloch, "Restrictions on Foreign Commerce," *Edinburgh Review* 33 (Mayıs 1820): s. 331-351. Anaakım klasik liberalizmle birlikte Hıristiyan ekonomi politik de serbest ticaretin Tanrı tarafından tasdik edilmiş bir düzen olduğunu savunmuştur. On dokuzuncu yüzyılda dini hissiyatı öneseyen ekonomi politikçiler arasında Edward Copleston, Richard Whately ve Thomas Chalmers vardır. A.J.B. Hilton ve A.M.C. Waterman'ın savundukları gibi dinin piyasasız bir düzeni desteklediği fikri yanlıştır (A.J. Boyd Hilton, *The Age of Atonement: The Influence of Evangelicalism on Social and Economic Thought*, 1785-1865 [New York: Oxford University Press, 1988] ayrıca A.M.C. Waterman, *Revolution, Economics, and Religion: Christian Political Economy*, 1798-1833 [Cambridge: Cambridge University Press, 1991]).

19. Richard Cobden, "Speech at the Great Free Trade Demonstration in the Free Trade Hall, Manchester," *National Defences: Letters of Lord Elsemere and the Duke of Wellington, with the Speech of R. Cobden Esq., M.P., at the Free Trade Meeting in Manchester* içinde (Londra: Edward Fry, 1848), s. 19.

20. Ebenezer, Elliott, "Caged Rats," *The Splendid Village; Corn Law Rhymes; and Other Poems* içinde (Londra: Benjamin Steill, 1844), s. 17-24.

21. Ebenezer Elliott, *More Verse and Prose by the Corn-Law Rhymer* (Londra: C. Fox, 1850), I: V.

22. Elliott'ın manzumelerinde bu içerik, kadim bir tür olan ilahi aracılığıyla sunulur, böylece serbest ticaret arkaik bir hal alır. Şiirlerin içerikleri serbest ticaret politikasına temas eden "farklı ölçüleri, temaları... ve daha ağırlıklı olarak... sözdağarcığı seçimleri" şiirler ile geleneksel dini şarkılar arasında bağ kurar (John Richard Watson, *The English Hymn: A Critical and Historical Study* [New York: Oxford University Press, 1997], s. 2). Çoğu bestelenen bir kısmı ise yalnızca "Şarkı" başlığını taşıyan manzumelerin müzikalitesi bu şiirleri bir ilahi antolojisinden farksız kılar. Aslında Elliot dini metinlere "Sheffield Siyasal Birliği için İlahi" gibi başlıklar koymuştur. Siyasal propaganda ile dinsel içeriğin açıkça iç içe geçmesi, geçmişe bakıldığında sıra dışı görünmekle birlikte Elliott'ın şiirleri aslında köklü bir geleneğin parçasıdır. Bu gelenek, toplumsal adalet çağrısı yapan, belirli bir mezhebe ilahilerden çok gazeteler ve *National Chartist Hymn Book* gibi siyasal yayınlarda boy gösteren, herhangi bir mezhebin sözcülüğüne soyunmayan, 1830'ların popüler Radikal ilahilerinden oluşur. (Susan S. Tamke, *Make a Joyful Noise unto the Lord: Hymns as a Reflection of Victorian Social Attitudes* [Atina: Ohio State UP, 1997]).

23. Bundan sonraki bölümde mekân konusuyla ilgili tek bir örneği ele alıyorum. Bir Kutsal Kitap fenomeni olarak serbest ticaret betimlemelerine verilebilecek başka örnekler için bkz. Albert Williams, *Facts upon Facts upon League* (Londra: John Ollivier, 1845) ve *Great Facts Concerning Free Trade* (Londra: John Ollivier, 1844). Bütün bunlar serbest ticaret karşıtı bir tutum benimsenir: Kadim Mısır'dan Suriye'ye geçmişteki uygarlıklar serbest ticarete atılmış (sınırları denetleyen korumacı devletler yoktu) ama sonuçta iflas etmişlerdi. Williams, bırakınız yapsınlar düzenine atfedilen doğallığı farkında olmaksızın olumlar.

24. Rev. Edmund Kell, *The Injurious Effects of the Corn Laws on All Classes of the Community, Including the Farmer and the Landowner: A Lecture* (Londra: Smallfield, 1840), s. 43 ve 17.

25. Serbest ticarete verilen Hıristiyan desteği belirli bir mezhebe bağlı değildi ve şu haliyle iktisadi düzenin birleştirici gücünü vurgulayacak şekilde örgütlenmişti. 1841'de Manchesterlı din adamlarının çağrısı sonucunda Britanya'nın dört yanından gelen beş yüzden fazla papaz "Tahıl Yasası sorununu Hıristiyan bir yaklaşımla çözmek için" toplanmıştır (Archibald Prentice, *History of the Anti-Corn Law League* [Londra: Frank Cass, 1968], s. 233, aktaran Alon Kadish, *The Corn Laws: The Formation of Popular Economics in Britain* içinde, 6 cilt [Londra: Pickering, 1996], 4: 1). Bu vesileyle bestelenen ve "Old Hundreth Psalm" ezgisiyle okunan bir ilahi, serbest ticarete destek veren bir Tanrı'ya adanmıştır: "Göklerdeki ölümsüz tahtından/gör bizi, ey merhametli Tanrı." Bu ilahide yeryüzündeki ürünleri paylaşmaya yanaşmamanın ahlaksızlığına dikkat çekilmiştir:

> Dünyanın nimeti
> taçlandırırken uzak memleketleri bereketle
> Altın aşkıyla kavrulan birkaç bencil
> el koyar Tanrı'nın ihsanına zalim kanunlarıyla (Kadish IV, s. 1)

Serbest ticaret temelli bu tür dini perspektifler ulus-devletlerden daha eski bir Hıristiyan Tanrı'nın yardımıyla ulusal gurur ve uluslararası hukuk sorunlarını çözmekle övünmüştür. Hıristiyan mecazlar, Fransa veya Birleşik Devletler gibi tek tek uluslardan çok uzak memleketlere referans veren uluslarasırı bir söylemi temsil etmiştir. 1841'deki papazlar toplantısının başarısının ardından "Britanya'daki popüler siyasal kültürde serbest ticareti yarı dini bir İncil haline getiren," Tahıl Yasası'na muhalif dini faaliyetlerin sayısı artmıştır (Kadish IV, s. 226). Bir Yorkshire gazetesi Tahıl Yasaları'nın feshi için başlatılması planlanan bir kilise kampanyasından söz etmiştir: "*Serbest ticaret*in bir adalet ve eşitlik politikası haline gelmesini, çocukların peltek dillerinde ifade bulmasını, ninnilerle öğrenilmesini; ilköğretim pınarlarında çağlamasını, Hıristiyan okullarının gözetiminde içselleştirilmesini sağlayın" (Aktaran Kadish IV, s. 266). Kilisenin fesih hareketine desteği kitleleri seferber ettiği gibi serbest ticaretin meselesini zamanı ve mekânı aşan bir mesele olarak tanınmasını sağlamıştır.

26. Hıristiyanlıkta içkin kozmopolitizme dikkat çektiği gibi bu küresel ruh ile finans ve endüstrinin yeryüzünde yüzyıllardır kazandığı zaferler arasında

ilişki kuran Reverend Samuel Martin'in argümanından yararlanıyorum (*The Useful Arts: Their Birth and Development, Edited for the Young Men's Christian Association* [Londra: James Nisbet, 1851]).

27. Harriet Martineau, Cinnamon and Pearls, *Illustrations of Political Economy* içinde, 3. baskı, 9 cilt (Londra: Charles Fox, 1934) 7: 59-60.

28. "Loom and the Lugger," s. 41.

29. Bkz. Amy Kaplan, "Manifest Domesticity," *American Literature* 70, sayı 3 (1998): s. 581-606; Sangeeta Ray, *Engendering India: Woman and Nation in Colonial and Postcolonial Narratives* (Durham, NC: Duke University Press, 2000); ayrıca Laura Wexler, *Tender Violence: Domestic Visions in an Age of U.S. Imperialism* (Chapel Hill, NC: University of North Carolina Press, 2000).

30. J.G.A. Pocock iktisadi faaliyetin doyumsuz ve kendi kendini tüketen karakterini kadınlığın temsil ettiğini ileri sürer (*Virtue, Commerce and History*); Laura Brown ise kadın figürünün ticari ürünlerle birlikte birikim ve tüketimi de temsil ettiği kanısındadır (*Ends of Empire: Women and Ideology in Early Eighteenth-Century English Literature* [Ithaca, NY: Cornell University Press, 1993]); Ann Louise Kibbie, kadın figürünü ticaret kapitalizminde "paranın kendini çoğaltmak konusundaki sihirli becerisi"nin temsili olarak görür ("Monstrous Generation: The Birth of Capital in Defoe's *Moll Flanders* ve *Roxana*," *PMLA* 110.5 [1995]: s. 1023-1034, s. 1026). Kapitalist ideolojinin işleyişinde cinsel haz tartışmaları da belirleyicidir. Angelika Rauch, cinselliğin modayı ve arzuyu cisimleştiren modern temsilcisi olarak fahişe figürünün (moderndir çünkü parçalı bir deneyimi simgeler) "metanın fetiş niteliğini" sergilediğini ileri sürer ("The Trauerspiel of the Prostituted Body, or Woman as Allegory of Modernity," *Cultural Critique* 10 [Güz 1988]: s. 77-88); Teresa L. Elbert, cinselliğin hazları ve aşırılıklarını kutsamanın "bizi ataerkil kapitalizmde tüketen/arzu duyan özneler haline getirdiğini" hatırlatır ("Ludic Feminism, the Body, Performance, and Labor: Bringing Materialism Back into Feminist Cultural Studies," *Cultural Critique* 23 [Kış 1992]: s. 5-50).

31. "Loom and Lugger," s. 57.

32. Bahtin'in soyut mekân mefhumuna ilişkin ayrıntılı bir tartışma için bkz. 1. ve 2. Bölümler.

33. "To the Women of Great Britain," *National Anti-Corn Law League Bazaar Gazette*, sayı 1 (Londra: J. Gadsby, 1845).

34. Letter from E.G., *National Anti-Corn Law League Bazaar Gazette*, sayı 12, s. 7.

35. "Free Trade in Bread," *National Anti-Corn Law League Bazaar Gazette*, sayı 11, s. 8.

36. Burada modern öncesi biçimler ile modern biçimlerin birlikte var olmasını incelemek için Ernst Bloch'un "eşzamanlı-olmama" (Ungleichzeitkeit) mefhumuna atıfta bulunmak mantıklı görünüyor. Bloch şöyle demiştir: "İnsanların hepsi aynı Şimdide var olmaz. Olsa olsa dışarıdan öyleymiş gibi görünürler, onun nedeni de şu anda görünür olmalarıdır. Fakat tam da bu nedenle başkaları ile aynı zamanda yaşamaları olanaksızdır" (*Heritage of Our Times* [New York: Polity, 1991]). Bloch'un izah ettiği gibi sözgelimi 1930'larda kentlerde mevcut olan teknoloji, organizasyon ve kültürden çok daha eski görenekleri ve üretim araçları olan köylüler vardı. Vincent Geoghegan, Bloch'un argümanını şöyle özetler: "Nüfusun pek çok kesimi çağdaş toplum ile tam anlamıyla bütünleşemediği için geçmişten kalma bir bilinç taşır" ("Ernst Bloch and the Ubiquity of Utopia," *The City Cultures Reader* içinde, der. Michael Miles, Tim Hall ve Iain Borden [New York: Routledge, 2004], s. 413-419). Kendi argümanımda bu terminolojiyi (eşzamanlı-olmama) kullanmak istemiyorum, çünkü modern öncesinin, kapitalizmin bir takım özelliklerini yansıttığını düşünüyorum. Modernleşmemiş halklar ve göreneklerin modern muadilleriyle fiilen birlikte var olup olmadıkları burada beni ilgilendirmiyor.

37. David Boaz, *Liberterianism: A Primer* (New York: Free Press, 1997), s. 23 ve 5.

38. David Boaz, der., *The Libertarian Reader: Classic and Contemporary Writings from Lao-tzu to Milton Friedman* (New York: Free Press, 1997), s. 207; F. A. Hayek, "Made Orders and Spontaneous Orders," *The Libertarian Reader* içinde, s. 233-242.

BEŞİNCİ BÖLÜM
VİKTORYA ÇAĞI BAŞINDA YAZILAN OYUNLARDA RASTGELE CİNSEL İLİŞKİ, TİCARET VE KAPANIM

1. William Nugent Glascock, "Breeze at Spithead," *Tales of a Tar, with Characteristic Anecdotes* içinde (Londra: H. Colburn ve R. Bentley, 1830), s. 107.

2. On dokuzuncu yüzyıldaki yeni iktisadi fikirlerin serbest ticaret ile azgın cinselliği belirli biçimlerde özdeşleştirmesi üzerinde duruyorum. Ticaret ile cinselliği birleştirmek için girilen daha eski yollara bu araştırmada değinmiyorum,

ama ticarete atfedilen cinsel kimliğin İngilizcenin dokusuna işlediğini belirtmek gerekir. Cinsel ilişki kelimesinin 1494 tarihli ilk tanımı uluslararası ticaretten söz eder: "Ülkeler arasındaki iletişim vb; farklı yerlerin sakinleri arasında karşılıklı işler; bu ilk anlam daha çok ticarete atıfta bulunur" (Oxford İngilizce Sözlük). On altıncı yüzyılda ortaya çıkan bir sonraki anlam, ülkeler arası ticaretten ziyade bireyler arası ticarete teşkil eder: "Bireyler arasında toplumsal iletişim; diyalog ve eylem bakımından yoğun ve sürekli ilişki." Aynı kelime on sekizinci yüzyıl sonunda başka bir ilişki türünü tanımlamaya başlamıştır: "Cinsel ilişki."

3. Mary Peace ve Vincent Quinn, "Introduction to Luxurious Sexualities: Effeminacy, Consumption, and the Body Politic in Eighteenth-Century Representation," *Textual Practice* 11, sayı 3 (1997): s. 405-417. Ayrıca bkz. Philip Carter, "An 'Effeminate' or 'Efficient Nation?' Masculinity and Eighteenth-Century Social Documentary," Textual Practice 11, sayı 3 (1997): s.429-445; ayrıca E. J. Clery, *The Feminization Debate in Eighteenth-Century England: Literature, Commerce, and Luxury* (New York: Palgrave, 2004).

4. Örneğin bkz. Andrea Henderson, "Burney's The Wanderer and Early Nineteenth-Century Commodity Fetishism," *Nineteenth-Century Literature* 57, sayı 1 (2002): s. 1-30; Lois A. Chaber, "Matriarchal Mirror: Women and Capital in Moll Flanders," *PMLA: Publications of the Modern Language Association of America* 97, sayı 2 (1982): s. 212-226; Angelika Rauch, "The Trauerspiel of the Prostituted Body, or Woman as Allegeory of Modernity," *Cultural Critique* 10 (1988): s. 77-88.

5. On dokuzuncu yüzyıl Britanya iktisadi düşüncesinde ekonomi politikten başkafarklıümanını savunuyorum. Klaver şunu ileri sürer: "Toplumsalla ilgili kuramlar—maddi servetin üretimi, bölüşümü ve tüketimini konu eden kuramlar—iktisat kuramının [disiplinlerin birbirinden ayrıştığı kanısında olan tarihsel anlatılara göre] yollarını ayırdığı ahlak, kadercilik ve milliyetçilik söylemlerine atıfta bulunmadıkları sürece fazla destek görmemişlerdir" (*A/Moral Economics: Classical Political Economy and Cultural Authority in Nineteenth-Century England* [Columbus: Ohio State University Press, 2003], s. xi).

6. Donald C. Mullin, *Victorian Plays: A Record of Significant Productions on the London Stage*, 1837-1901 (New York: Greenwood, 1987).

7. Viktorya Çağı başında Gotik melodramların, denizci melodramlarının ve ev yaşamı melodramlarının popülerlikleri hakkında bkz. Michael Booth, *Theatre in the Victorian Age* (New York: Cambridge University Press, 1991), s. 129-130.

8. *Punch*'ın Tahıl Yasası tartışmaları sırasında belirttiği gibi bu özdeşleşme o kadar kusursuz değildir—kaçakçılar kâr etmek için yüksek ithalat vergilerine bel bağlarlar. "Kaçakçılar Toplantısı"nın altbaşlığı şu şekildedir: "Başbakan'ın serbest ticaret politikasına karşı korumacıların safına katılması beklenen kişiler arasında ithalat vergileri tamamen feshedildiğinde kendi işlerinden olacak pek çok kaçakçı vardır" (Anon., 10, sayı 1 [1846], s. 146).

9. Thomas Serle, *A Ghost Story* (1836), çevrimiçi yeniden yapım, *English Prose Drama* (University of Michigan Digital Library), s. 26; http://ets.umdl.umich.edu/e/eprosed/. Bundan sonraki bütün referanslar bu baskıya yapılacak ve parantez içinde sayfa numarasıyla belirtilecek.

10. Ernest Renolds, *Early Victorian Drama (1830-1870)* (New York: Benjamin Blom, 1936), s. 26. Devlet onaylı tekelle ilgili kapsamlı analizler için bkz. Dewey Genzel, "Patent Wrongs and Patent Theatres: Drama and the Law in the Early Nineteenth Century," *PMLA: Publications of the Modern Language Association of America* 76, sayı 4 (1961): s. 384-396; ayrıca Tracy C. Davis, *The Economics of the British Stage, 1800-1914* (Cambridge: Cambridge University Press, 2000).Tıpkı *A Ghost Story* gibi Tahıl Yasası'nın feshinden sonra Londra'da sahnelenen, Alfred Sydney Wigan'ın yazdığı tek perdelik fars *The Loan of a Wife* da Viktorya Çağı başında yazılmış oyunlarda serbest ticaretin taşıdığı çağrışımları gösterir (*The Loan of a Wife: A Farce in One Act* [1846] yeniden yapım, *English Prose Drama*. University of Michigan Digital Library, http://ets.umdl.umich.edu/e/eprosed/). Bu oyun, vergiyle ilgili iktisadi tartışmaları yeni bir bağlamda komik bir biçimde ele alır. Oyun, zengin bir akrabasının ziyareti sırasında kendi karısıymış gibi davranacak bir kadın arayan erkek kahramanın serüvenlerini anlatır—genç adam kendisini evli zanneden akrabasına yalan söylemiştir mevzubahis büyük bir mirastır. Anlatının kahramanı Onesiphorous komik bir epizotta kendisine kaçakçılık yollu bir çözüm öneren Mrs. Bandanna'ya fikir danışır:

Mrs. Bandanna: Hoş ve cici bir hanım arıyorsan uygun birini kaçırıp getirebilirim.

Onesiphorous: Kaçak bir evlilik yani? Hayır, hayır, evlilikte önce sorumluluk sonra haz gelir.

Bu komik can alıcı nokta, bir kişinin yabancı bir meta edinmek için önce kendi yükümlülüğünü yerine getirmesi—vergi borcunu ödemesi—gerektiğini savlayan iktisadi argümana atıfta bulunur. Serbest ticaretin gerek yasal gerekse yasadışı türlerinde—kaçakçılık—vergi ödeme mecburiyeti yoktur; çünkü kanuni serbest ticarette vergi yoktur, yasadışı serbest ticarette ise vergiden kurnazca kaçılır. Mrs. Bandanna'nın bir kadın kaçırma önerisi vergilere itiraz eden kişilerin gündeme getirdikleri ahlaki sorumluluğu ön plana çıkarır.

11. John Lettsom Elliot, *A Letter to the Electors of Westminster: From a Protectionist* (Londra: Hearne, 1848; Cambridge: Chadwyck-Healey, 1987) Bundan sonraki bütün referanslar bu baskıya yapılacak ve parantez içinde sayfa numarasıyla belirtilecek.

12. Karl Marx, *Grundrisse: Foundations of the Critique of Political Economy* (New York: Penguin, 1993), s. 524.

13. Richard Cobden, *Speeches on Free Trade* (New York: Macmillan, 1903), s. 198.

14. *Fraser's Magazine for Town and Country* 27, sayı 161 (1843): s. 503-517. Bu meçhul yazarın tahayyülünde Birlik yanlılarının gıda, içecek ve sekse arzu duyması, mübadele yasaklarının feshine verilen kamusal desteğin mahrem muadiline dönüşür:

> Parlamentonun toplandığı haftadan bir önceki hafta Birlik kendi genel merkezinde (Manchester'da) toplandı ve yaklaşan oturum vesilesiyle, meseleyi baştan sona gözden geçirdi... Bu zevk âleminde kadim Romalılara özenen Birlik yanlıları yiyip, içtiler, büyüklere dil uzattılar; ancak mutlak bir dokunulmazlığın kışkırtabileceği bir özgürlükle kendi efendisini yerden yere vuran bir hizmetçi gibi. (s. 506)

Hizmetçinin efendisine saygısızlığı cinsel düşkünlük ve özgürlüğü bütünleştirir; birlik yanlılarının otoriteye meydan okuması bu meyandadır. John Sekora'nın belirttiği gibi bu yazar modern kapitalist tüketim ile Roma İmparatorluğu'nun aşırılıkları arasında ilişki kurmak için on sekizinci yüzyıldan bugüne bir mecaz olarak kullanılan, şehvet düşkünlüğü ile ünlü Roma orjilerine göndermede bulunur (John Sekora, *Luxury: The Concept in Western Thought, Eden to Smolett* [Baltimore: Johns Hopkins University Press, 1977]).

15. Devlet denetimine karşısında liberal muhalefetin krizine dikkat çeken Lauren Goodlad, Viktorya Çağı sakinlerinin bu sorunla başa çıkmak için destek ve denetim eksenli vatandaşlık mekanizmaları kurduklarını gösterir. "Kendi kendine ayakta durmasını bilen bireyler ve topluluklardan oluştuğu varsayılan bir ülkede papazlık kurumuna" bağlılık krizin çözümüne katkıda bulunmuştur (*Victorian Literature and the Victorian State: Character and Governance in a Liberal Society* [Baltimore: Johns Hopkins University Press, 2003], s. 20).

16. John Stuart Mill, *The Subjection of Women* (1869), *On the Liberty and Other Writings* içinde, der. Stefan Collini (New York: Cambridge University Press, 2004), s. 135.

17. Mill, *Subjection*, s. 143-4.

18. On dokuzuncu yüzyıl Britanya liberalizminde bırakınız yapsınlar mantığının merkeziliği için bkz. Richard Bellamy, giriş, ayrıca Bianca Fontana, "Whigs and Liberals: The Edinburgh Review and the "Liberal Movement" in Nineteenth-Century Britain," *Victorian Liberalism: Nineteenth-Century Political Thought and Practice* içinde, der. Richard Bellamy (New York: Routledge, 1990), s. 1-14 ve s. 42-57.

19. Adam Smith, *The Wealth of Nations* (Amherst, NY: Prometheus, 1991), s. 234.

20. David Ricardo, *Economic Essays*, der. E.C.K. Gonner (Londra: G. Bell and Sons, 1926), s. 23; J.R. McCulloch, "Restrictions on Foreign Commerce," *Edinburgh Review* 33 (Mayıs 1820): s. 331-351; ayrıca *On Commerce* (Londra: Baldwin and Cradock, 1833), s. 58.

21. Araştırmalarım sonucunda bu oyunların yayımlanmalarına rağmen muhtemelen sahnelenmediklerini keşfettim. Oyunlar yayımlanmadıkları gibi arşiv belgelerinde sahnelendiklerine dair herhangi bir bilgi de yok: Allardyce Nicoll, A *History of English Drama, 1660-1900*, 6 cilt (Cambridge: Cambridge University Press, 1952-1959); Donald C. Mullin, *Victorian Plays*; veya Lord Chamberlain Kumpanyası Oyunları, 1814-1969 (el yazması, British Library).

22. Barbara Fuchs, *Romance* (New York: Routledge, 2004), s. 42-63.

23. Victor Emeljanow, *Victorian Popular Dramatists* (Boston: Twayne, 1987), s. 17.

24. Büyük Sergi'nin siyasi ve estetik boyutu ile ilgili kapsamlı bir değerlendirme için bkz. James Buzard, Joseph Childers ve Eileen Gillooly (der.),

Victorian Prism: Refractions of the Crystal Palace (Charlottesville: University of Virgina Press, 2007). Sergide dolaşmak ile dünyayı dolaşmak arasında bir benzerlik kurulabilir, zira sergideki kat planında metalar geldikleri yerlere göre gruplandırılmıştır. Sergide küresellik ile milliyetçilik arasındaki çelişkiye dair kapsamlı bir tartışma için bkz. James Buzard, "Conflicting Cartographies: Globalism, Nationalism, and the Crystal Palace Floor Plan," *Victorian Prism* içinde.

25. Paul Yoyng, *Globalization and the Great Exhibition: The Victorian New World Order* (New York: Macmillan, 2009), s. 2 ve 10.

26. John Lettsom Elliot, *Five to Two: A Comedy* (Londra, John Hearne, 1851), s. 1, VII ve 24. Bundan sonraki bütün referanslar bu baskıya yapılacak ve parantez içinde perde, sahne ve sayfa numarasıyla belirtilecek.

27. D.A. Miller, *Narrative and Discontent: Problems of Closure in the Traditional Novel* (Princeton, NJ: Princeton University Press, 1981), s. ix-x.

28. Miller, s. 3 ve 7.

ALTINCI BÖLÜM
MÜŞTEREKLİK, EVLİLİK VE CHARLOTTE BRONTË'NİN SERBEST TİCARET ERBABI

1. Nancy Armstrong, *Desire and Domestic Fiction: A Political History of the Novel*'da şunu belirtir: " Romanın merkezindeki psikolojik terimler aracılığıyla kendini anlamlandıran bir öznenin üretilmesine aile romanları katkıda bulunmuştur." Kadınlık "iyicil duygular ve sempati" sunduğu için ev, erkeklerin duygulanmayı öğrendikleri bir mekân olarak tasavvur edilmiştir ([New York: Oxford University Press, 1990], s. 23 ve 15). Birbirinden ayrışmış alanlar ile roman arasındaki ilişkiyi ele alan Mary Poovey şöyle der: "Mahrem ve kadınsılaşmış alan ile ev dışındaki eril iş alanı arasındaki karşıtlığın bir işlevi piyasa ilişkilerindeki yabancılaşmanın etkilerini hafifletmekti." Poovey'e göre on dokuzuncu yüzyıl ortasında yazılan roman hareket noktası erkeklerin "içsel yabancılaşması" olan ve ev içi mekândaki deneyimin vaktiyle yabancılaşmanın pençesine düşen erkeği ıslah ettiği anlatılar sunarak bu ideolojiden yaralanmıştır. (*Uneven Developments: The Ideological Work of Gender in Mid-Victorian England* [Chicago: University of Chicago Press, 1988] s. 77 ve 9). Catherine Gallagher'ın etkileyici çalışması *The Industrial Reformation of English Fiction: Social Discourse and Narrative Form 1832-1867*, endüstriyel romanda ailenin "çoğu zaman ıslah edici bir toplumsal kurum olarak sunulma" nedeni ve biçimini inceler ([Chicago: University of

Chicago Press, 1985], s. 115). Gallagher, Viktorya Çağı romanının mahrem ve kamusal tutumları bağlantılandırarak işyeri ile evin mekânı arasındaki boşluğu kapatma işlevi gördüğü kanısındadır.

2. *Desire and Domestic Fiction*, s. 198. Armstrong "modern birey öncelikle bir kadındı" yönündeki savubu bağlamda savunur. Ev romanlarının kamusal iş alanı dışındaki yaşam hakkında sundukları ayrıntılı tasvirler, "modern bireyin iktisadi ve psikolojik bir gerçeklik haline gelmesini sağlayan" unsurdu (s. 8).

3. Poovey, *Uneven Developments*, s. 9.

4. Armstrong'un erkek öznelliğinin kadınlık aracılığıyla dolayımlandığını ileri süren argümanı kısmen *Shirley*'le ilgili bir okumaya dayanır; Armstrong şunu savunur: "Caroline, Robert'tan bir iktidar biçiminden vazgeçip... iyiliksever bir vesayetçilik biçimi olarak tanımladığı bir başka iktidar biçimini benimsemesini ister. Robert ev ortamında Caroline ile birlikte Shakespeare okurken "başka türlü dile getiremediği tutkularını dışa vurur ve böylece Caroline onu yumuşak başlı bir eşe dönüştürme olanağına kavuşur" (s. 217). Oysa bana göre Robert'ı yumuşak başlı yapan, kadınsı ev yaşamı ile liberal iktisadi ilkelerin—daha çok da serbest ticaret destekçiliğinin—bütünleşmesidir.

5. Charles Dickens, *Hard Times*, der. Paul Schlicke (New York: Oxford University Press, 1989), s. 42.

6. Charlotte Brontë, *Shirley*, der. Andrew Hook ve Judith Hook (New York: Penguin, 1985), s. 158. Bundan sonra parantez içerisinde sayfa numaralarıyla belirtilecek.

7. *Shirley*'de gerçekleştiğini düşündüğüm şey, Gallagher'ın tanımladığı kamusal ve mahrem alanların karşılıklı ilişkisinden epey farklıdır. Gallagher, *Hard Times* ve *North and South* gibi endüstriyel romanlarda ailevi ilişkilerin bir vesayetçilik metaforu ve destekçisi olduğunu ileri sürerken ben *Shirley*'de evlilik eksenli müştereklliğin vesayetçi ideallerden çok liberal ideallere tekabül ettiğini ortaya koyuyorum. Viktorya Çağı İngiltere'sinde vesayetçilik kuşkusuz aile metaforlarını da kullanmıştır, ama ben vesayetçiliğin iktisadi ve siyasi bir alternatifi olan liberalizmin de aile metaforlarından yararlandığını göstermek istiyorum.

8. Smith'in sempati formülasyonları on dokuzuncu yüzyıl iktisadi düşüncesinin köşetaşlarından olan karşılıklılık mefhumuna dayanır: "Herhangi bir olay ile yakından ilgilenen kimse, kendisine sempati duymamızdan memnun

olur, bunun yokluğu onu yaralar ve biz de ona sempati duyabiliyorsak sevinir, aksi takdirde hüzünleniriz" (New York: Prometheus, s. 13).

9. Amanda Anderson'ın ileri sürdüğü gibi soyutlanma Viktorya Çağı'na egemen kültürde yabancılaşma ve köklerinden kopma çağrışımı taşıdığı gibi "...bilime, eleştirel akla, tarafsızlığa ve gerçekçiliğe" dayanmıştır. Anderson'ın kozmopolit soyutlanmaya ilişkin argümanını bir sonraki bölümde daha yakından inceliyorum (*The Powers of Distance: Cosmopolitanism and the Cultivation of Detachment* [Princeteon, NJ: Princeton University Press, 2001], s. 7).

10. Gayatri Chakravorty Spivak'ın "Three Women's Texts and a Critique of Imperialism"i Brontë'nin yapıtında emperyalizm konusuna yönelik ilgiye öncülük etmiştir (*Critical Inquiry* 12 [1985]: s. 243-261). *Shirley*'de serbest ticaretle ilgili bir analiz için bkz. Philip Rogers, "Tory Brontë: Shirley and the 'MAN'," *Nineteenth-Century Literature* 58, sayı 2 (2003): s. 141-175.

11. Gail Houston, *From Dickens to Dracula: Gothic, Economics, and Victorian Fiction* (Cambridge: Cambridge University Press, 2005), s. 55-57.

12. Temmuz 1846'da bir Belçika Serbest Ticaret Birliği kurulmuştur; Eylül 1847'de bu birlik serbest ticaret ve barış meselelerini tartışmak için toplanan dünyanın ilk İktisatçılar Kongresi'ne tüm ülkelerin vatandaşlarını çağırmıştır (Douglas A. Irwin, *Against the Trade: An Intellectual History of Free Trade* [Princeton, NJ: Princeton University Press, 1997], s. 83).

13. Charlotte Brontë, *The Professor*, der. Heather Glen (New York: Penguin, 1989), s. 264. Bundan sonra parantez içerisinde sayfa numaralarıyla belirtilecek. [Bkz. *Profesör*, çev. Gamze Varım, 2001. İstanbul: Oğlak Yayınları].

14. Örneğin bkz. Raymond Williams, *The English Novel from Dickens to Lawrence* (New York: Oxford University Press, 1979) ve John Plotz, *The Crowd: British Literature and Public Politics* (Berkeley: University of California Press, 2000).

15. Millbridge Mill'in, annesi bir Belçikalı olan ve Brüksel ile ticari bağları bulunan karakteri Samuel Crooke, Robert Moore karakterine ilham vermiş olabilir (Audrey W. Hall, "Shirley and the Belgium Connection: Samuel Crooke of Millbridge Mill and Robert Moore of Hollow's Mill," *Brontë Studies* 28, [Mart 2003], s. 79-84).

16. Charlotte Brontë, *Shirley* (New York: Oxford University Press, 1998) Bundan sonra parantez içerisinde sayfa numaralarıyla belirtilecek.

17. Christopher Lane, *Shirley*'de evliliğin "sonradan edinilmiş özgecilik" örüntüsüne uyduğunu belirtir. "Kişisel olgunluğun" tanımlayıcı özelliğinin "azalan bencillik" olduğunu ileri sürer ("Charlotte Brontë on the Pleasure of Hating, *ELH* 69, sayı 1 [2002]: s. 199-222). Gisela Argyle da şu noktaya değinir: "Robert Moore'un işçilerin talepleri karşısında sosyopolitik tutumu siyasal deneyiminden ziyade romans romans dünyasında yaşadığı utançtan, tüccarca yaptığı evlilik teklifini Shirley'nin kırıcı bir biçimde reddetmesinden kaynaklanır" ("Gender and Generic Mixing in Charlotte Brontë's Shirley," *SEL: Studies in English Literature* 35, sayı 6 [1995]: s. 741-756).

18. J.R. McCulloch, "Restrictions on Foreign Commerce," *Edinburgh Review* 33, sayı 66 (1820): s. 331-351, s. 349.

19. Aktaran David Ricardo, *On the Principles of Political Economy and Taxation* içinde (Londra: John Murray, 1821), s. 376.

20. Perronet Thompson, *A Catechism on the Corn Laws: With Fallacies and the Answers* (Londra: R. Heward, 1836), s. 160; aktaran J. Gasby, "Extracts from the Works of Col. T. Perronet Thompson," *Tracts of the National Anti-Corn Law League* içinde (Manchester, İngiltere: J. Gasby, 1842), s. 11.

21. Bernard Semmel, *The Rise of Free Trade Imperialism: Classical Political Economy and the Empire of Free Trade Imperialism*, 1750-1850 (Cambridge: Cambridge University Press, 1970), s. 178-179.

22. Robert Torrens, *Essay upon the External Corn Trade* (Londra: 1815), s. 275-278; Josiah Tucker, *A Brief Essay on the Advantages and Disadvantages, which Respectively Attend France and Great Britain* (Londra: T. Tyre, 1853).

23. Torrens, s. 207; aktaran Semmel, *The Rise of Free Trade Imperialism* içinde, s. 148.

24. Karl Polanyi, *The Great Transformation: The Political and Economic Origins of Our Time* (Boston: Beacon, 1957), s. 138; Thomas Carlyle, *Past and Present and Chartism* (New York: George Putnam, 1848), s. 146.

25. *Tracts*, s. 10.

26. *Tracts*, s. 10.

27. Helena Michie, *Victorian Honeymoons: Journeys to the Conjugal* (Cambridge: Cambridge University Press, 2006), s. 20.

28. Brontë'nin çağdaş serbest ticaret hareketine yönelik ilgisi hakkında ayrıntılı bilgi için bkz. Rogers "Tory Brontë." Rogers şöyle der: "Brontë'nin

Welllington methiyesinin, Cobden ve Barış derneğinin antimiliter, serbest ticaret ve reform yanlısı demokratik siyasetini erkekliğe ve vatanseverliğe sığmaz bir şey olarak alaya alması 1849'un genel bağlamı ile ilişkilidir" (s. 144). Brontë'nin Cobden ve taraftarlarına eleştirel baktığına katılıyorum ama Roger romanda serbest ticaret ve barışseverlikle bağlantılı karmaşık erkekliği fazla basite indirger.

29. Örneğin bkz. Kate Lawson, "The Dissenting Voice: Shirley's Vision of Women and Christianity," *SEL: Studies in English Literature* 29, sayı 4 (1989): s. 729-743; ayrıca Yolanda Padilla, "Dreaming of Eve, Prometheus, and the Titans: The Romantic Vision of Shirley Keeldar," *Brontë Society Transactions* 21, sayı 1 ve 2 (1993): s. 9-14.

30. Northrop Frye, *Anatomy of Criticism: Four Essays* (Princeton, NJ: Princeton University Press, 1957), s. 306.

31. Romantizmde özerk özne ve alternatiflerine ilişkin ayrıntılı bir inceleme için bkz. Nancy Yousef, *Isolated Cases: The Anxieties of Autonomy in Enlightenment Philosophy and Romantic Literature* (Ithaca, NY: Cornell University Press, 2004); kapitalizm karşısında emperyal romans ve Gotik için bkz. Laura Chrisman, *Rereading the Imperial Romance: British Realism and South African Resistance in Haggard, Schreiner, and Plaatje* (New York: Oxford University Press, 2000), Houston, *From Dickens to Dracula* ayrıca Franco Moretti, *Signs Taken for Wonders: On the Sociology of Literary Forms* (New York: Verso, 2005). Gotik ile küresel kapitalizm arasındaki ilişkiyi bir sonraki bölümde daha yakından inceliyorum.

32. Argyle şunu ortaya koyar: "*Shirley*'nin gereci, farklı olsa da her zaman ayrı olmayan üç türsel biçim aracılığıyla sunulur: Ortaya çıkış sırasına göre karakter komedisi, tarihi romans ve psikolojik romans" (s. 744). Argyle'ın argümanı esasen tarihi biçimden psikolojik biçime geçişe odaklanır.

33. Heather Glen, *Charlotte Brontë: The Imagination in History* (New York: Oxford University Press, 2002), s. 144.

34. Northrop Frye'ın belirttiği gibi romansın temel özelliklerinden biri yoğun uyaranlar sunması, bu uyarılara öncelik tanımasıdır (*Secular Scripture: A Study of the Structure of Romance* [Cambridge, MA: Harvard University Press, 1976], s. 24).

35. Robert Moore'un zamanla Carlyle'ın *Heroes and Hero-Worship*'te tanımladığı, temel özellikleri itibariyle askeri ve entelektüel yönleri ağır basan bir kahramana dönüşmesiyle ilgili mükemmel bir izah için bkz. Pam Morris,

"Heroes and Hero-Worship in Charlotte Brontë's *Shirley,*" *Nineteenth-Century Literature* 54, sayı 3 (1999): s. 285-307.

YEDİNCİ BÖLÜM
CHARLES DICKENS'IN *LITTLE DORRIT*'İNDE MEKÂNIN SIKIŞMASI

1. Lionel Trilling, *The Opposing Self: Nine Essays in Criticism* (New York: Harcourt, 1979). Edebiyat eleştirisi son zamanlarda hapis yaşamı ile yolculuk arasındaki karşıtlığa odaklanarak hapis yaşamına ilişkin analizini derinleştirmesine rağmen ticaret ile hapis yaşamı arasındaki ilişki üzerinde hâlâ pek durulmuyor. Hapis yaşamının karşıtı olarak yolculuk için bkz. Bette B. Roberts, "Travel versus Imprisonment: The 'Fellow Travelers' in *Little Dorrit*," *Dickens Studies Newsletter* 13 sayı 4 (1982): s. 109-112.

2. Daniel Novak metaların kökenlerinin ortadan kalkışı üzerinde durur; Jeff Nunokowa romanın meta edinme sürecini gerek mali gerekse erotik bir biçimde çetrefilleştirdiğini ileri sürer; Wilfred P. Dworak kişisel öznelliğin esasen yozlaşmış bir mali sistemi hangi bağlamlarda tehdit ettiğini inceler; Christopher Herbert kara para kavramının kökenlerini Viktorya Çağı ortalarına dayandırır. Bkz. Daniel Novak, "If Re-Collecting Were Forgetting: Forged Bodies and Forgetten Labor in *Little Dorrit*," *Novel: A Forum on Fiction* 31, sayı 1 (1997), s. 21-44; Jeff Nunokawa, "Getting and Having: Some Versions of Possession in Little Dorrit," *Charles Dickens: Modern Critical Views* içinde, der. Harold Bloom (New York: Chelsea, 1987); Wilfred P. Dvorak, "The Misunderstood Pancks: Money and the Rhetoric of Disguise in *Little Dorrit*," *Studies in the Novel* 23, sayı 3 (1991), s. 339-347; Christopher Herbert, "Filthy Lucre: Victorian Ideas of Money," *Victorian Studies* 44, sayı 2 (2002), s. 185-213

3. Amanda Anderson, *The Powers of Distance: Cosmopolitanism and the Cultivation of Detachment* (Princeton, NJ: Princeton University Press, 2001).

4. Nunokawa, "Getting and Having," s. 318. *Little Dorrit*'teki sınırsız dolaşım hakkında bir başka mükemmel analiz için bkz. Gail Turley Houston, *From Dickens to Dracula: Gothic, Economics, and Victorian Fiction*, Cambridge: Cambridge University Press, 2005. Houston'ın okumasından Gotiğin romandaki yeri bağlamında yararlandım.

5. Yasaların feshinden sonra yapılan serbest ticaret tartışmaları üzerine araştırmalar için bkz. Anthony Howe, *Free Trade and Liberal England* (New York: Oxford University Press, 1997).

6. Wenying Xu, "The Opium Trade and Little Dorrit: A Case of Reading Silences," *Victorian Literature and Culture* 25, sayı 1 (1997): s. 53-66.

7. Anonim, "British Intercourse with China," *Eclectic Magazine* 4 (1845), s. 382-392.

8. James Ramsey McCulloch, "East India Company—The China Question," *Edinburgh Review* 52 (1831): s. 281-332.

9. Joseph Beaumont, "Relations of England with China," *Edinburgh Review* 98 (1853): s. 98-131; W. C. Milne, "Political Disturbances in China," *Edinburgh Review* 102 (1855): s. 346-377; Rutherford Alcock, "British Relations with China," *Edinburgh Review* 105 (1857): s. 517-551.

10. Beaumont, "Relations," s. 114 ve 129.

11. *Daily News*, sayı 1, 3. sütun, aktaran Michael Shelden, "Dickens, 'The Chimes,' and the Anti-Corn Law League," *Victorian Studies* 25 (1982): s. 336. Dickens'ın Tahıl Yasaları'na yönelik eleştirisine dair kusursuz bir izahı için bkz. Gerald G. Grubb, "Dickens and the 'Daily News:' The Early Issues," *Nineteenth Century Fiction* 6, sayı 4 (1952): s. 234-246 ayrıca Patrick Brantlinger, *The Spirit of Reform: British Literature and Politics, 1832-1867* (Cambridge, MA: Harvard University Press, 1977) ve Shelden.

12. *Morning Chronicle*, 9 Mart 1844. Yeniden basım, *Miscellaneous Papers from The Morning Chronicle, The Daily News, The Examiner, Household Words, All the Year Round, and Other Sources* içinde, Londra: Chapman and Hall, 1908. Dickens'ın Tahıl Yasaları bağlamında aristokratik ayrıcaklıklara değinen satirik bir baladı için bkz. "The Fine Old English Gentlemen (To Be Said or Sung at All Conservative Dinners)," *Examiner*, 7 Ağustos 1841.

13. "The Chinese Junk," *Miscellaneous Papers from* "The Examiner", "Household Words," and "All the Year Round," 2 cilt (New York: Charles Scribner's Sons, 1911), I: s. 37-41; "The Great Exhibition and the Little One," *Household Words* (28 Haziran 1851), s. 357; "Insularities," *Household Words* (19 Ocak 1856), yeniden basım, *Selected Journalism, 1850-1870* içinde (New York: Penguin, 1997), s. 476.

14. C.C. Barfoot, "The Gist of the Gothic in English Fiction; Or Gothic and the Invasion of Boundaries," *Exhibited by Candlelight: Sources and Developments in the Gothic Tradition* içinde, der. Valeria Tinkler-Villani, Peter Davidson ve Jane Stevenson (Amsterdam, Hollanda: Rodopi, 1995), s. 161, s. 169.

15. Karl Marx, *Capital: A Critique of Political Economy*, 3 cilt çev. Ben Fowkes (New York: Vintage, 1977), I: s. 927.

16. Stephen D. Arata, "The Occidental Tourist: *Dracula* and the Anxiety of Reverse Colonization," *Victorian Studies* 33 (1990): s. 621-645.

17. Edebiyat eleştirisi, on dokuzuncu yüzyıl Britanya romanında kapitalizmin nasıl tanımlandığını incelemiştir. Franco Moretti, Bram Stoker'ın *Dracula*'sında vampirin bir sermaye metaforu olduğu kanısındadır:

> Vampiri bir sermaye metaforu kabul edersek, Stoker'ın 1897 tarihli vampiri 1897'deki sermayenin metaforu olmalıdır. Yirmi senelik uzun durgunluk döneminde yeraltına çekilen sermaye yeniden temerküz etmek ve tekelleşmek için ayağa kalkar. Dracula gerçek bir tekelcidir: Yalnız ve despot bir vampir olarak rekabete tahammül edemez. Tıpkı tekel sermayesi gibi onun arzusu da liberal çağın son izlerini silmektir...

Hem benim hem de Moretti'nin analizi dolaşımı bir kapitalizm metaforu olarak görürken ben sermayenin sınır tanımaz akışkanlığının vurumları olarak kaos ve altüst olma duyuları üzerinde duruyorum. Moretti için vampir bir "bütünselleşme" metaforudur ("Dialectic of Fear," *Signs Taken for Wonders: On the Sociology of Literary Forms* içinde, 2. baskı [New York: Verso: 2005], s. 83-108). Gail Turley Houston'ın Viktorya Çağı romanında iktisadi ilişkilerle bağlantılı olarak Gotiğe ilişkin kapsamlı ve ilham verici çalışması yeni iktisadi gelişmelerin yol açtığı huzursuzluğa dikkat çeker: "Gotik mecazlar, Viktorya Çağı'nın istikrarsız ekonomisinin ürettiği ve bastırdığı yoğun paniği saptar, değerlendirir ve üstesinden gelir." Bu çalışmanın *Little Dorrit*, Gotik ve kapitalizmle ilgili bölümünde Houston paranın "insanlar arasında değiş tokuş edilen...bir dinamik, görünmez bir enerji haline geldiğini" ileri sürer. Romanın "iktisadi dolaşımın sınırsız süratine olan ilgisi" konusunda Houston ile hemfikirim, fakat bu dinamizmi küresellik ve serbest ticaret tartışmaları bağlamında yorumluyorum (Houston, s. 1, 84 ve 90).

18. Cobden, *Speeches*, s. 198.

19. Karl Marx ve Friedrich Engels, *The Communist Manifesto*, der. David McLellan (New York: Oxford University Press, 1992), s. 6.

20. *Quarterly Review* 63 (1839): s. 22, aktaran Wolfgang Schrivelbusch, "Railroad Space and Railroad Time" içinde, *New German Critique* 14 (1978), s. 31-40.

21. Jeremy Stein, "Reflections on Time, Time-Space Compression and Technology in the Nineteenth Century," *TimeSpace: Geographies of Temporality* içinde, der. Jon May ve Nigel Thrift (New York: Routledge, 2001), s. 106-119, s. 108.

22. Karl Marx, *Grundrisse: Foundations of the Critique of Political Economy*, çev. Martin Nicolaus (New York: Penguin, 1993), s. 539.

23. David Harvey, *The Condition of Postmodernity: An Enquiry into the Origins of Cultural Change* (Cambridge, MA: Blackwell, 2004), s. 232 ve 240.

24. January Aart Scholte, "Beyond the Buzzword: Toward a Critical Theory of Globalization," *Globalization: Theory and Practice* içinde, der. Eleonore Kofman ve Gillians Young (Londra: Pinter, 1996), s. 45, vurgu bana ait.

25. Der. May ve Thrift, *TimeSpace*, s. 10.

26. *Bleak House*'daki yoğun denetim mekanizmalarıyla ilgili analizim D. A. Miller'ın *The Novel and the Police* başlıklı çalışmasına dayanıyor (Berkeley: University of California Press, 1988).

27. Charles Dickens, *Bleak House*, der. Nicola Bradbury (New York: Penguin, 1996), s. 803.

28. Anderson, *The Powers of Distance*, s. 70 ve 85.

29. Lauren Goodlad, "Trollopian 'Foreign Policy:' Rootedness and Cosmopolitanism in the Mid-Victorian Global Imaginary," *PMLA* 124 (2009), s. 437-454, s. 448 ve s. 449.

30. Garrett Stewart, "The Foreign Offices of British Fiction," *MLQ: Modern Language Quarterly* 61 (2000): s. 181-206.

31. Elizabeth Deeds Ermarth, *Realism and Consensus in the English Novel: Time, Space, and Narrative* (Edinburgh, İskoçya: Edinburgh University Press, 1998), s. 57-8, s. 70-1.

32. Aynı anda her yerde olan anlatı perspektifinin merkezileştirici ve düzenleyici yönlerini aydınlatan bir başka eleştirel çalışma D.A. Miller'ın *The Novel and the Police*'idir. Miller, anlatının aynı anda her yerde olmasını polisin, "ne görülüp ne işitildiği halde her şeyi gören ve işiten o gizemli otoritenin" denetleyici gücüne benzetir (Emile Gaboriau, *Monsieur Lecoq: L'enquête* [Paris: Garnier, 1978], s. 18; aktaran Miller, *The Novel and the Police* içinde [Berkeley: University of California Press, 1988], s. 24).

33. Gerek romans gerekse Gotik üzerine araştırmalar bu ikisinin on sekiz ve on dokuzuncu yüzyıldaki birlikteliğinden söz eder. Başlangıç düzeyinde

çalışmalar için bkz. Gillian Beer, *The Romance* (Londra: Methuen, 1970); ayrıca Jerrold E. Hogle, "'Gothic' Romance: Its Origins and Cultural Functions," *Companion to Romance: From Classical to Contemporary* içinde (New York: Blackwell, 2007), s. 216-232.

34. Horace Walpole, Preface to the Second Edition, *The Castle of Otranto*, der. W.S. Lewis, giriş E.J. Clery (New York: Oxford University Press, 1996), s. 9-10.

35. Scott ve romans konusunda bkz. 1. Bölüm. Reeve de kendi çalışması *The Progress of Romance through Times, Countries and Manners*'da (New York: Garland, 1970) romansı benzer bir şekilde tanımlar: "Romans düşsel insanlar ve şeyleri konu eden bir kahramanlık masalıdır. Roman ise gerçek yaşam ve davranışların bir suretidir" (s. 111).

36. Mikhail Bahtin, "Forms of Time and of the Chronotope in the Novel," *The Dialogic Imagination: Four Essays by M. M. Bahtin* içinde, çev. Caryl Emerson ve Michael Holquist (Austin: University of Texas Press, 1981), s. 100-102.

37. Glennis Byron ve David Punter, *Spectral Readings: Towards a Gothic Geography*, giriş bölümü, der. Byron ve Punter (New York: St. Martin's, 1999), s. X.

38. Thomas Hodgskin ekonomi politiğin işlevinden şöyle söz eder: "Ekonomi politiğin *amacı* servet üretimini etkileyen ve düzenleyen TÜM doğa kanunlarını ve doğal durumları keşfetmektir." Adam Smith'in çıkarsadığı "doğa kanunları" "Batlamyus ve Descartes'ın astronomi kuramlarına" benzer (*Popular Political Economy, Four Lectures Delivered at the London Mechanics Institution* [Londra: Charles Tait, 1827], s. 41).

39. Klasik ekonomi politiğin sabit kanunlar formüllemesi Georg Lukács'ın şeyleştirme adını verdiği, insanlar arasındaki ilişkileri metalar arasındaki ilişkiler olarak yanlış yorumlanmasına yol açar (*History and Class Consciousness: Studies in Marxist Dialectics*, çev. Rodney Livingstone [Cambridge, MA: MIT Press, 1971]). Şeyleşme, insan eylemliliğinin iktisadi koşullara şekil verme gücünü yadsır. Fredric Jameson'ın şeyleşmiş bir dünyada insan eylemliliğinin konumuyla ilgili çalışması için bkz. "Romance and Reification: Plot Construction and Ideological Closure in Joseph Conrad," *The Political Unconscious: Narrative as a Socially Symbolic Act* içinde (Ithaca, NY: Cornell University Press, s. 206-280.

SEKİZİNCİ BÖLÜM
SONSÖZ: KAPİTALİST GENİŞLEME DÖNGÜLERİ

1. Claudia Klaver, *A/Moral Economics: Classical Political Economy and Cultural Authority in Nineteenth-Century England* (Columbus: Ohio State University Press, 2003), s. XIV.

2. Regenia Gagnier, *The Insatiability of Human Wants: Economics and Aesthetics in Market Society* (Chicago: Chicago University Press, 2000), s. 54; Gordon Bigelow, *Fiction, Famine and the Rise of Economics in Victorian Britain and Ireland* (Londra: Cambridge University Press, 2003), s. 2.

3. Mary Poovey, *Genres of the Credit Economy: Mediating Value in Eighteenth- and Nineteenth-Century Britain* (Chicago: University of Chicago Press, 2008), s. 79.

4. Tanya Agathocleous, "London Mysteries and International Conspiracies: James, Doyle, and the Aesthetics of Cosmopolitanism," *Nineteenth-Century Contexts* 26 (2004), s. 125-148.

5. James Buzard, *Disorienting Fiction: The Autoetnographic Work of Nineteenth-Century British Novels* (Princeton, NJ: Princeton University Press, 2005) s. II.

6. Paul Young, *Globalization and the Great Exhibition: The Victorian New World Order* (New York: Palgrave Macmillan, 2009), s. 4 ve 10.

7. Burada Immanuel Wallerstein'in kapitalist dünya sistemi tasavvuruna atıfta bulunuyorum, Wallerstein'in bu tasavvuru özetlediği çalışması için bkz. *World-Systems Analysis: An Introduction* (Durham, NC: Duke University Press, 2004); Arrighi döngülerin kendilerini doğaları gereği yok etmesini şöyle açıklar: "Dünya sisteminde kapitalist güçler, genişlemek için hareketli sermayeye gerek duyduklarından, öbür rakip güçlere zarar verirler ve rekabet döngüsü kırılır" (*The Long Twentieth Century: Money, Power, and the Origins of Our Times* [New York: Verso, 1994], s. 18). Bütün döngülerin genişlemek için ulus-devlete bağımlı oldukları her zaman kabul görmemiştir: "Kapitalizm ve ulus-devletler birlikte geliştikleri gibi muhtemelen bir biçimde birbirlerine bağımlı hale gelirler; öte yandan kapitalistler ve sermaye grupları devlet iktidarının genişlemesine karşı çoğu zaman birlikte mücadele etmişlerdir," (Charles Tilly, *Big Structures, Large Processes, Huge Comparisons* [New York: Russell Sage Foundation, 1989], s. 140).

8. 1860'ta İngiltere ve Fransa iki ülke arasında ticareti serbest bırakan bir antlaşma imzalamıştır. Bu antlaşma Britanya'nın geçmişteki tek taraflı serbest ticaret pratiğine karşı bir itirazdır.

9. Arrighi, *The Long Twentieth Century*, s. 55. Söz konusu kapitalist genişleme döngüsünden niçin Britanya'nın galip çıktığıyla ilgili bir araştırma için bkz. s. 36-47.

10. Karl Polanyi, *The Great Transformation: The Political and Economic Origins of Our Time* (Boston: Beacon, 1957), s. 3-20.

11. Polanyi, *The Great Transformation*, s. 139.

12. Arrighi, *The Long Twentieth Century*, s. 54.

13. Ellen Meiksins Wood, *Capital of Empire* (New York: Verso, 2005), s. 111.

14. Charles Kindleberger, *American Business Abroad: Six Lectures on Direct Investment* (New Haven, CT: Yale University Press, 1969), s. 207.

15. Devlet iktidarının zayıflaması, şirketler ve diğer ticari birimlerin günbegün genişleyen egemenliği için bkz. Susan Strange, *The Retreat of the State: The Diffusion of Power in the World Economy* (New York: Cambridge University Press, 1996); Globalleşme sürecinde ulus-devletin paradoksal bir biçimde güçlenmesi ve hükümetin değişen işlevleri için sırasıyla bkz. Michael Mann, "Has Globalization Ended the Rise and Rise of the Nation-State?", *Review of International Political Economy* 4, sayı 3 (1997); Ron Martin ve Peter Surley, "The Post-Keynesian State and the Space Economy," *Geographies of Economies* içinde, der. R. Lee ve J. Willis (Londra: Arnold, 1997), s. 280-291. Bu tartışmanın genel bir özeti için bkz. David Held ve Anthony McGrew, "The Great Globalization Debate: An Introduction," *The Global Transformation Reader: An Introduction to the Globalization Debate* içinde, der. David Held ve Anthony McGrew (Malden, MA: Blackwell, 2000).

16. Giovanni Arrighi, *Chaos and Governance in the Modern World System* (Mineapolis: University of Minnesota Press, 1999).

17. Meiksins Wood, *Capital of Empire*, s. 5.

18. Der. Anthony Giddens ve Will Hutton, *Global Capitalism* (New York: New Press, 2000); Michael Hardt ve Antonio Negri, *Empire* (Cambridge, MA: Harvard University Press, 2001).

19. Mann, "Has Globalization Ended?", s. 472; Held ve McGrew, "The Great Globalization Debate," s. 11. Bu konular bile halen tartışmalıdır. Paul Hirst ve

Grahame Thompson sistemin uluslaraşırı değil halen uluslararası olduğu kanısındadır: "Fazlasıyla uluslararası bir hal almış olan mevcut ekonomi, emsalsiz değildir: 1860'lardan itibaren mevcut olan uluslararası ekonomide mevzilenmiş birtakım farklı konjonktürler veya devletlerden yalnızca biridir. Mevcut uluslararası ekonomi bazı yönleriyle 1870'dan 1914'e egemen olan rejimden daha az açık ve daha az bütünleşiktir." Sahiden ulusaşırı olan şirketlerin sayısı nispeten azdır. Ulusal sınırlar içinde yer alan üretim ve satış üslerinden hareketle birden fazla ülkeyle ticaret yaparlar (*Globalization in Question: The International Economy and the Possibilities of Governance*, Cambridge, MA: Blackwell, 1996], s. 2.

20. "Eşitsiz gelişme" terimini zenginler ve yoksulların kapitalist sistemde ister istemez birlikte var olmalarını tanımlamak için ilkin Karl Marx kullanmıştır (*Capital: A Critique of Political Economy*, 3 cilt, çev. Ben Fowkes, giriş Ernest Mandel [New York: Penguin, 1992]). Son zamanlarda bu terim, dünyanın bazı bölgelerindeki bolluğun başka bölgeleri azgelişmişliğe mahkûm ettiğini vurgulamak için küreselleşme tartışmalarında da kullanılmıştır. Özellikle bkz. David Harvey, *A Brief History of Neoliberalism* (New York: Oxford University Press, 2007).

Dizin

A
açlık 92
ada 53, 59, 62, 68, 86, 99, 112, 195
adalılık 161
afyon 15, 26, 157-60, 164
Afyon Savaşları 26, 158, 160
aile 18, 26, 28, 44, 47, 59, 107-8, 110, 116, 126, 136-7, 214-5
  melodramı 18, 108, 110
Akdeniz 198
altüst oluş 11, 153, 170, 176-7, 221
  mekânsal 153, 176
Amerika Birleşik Devletleri 13, 60, 134, 137, 187, 207
annelik 106
antiemperyalizm 86, 204
antik çağ 45, 78
Antik Yunan romansı 21, 45, 55, 176
Arrighi, G. 182, 184, 189, 224-5
asi denizci figürü 18, 24
ataerki 28, 113-4, 122-3, 125-7, 166, 208
Atlantik 16, 41, 169, 202
Aydınlanma 30, 33-4, 37, 51, 56, 60, 70, 117, 121, 167, 193
  felsefesi 34
  filozofları 30, 70

Aydınlanmacı 30, 38, 51, 83, 133-4, 167
  kozmopolitizm 30, 51, 167

B
Bahtin, M. 20-1, 24, 45-6, 53-4, 100, 176, 190, 196, 208, 223
Batı modernliği 27
Belçika 25, 38, 135, 137, 164, 167, 172, 216
bilişsel haritalandırma 99, 176
birey 10-1, 19, 20, 34-5, 45-7, 50, 52, 56, 58, 64, 66, 76-8, 81, 85, 89, 103, 105, 118, 121, 129-30, 133-4, 137, 145, 157, 165-6, 172-3, 176-7, 213, 215
bireycilik 22, 24, 29, 30, 43, 56, 58, 69, 73, 78, 81, 85, 88-9, 117, 148, 180
  bireyci etik 148
bireysel 17, 22, 27, 29, 30, 34-5, 45, 47-8, 50, 57-8, 64-5, 73-4, 76-8, 82, 85, 104, 113, 117, 119, 130, 146, 164-6, 171, 174, 177
  mülkiyet 65
  özgürlük 27, 29, 30, 57-8, 64, 117, 177
  öznellik 47, 166
bireysellik 47-8, 74, 165
Birlik Yasası 38-40
Boaz, D. 104, 209
Bright, J. 117

Britanya Adaları 38, 59, 60, 62
  edebiyatı 11, 18, 20, 22, 179
  İmparatorluğu 60, 116, 184, 188
  romanı 221
  Romantizmi 65
Brontë, C. 25-6, 129-35, 145, 148, 162, 214-9
  hayatı 134
  Jane Eyre 131, 149
  Shirley 25, 130-4, 137, 142-53, 215-9
  The Professor [Profesör] 25, 130-6, 216
  Villette 135
burjuvazi 161, 168, 203
Büyük Sergi 123-4, 158, 162, 181, 213
Byron, L. 66, 200

C-Ç

Carlyle, T. 141, 148, 151, 180, 217-8
cinsellik 24, 27, 72, 105-8, 116-8, 125
  sınırlarının aşılması 72
cinsiyetlendirilmiş öznellik 131
coğrafi mesafe 82
Çin 15, 26, 156-61
çokeşlilik 105, 122
çokuluslu topluluk 10, 18, 24, 33, 58, 73-4, 81

D

deniz 15, 18, 21, 23-4, 53, 57-9, 61-8, 71-2, 77, 89, 92, 97, 102-3, 147, 155, 160, 173-4, 187, 202
  mecazı 58
  motifi 65, 202
  ticareti 62

denizci 9-10, 18, 23-4, 36, 57-9, 61, 63, 65, 67-71, 73-8, 81, 89, 100, 105-6, 110-1, 126, 132, 134-5, 147, 153, 162, 165, 167, 174, 179, 183, 199, 210
  serüvenleri 57, 59, 61, 65
  melodramları 210
denizci figürleri 58, 135
  asi denizci 18, 24
  hedonist denizci 58, 73, 81, 179
  itaatsiz denizci 75, 132, 135, 147, 167, 183
  kaçakçı denizci 111
  kahraman denizci 199
  tüccar denizci 10, 59, 68-70, 74
denizcilik 57-8, 72, 109, 160, 173
  romanları 18, 23, 57-8, 61, 63, 65, 67-8, 76, 105, 126, 153, 165, 174, 179, 199
Denizcilik Yasaları 15, 59, 115, 158
devlet 9-11, 13-20, 22-3, 27-31, 35-6, 38, 40, 50-3, 56-9, 61, 63-6, 69, 73-8, 88, 90-1, 94, 100-1, 103-8, 110-8, 122, 125-7, 129, 148, 153, 159, 161-2, 164, 177, 179, 181-9, 193, 197-8, 202, 206-7, 211, 213, 224-6
  denetimi 20, 57, 63, 110-3, 162, 164
  iktidarı 17, 186, 224
  iktisadi denetimi 112
  müdahalesi 106, 108, 116-7, 161, 177
  tekeli 110
  vesayetçi otoritesi 129
Dickens, C. 7, 10, 25-6, 34, 53, 131, 153, 155-62, 165, 168, 170-4, 177, 180, 191, 196, 199, 204, 215-6, 218-20, 222
  Bleak House 171, 192, 222

Dombey and Son 173-4
Hard Times 34, 131, 215
Little Dorrit 26, 155-77, 219-21
   gazeteciliği 26, 160
didaktik öykü 81, 179
din 39, 88, 91-5, 100-1, 117, 160, 205-7
Doğu Hindistan Kumpanyası 41, 68, 86-7, 158-9, 185
Drury Lane 111
Duncan, I. 8, 27, 191, 196, 198
dünya piyasası 170
dünya sistemleri teorisi 14

E

edebi romans 149
egemenlik 9-2, 14, 27-9, 35, 78, 103, 140, 173, 181-3, 185-6, 225
ekonomi politik 7, 14-6, 23, 26, 34-7, 57, 71, 81-4, 91, 95, 106-7, 117-8, 140, 177, 179, 189, 202, 205, 210, 223
   klasik ekonomi politik 84
ekonomi politikçi 12, 15-6, 23, 27, 30, 34, 58, 71, 74, 76, 78, 83, 86, 106-7, 115-6, 133, 140, 177, 194, 205
   liberal 12, 58, 83, 106, 140, 177
   muhafazakâr 115
Elliot, J.L. 10, 25, 82, 109, 114-9, 121-25, 153, 206, 212, 214
   A Letter to the Electors of Westminster 114-5
   Five to Two 25, 109, 122-3, 126, 214
   Three to One 109, 122
Elliott, E. 10, 90, 92-3, 95, 104, 206
   Rhymes 82, 206

emekçi 130, 142, 161
emek gücü 139, 184
emperyal genişleme 181
   romans 27, 101, 148, 218
emperyalizm 29, 41-2, 86-7, 117, 160, 185, 199, 204, 216
endüstri öncesi 153
   feodal üretim 42
endüstriyel 26, 34, 93, 96, 99, 118, 123, 133, 139-41, 153, 202, 214-5
   kalkınma 34, 140
   kapitalizm 26, 34, 54, 123
   kentli üretim 89
   roman 214-5
   üretim 152
endüstriyelleşme 30, 82, 148
epik 78
epizodik yapı 22, 24, 58, 75-8, 108, 126, 176
erkek öznelliği 131, 215
eros 122, 125-6
erotik arzu 122-3
eşikteki zaman ve mekân 114, 118, 123
evlilik 22, 27, 82, 106, 123, 125, 129-30, 132, 137-8, 143-6, 149, 211, 214-5, 217
evlilik eksenli olay örgüleri 130, 137, 144
ev ortamı 215
   yaşamı 88, 129-33, 138, 143, 165, 210, 215
   melodramı 210

F

fahişe figürü 106, 120, 208
   erkek fahişe 120

fahişelik 106
fars 108-9, 122-3, 126, 153, 211
feodal 37, 39, 42, 43, 52, 198-9
  otorite 199
  toprak sahibi 199
Fransa 9, 24, 36, 40-1, 51-2, 61, 120, 137, 156, 164, 175, 207, 225
Friedman, T. 10, 209

G
Gaskell, E. 131
  North and South 131, 215
gazetecilik 26, 160
gelişim romanı 64, 76
gemi 15, 21, 24, 48-9, 51-2, 55, 58-9, 62-3, 66-72, 76-7, 100, 161, 171, 173-4, 83, 202
  ve deniz motifleri 202
George Çağı 45
gerçekçilik 21, 44, 48, 88, 148-9, 174, 190, 204, 216
  ve romans 44, 148
Glasscock, W.N. 105, 107
gotik 26, 49, 148-9, 157, 159, 162-6, 169-72, 174-7, 210, 218, 221-2
  olay örgüsü 174, 177
  romanlar 148
  Sınır Aşımları 162
görünmez el 36, 91, 106
Green, T. 65, 197, 200
gümrük vergisi 9, 12, 35, 183

H
Haggard, H.R. 101, 191, 218
harita 22, 53, 94, 96, 174, 177, 193

haritalandırma 176-7
  bilişsel 99, 176
Harvey, D. 170, 189, 222, 226
Hindistan 12, 41-3, 55, 68, 86-7, 122, 158-9, 185, 201
Hıristiyan 92-4, 100, 205, 207
  kozmopolit ruhu 94
Hıristiyanlaştırma 101
Hobhouse, L.T. 65, 200
Hollanda 9, 14, 24, 38, 55, 68, 141, 182, 220
homo economicus 84-5, 107-8, 138
homoerotizm 105, 119
Horne, R.H. 161
Hume, D. 30, 33-4, 51, 56, 60, 167, 193, 197

İ
içsellik 45-8, 48, 130-4, 136, 149
ihracat 11, 59, 137, 142, 150, 159, 183
  yasakları 142
iktisadi
  insan 82-4, 107, 131, 133, 149
  küreselleşme 14
  liberalizm 29, 74, 119, 159, 167
  olay örgüsü 130, 138, 144-5
İngiltere 13-4, 23, 33, 35, 50-1, 71, 93, 96, 118, 130, 135, 137-8, 140-1, 143, 147-8, 151, 153, 156, 158, 160-1, 164, 167, 175, 194-7, 199, 200, 215, 217, 225
  edebiyatı 52
  romanı 174
İrlanda 15, 96, 195-6
işçi sınıfı 36, 52, 86, 93, 141, 161, 202

İskoç Aydınlanması 23, 33, 51
İskoçya 33-4, 38-9, 43, 50-1, 63, 188, 195, 201, 205, 222
isyan 22, 51-2, 57, 64-5, 69, 76, 103, 162
ithalat 10-3, 20, 35-7, 50, 58-60, 62-3, 73, 86, 159, 211
izolasyon 38, 47, 56, 82, 89, 98, 155-6, 163
izolasyonizm 62, 161

J
Jakobitizm 39, 52, 195
Jakobit 48-50, 52, 55
James, G.P.R. 9, 23, 40, 56, 83, 91, 115, 181, 187, 189-91, 193, 199, 201, 204-5, 208, 213-4, 220, 224
   The Smuggler 9, 56, 187, 193, 199
Jameson, F. 27, 191, 203, 223

K
kaçakçı figürü 10, 17, 23, 35-53, 55-7, 63, 69-72, 110-2, 133-4, 156, 158, 194, 211
   romansı 54
kaçakçılık 9, 17, 23, 35-51, 57, 62, 71-3, 86, 111, 194, 196, 204, 211-2
   ve serbest ticaret 35
kaçak meta dolaşımı 78
kadın figürü 25, 82, 98, 131
kadın öznelliği 130-31
kadınsılaştırma 27, 71-2, 83, 98, 102, 106-7, 214-5,
   kapitalizmin kadınsılaştırılması 98
   tüketimin kadınsılaştırılması 27, 72, 106-7
Kanada 13, 41

Kant, I. 30, 51, 60, 70, 167, 198, 201
Kantçı kozmopolitizm 70
kapanım 11, 26, 108, 114, 126, 164, 209
kapitalist
   genişleme 179, 224
   ideoloji 27
   modernlik 20, 26, 90
   teşebbüs 165
kapitalizm 10-2, 14, 17-8, 20-2, 24, 26-7, 29, 34, 36, 42, 45, 48, 65, 76-8, 82, 89-91, 93-4, 98, 101, 103, 105-7, 108, 115, 121, 123, 125, 130-3, 147-9, 152-3, 157, 165-70, 173, 179, 182, 184-6, 188-9, 209, 211, 218, 221, 224
   küresel 9, 11, 21-2, 24, 28, 36, 42, 45, 78, 5,4 90, 101, 121, 125, 130, 147, 149, 173, 179, 182, 185-7, 218
   tarımsal 34
kentsel mekânlar 18, 27
Kıta Avrupası 13, 34, 37, 41, 50-1, 55, 60-1, 69, 71, 116, 120, 137, 158, 184, 195, 201
kıtlık 15, 92, 96, 139
klasik liberalizm 91, 104
komedi 81, 108, 111, 122-3, 126, 153
Konsey Emirleri 137, 142-4, 146, 152
korsanlık 57, 63
korumacılık 11-5, 17, 22-3, 36-43, 59, 60-1, 63, 68, 85-6, 94, 102, 105, 108, 110, 114-7, 119-20, 123, 126-7, 129-30, 157-62, 167, 177, 184, 186, 206, 211
   ve sömürgecilik 13, 40-2, 85, 120, 158
   ve yasalar 12
   ve vergiler 119

kozmopolit 25, 29, 39-40, 51-2, 60-1, 70,
73, 92-4, 98, 100, 121, 132, 134-8, 150,
153, 155-6, 160-1, 165-8, 172, 193, 198,
200, 202, 216
   aile 134
   felsefe 29
   genişleme 193
   ideal 60, 135, 167
   karışma 161, 165
   kaynaşma 69
   kimlik 51, 166-7
   öznellik 134
   özne 132, 136
   piyasa 160
   sınır ihlalleri 168
   ticaret 70
   tüccar-ticaret erbabı 25, 60, 172
kozmopolitizm 29, 30, 51-2, 70, 121, 132-3,
136, 138, 170, 167-8, 198, 201, 207
   Kantçı 70
   ticari 132, 170
   ve serbest ticaret 29
kölelik 86, 192
   karşıtlığı 192
kurgusal mekân 99
Kuzey Denizi 62
küresel
   bilinç 30
   dayanışma 22, 34, 147
   ekonomi 12
   insan topluluğu 51
   işçi sınıfı 202
   kapitalist düzen 54, 157
   modernlik 58

   mübadele 39, 81, 153, 166, 170, 193
   rekabet 15
   serbest piyasa ekonomisi 41
   serbest ticaret 34, 73, 88, 91, 126, 134
   ticaret 18, 56
   topluluk 197
küreselleşme 10-1, 14, 170, 173, 185-6,
202, 214, 221, 226

L

liberal devlet 17
   felsefe 74, 86
   iktisat 24, 29, 56, 78-9, 82, 85, 87, 89,
99, 101, 105, 116, 130, 132-3, 138, 153,
162, 215
   iktisatçılar 9, 23, 27, 78, 82-3, 91, 126
   kapitalizm 82
   öznellik 202
   siyaset 104
   ve ekonomi politikçiler 12, 58, 83, 106,
140, 177
liberalizm 29, 65, 74, 113, 117-9, 159, 165,
167, 183, 192
liberaller 22, 30, 34, 36-7, 40, 65, 68, 96,
105, 120, 125-6, 129, 157-8, 159
Locke, J. 64-5, 117, 173, 200
Luddist isyanlar 25, 137, 141
Luddistler 137, 151
lüks mallar 27, 67, 98, 106

M

Macaulay, T.B. 13, 42, 87, 204
mahrem 138, 156, 165, 171, 212, 215
mahremiyet 22, 27, 44-9, 156, 164-5, 171

Malthus, T. 30, 34, 96
Mandeville, B. 83, 106
Manş Denizi 16, 41, 62, 156, 164, 171
Marryat, F. 18, 23-4, 34, 53, 57-9, 61-7, 70-1, 74-8, 90, 99, 103, 132, 134, 153, 162, 167, 199-202
  hayatı 62-3
  Mr. Midshipman Easy 23, 63-7, 200
  Newton Forster 71, 76, 201
  Snarleyyow 18, 58, 65, 69, 71-2, 201
  The King's Own 23, 58, 63, 65, 69, 73, 200
  The Phantom Ship 67-8, 201
Martineau, H. 13, 16, 24, 25, 42, 53, 81-2, 84-90, 94-6, 98, 99-104, 107, 129, 147, 150, 153, 167, 180, 204-5, 208
  British Rule in India 86, 204
  Illustrations of Political Economy 85-6, 88, 94, 204, 208
  Dawn Island 24, 82, 84-5, 87-90, 95-6, 98-101, 103, 107, 147, 150, 204
  ve kölelik 86
  ve sömürgecilik 85-6
Marx, K. 12, 21, 26, 115, 157, 165, 168-70, 188, 190, 202, 212, 220-2, 226
McCulloch, J.R. 16, 23, 36-7, 83, 91, 120, 129, 139, 159, 167, 180, 194, 203, 205, 213, 217, 220
mekânın sıkışması 155, 157, 199, 219
  soyut 54
  yok oluşu 21, 169
  genişlemesi 54
mekânsal altüst oluş 153, 176
melodram 45, 108-11, 179, 210

aile melodramı 18, 108, 110, 215
denizci melodramları 210
popüler melodram 108
merkantilizm 11, 13-4, 27, 86, 107, 180
merkantilist sömürgecilik 13, 107
mesafenin yok oluşu 157
meta dolaşımı 11-2, 24, 41, 47, 57, 68-9, 163, 180
Mill, J.S. 118, 205, 213
Mill, James 23, 40, 83-4, 91, 115, 119, 191, 193, 201, 204, 216
modern Avrupa 53
  birey 89, 215
  gotik 163, 175
  iktisat 15, 95, 104, 180
  kapitalizm 54, 88, 147-8, 212
  mekân 175
  öznellik 43, 48, 202
  roman 176
modern öncesi 54, 88-90, 99, 101, 104, 153, 197-8, 209
modernleşme 87, 198
modernlik 15, 20, 22, 24, 26-7 48, 58, 88, 90, 102, 104, 148, 152-3, 173, 175, 197, 202
  öncesi 88, 90, 99, 100, 103-4, 153, 197-8, 209
muhafazakâr ekonomi politikçiler 115
  ideoloji 85
muhafazakârlar 36, 40, 73, 85, 100, 125-6
müşterek bağımlılık 22, 24, 29, 30, 81-5, 104-5, 132, 138, 167

N
Napoléon Savaşları 13, 41, 57, 201

O-Ö

olay örgüsü 18, 25-6, 42, 48, 50, 56, 64, 67,
    73-6, 89, 108, 110-1, 125, 130-2, 135-6,
    138, 142, 144-7, 151-2, 157, 163, 165-6,
    172, 174, 177, 180
    evlilik eksenli olay örgüsü 130, 137,
    144
    iktisadi olay örgüsü 130, 138, 144-5
orta sınıf 47, 102, 107, 123
otorite karşıtlığı 22, 24, 57-9, 65-6, 77-8,
    81, 126, 135, 153, 162
özel mülkiyet 65, 77, 94, 188
özerklik 22, 38, 81-3, 85, 133
özerkliğe yönelik tehditler 38
öznellik 10, 29, 45-7, 55-6, 62, 81, 84, 90,
    108, 131, 134, 148, 166, 192, 202, 219
    bireysel 47, 166
    erkek öznelliği 131, 215
    cinsiyetlendirilmiş 131
    kadın öznelliği 130-31
    kozmopolit 134
    liberal 202
    romans öznelliği 45

P

Pax Britannica 182
piyasa ekonomisi 41-3, 49-50, 56, 101, 115,
    179, 185, 199
    genişlemesi 12, 170
    ilişkileri 173
    kendini düzenleyen 14, 28, 106-7, 115,
    125-6, 189
    rekabetçi 199
    rekabeti 29
    ve küreselleşme 14, 49-50, 101, 126,
    169, 174, 179
plantasyon ekonomisi 14
Pocock, J.G.A. 82, 85, 107, 203, 208
Polanyi, K. 141, 183, 217, 225
postkolonyal eleştiri 14, 148
Protestan bireycilik 117

Q

Quint, D. 77-8, 203

R

radikal bireycilik 69
radikaller 118
rastgele cinsel ilişki 25, 82, 85, 105-7, 112-7,
    125, 129
Ricardo, D. 12, 16, 23, 30, 34, 36, 83-4, 107,
    120-1, 133, 139, 180, 193, 213, 217
roman 9, 18, 44-5, 130, 176, 195
    gelişim romanı 64, 76
    gotik 148
    İngiliz romanı 174
    modern 176
    tarihi 9, 18, 44-5, 195
    toplumsal içerikli 131
    ve içsellik 130
romans 11, 19, 2-4, 26-7, 30, 35, 43-5, 48,
    53-5, 59, 64, 67, 75-8, 82, 88-9, 95, 99,
    100-1, 103, 109, 111-2, 114, 122-3, 130,
    135-6, 147-53, 157, 166, 175-7, 179-80,
    196, 203, 217-8, 222-3
    coğrafyaları 99
    edebi romans 149
    eksenli olay örgüsü 180

emperyal romans 27, 101, 148, 218
epizodik yapısı 176
figürü olarak kaçakçı 45, 54
geleneği 44
kahramanı 55
kronotopu 157
öznelliği 45
serüvenleri 21, 26, 64, 67, 114, 175-6
türü 27, 44, 76, 78
unsurları 19-20, 22, 26, 30, 35, 45, 59, 77, 95, 99, 103, 109, 176, 179
ve gerçekçilik 149
ve mahremiyet 45
ve mekân 53
ve modern kapitalizm 148
ve modernlik 27
yıkıcılığı 77
Antik Yunan romansı 21, 45, 55, 176
Romantik şiir 65, 148
tahayyül 89
Romantikler 26, 76, 148
Romantizm 190, 218
ruhsat kanunları 108, 111
Ruskin, J. 52-3, 192, 197, 203

S-Ş

Scott, W. 10, 22-3, 33-4, 37-40, 43-8, 50, 52-6, 58, 63, 70, 90, 99, 132, 134, 148, 167, 191, 193-9, 200, 223
Guy Mannering 23, 35, 38, 42-7, 55, 57, 193-4, 196
hayatı 37-8
Life of Napoleon Bonaparte 38, 194
Redgauntlet 23, 35, 39, 43-8, 50-2, 55, 195

The Heart of Midlothian 38, 47-9, 195
The Pirate 63, 200
Waverley 23, 33, 39-40, 47, 51-2, 54-5, 197-9
serbest piyasa 15, 27, 41-3, 49, 52, 56, 71, 77, 90, 104, 152, 157, 160, 183, 202
ekonomisi 27, 42-3, 49, 56, 77
kapitalizmi 152
rekabeti 126
serbest ticaret 10-8, 20, 22-3, 25, 29, 30, 34-7, 40-2, 45-51, 56, 59, 60, 62, 68, 70, 73-4, 77-8, 81-99, 101-21, 124-6, 129-37, 139-47, 150-3, 157-8, 160, 162, 164-8, 172, 177, 180-4, 187-9, 192-4, 206-9, 211-2, 215-9, 221, 225
endüstrisi 183
erbabı 22, 25, 34-5, 56, 60, 70, 81, 94-6, 98-9, 104, 106, 110, 116, 120-1, 125, 130, 132-3, 135-6, 139, 145, 150, 153, 164, 167, 188, 192-3
kadınsılaştırmak 24, 102
karşıtları 17
Serle, T. 10, 25, 108-9, 112, 153, 211
A Ghost Story 25, 108-12, 211
sermaye 10, 12, 14, 94-5, 98, 108, 115, 157-8, 163-4, 170, 173, 179, 183-6, 221, 224
akışları-akışkanlığı 14, 108, 157, 170, 185
birikimi 95, 98, 182
küresel akışkanlığı 163-4, 186
yatırımı 114
serüven kronotopu 176
Seylan vakası 14

Sheridan, R. 116
sınıf çatışması 30, 133, 137, 142, 147, 161
   çıkarları 133
   savaşı 141
   ve cinsiyet eşitsizliği 146
sınır ihlalleri 26, 103, 111, 156, 164, 168, 171
sınırlar arasında dolaşım 28, 36, 41, 160, 185
sınırların aşılması 53, 112, 159, 164-5, 167, 181, 198, 202
   ortadan kalkması 72, 106, 163-4, 166
Smith, A. 11, 16, 30, 33-7, 40-1, 56, 59, 60, 82-3, 91, 106, 120, 133-4, 193-6, 199, 200, 204-5, 213, 215, 223
   Wealth of Nations [Milletlerin Zenginliği] 11, 33, 36, 120, 193-5, 200, 213
Smith, C. 66
sosyal liberaller 65
soyut mekân 20-4, 53-4, 100, 153, 176, 208
soyut yabancı 53-5
sömürgeci 13, 23, 40-3, 58, 75, 86-7, 98, 115-6, 120-1, 134, 148, 158-9, 185
   düzen 40, 43, 86, 115
   emperyalizm 41
   fetihler 148
   pratikler 13, 86
   sistem 41
   ticaret 13, 41-2, 86, 115-6, 120, 134
   yönetim 185
sömürgecilik 13-4, 20, 41-2, 58, 85, 87, 106-7, 116, 120, 184
sömürgeler 13, 41, 86-7, 115-6, 126, 184

sömürge tekelleri 129, 184, 201
spekülasyon 10, 134, 145, 163
Spence, W. 16, 40-1, 100, 195
Stewart, D. 37
Stoker, B. 165, 221
   Dracula 165, 216, 221, 218-9, 221
şövalye figürü 44, 112, 203
   romansı 112
şövalyelik 151

T

Tahıl Yasaları 12, 15, 24-5, 33, 35-7, 50, 59, 60, 63, 82, 88, 90-4, 96, 101-2, 104, 114-5, 117-20, 126, 130, 135, 139-42, 145, 158, 160-1, 167, 207, 211, 220
Tahıl Yasası Karşıtları Birliği 24-5, 60, 82, 92-4, 96, 101-2, 104, 117-8, 135, 140-1, 145, 160, 167
tarifeler 10, 12, 15-6, 20, 60, 73
tarihi roman 9, 18, 44-5, 195
tarımsal kapitalizm 34
tekel 65, 69, 86, 91, 110-1, 121, 158, 221
Thompson, P. 16, 140-2, 189, 217, 226
ticaret erbabı 25, 60
   özgürlüğü 30, 34-5, 56, 78, 85, 117, 139
   retoriği 134, 144
   tekeli 86-7, 106, 120, 148, 159
   tekelini simgeleyen metaforlar 148
   ve evlilik 144
ticari ağlar 71, 73, 179
   kozmopolitizm 132, 170
   spekülasyonlar 163
tiyatro 25, 110-1
toplumsal içerikli romanlar 131

toprak sahipleri 161
Torrens, R. 140-1, 217
Trollope, A. 173-4
tüccar denizci figürü 10, 59, 68-70, 74
tüccar figürü 107, 129
tüketimin kadınsılaştırılması 27, 72, 106-7

U-Ü

ulusal sınırlar 10-2, 17, 23, 28-9, 36, 62, 66, 73, 94, 102, 105, 156, 163-4, 185-6, 226
ulus-devlet 10, 13-4, 16, 18, 20, 22-4, 28-9, 31, 35, 40, 50-3, 58, 61, 64, 66, 69, 70, 74, 78, 90, 100, 103, 153, 179, 181-2, 185-6, 188, 197-8, 202, 224-5
uluslaraşırılık 16-8, 22, 24, 28-9, 31, 34, 40, 45, 52, 58, 64, 69, 73-4, 76, 82, 103, 148, 186, 192, 198, 202, 207, 226
ulus olma hali 19, 28-9, 33, 45, 51, 61-2, 65, 98, 106, 191
ücretli emekçiler 165

V

vampir (sermaye metaforu olarak) 221
vergiler 9, 10-3, 15, 17, 20, 35, 37, 39, 44, 50, 60-1, 69, 71-3, 75, 86, 114-6, 119, 142, 159, 162, 183-4, 204, 211-2
vergilendirme 109, 162, 185

vergi memurları 71-2, 75
 polisleri 71
 subayları 62
vesayetçilik 16, 28, 43, 105, 107, 122, 126-7, 129, 148, 173, 215
vesayetçi devlet 28, 105, 107, 122, 126, 148
 ideoloji 28
Viktorya Çağı 12, 15, 2-6, 29, 45, 64, 74, 77-8, 81, 84, 86-8, 102-9, 112, 114, 118-9, 123-5, 130-1, 133, 135, 144, 147, 153, 156-7, 164-5, 173, 179-81, 192-3, 202, 209-11, 213, 215-6, 219, 221
 romanı 130-1, 215

W

Walpole, H. 175, 223
Wollstonecraft, M. 117
Wood, E.M. 184-5
Wordsworth, W. 75, 148, 191

Y

yabancılaşma 82, 88-9, 103-4, 131, 133, 162, 214, 216
yeni küresel düzen 17
yeni tarihselcilik 148

Z

zina 122-3
zorbalık 30, 110

www.ingramcontent.com/pod-product-compliance
Lightning Source LLC
Chambersburg PA
CBHW070842160426
43192CB00012B/2271